Sascha Adamek Kim Otto

SCHÖN REICH

STEUERN zahlen die anderen

Wie eine ungerechte
Politik den Vermögenden
das Leben versüßt

WILHELM HEYNE VERLAG
MÜNCHEN

FSC
Mix
Produktgruppe aus vorbildlich bewirtschafteten Wäldern und anderen kontrollierten Herkünften

Zert.-Nr. SGS-COC-001940
www.fsc.org
© 1996 Forest Stewardship Council

Verlagsgruppe Random House FSC-DEU-0100
Das für dieses Buch verwendete FSC-zertifizierte Papier
Holmen Book Cream liefert Holmen Paper, Hallstavik, Schweden.

Taschenbucherstausgabe 07/2010

Redaktion: Sabine Wünsch
Umschlaggestaltung:
Hauptmann & Kompanie, München – Zürich
Druck und Bindung: GGP Media GmbH, Pößneck
Printed in Germany 2010

ISBN: 978-3-453-60154-3
www.heyne.de

Wir widmen dieses Buch in Liebe

Anna, Max und Nils
&
Edgar und Hannes
&
Luka, Noah-Su und Emilio
&
Lou

Inhalt

Einleitung

Wir stecken mitten in der größten Finanz- und Wirtschaftskrise seit den 30er-Jahren des letzten Jahrhunderts. Zu diesem Crash geführt hat die Renditegier von Managern. Immer größere Spekulationsgeschäfte wurden ungeregelt, unkontrolliert und ungehemmt zugelassen. Die Zeche zahlen werden nun die Steuerzahler: Innerhalb weniger Tage wird ein Gesetz durchgepeitscht, das 500 Milliarden Euro umfasst, um das Bankensystem zu retten. Und das heißt: Wir werden eine neue Steuerdiskussion erleben. Anlass für uns, eine Reise durch ein Land zu unternehmen, das bereits heute eine Steueroase für Superreiche ist. Denn ausgerechnet die, die dem Steuerstaat jahrelang die kalte Schulter gezeigt haben, rufen nun nach eben diesem Staat. Unsere Reise beginnt an der Côte d'Azur, einem Landstrich, der reiche Deutsche schon immer magisch anzog.

Den Arm lässig im offenen Fenster abgestützt, steuert Klaus Barski seinen Mercedes SL über den Boulevard de la Croisette. Das Sonnenlicht fällt durch die Palmen und lässt Barskis brillantenbesetzte Rolex glitzern. Barski ist Millionär und mächtig stolz darauf. »Ich habe mit 30 einfach beschlossen, nicht mehr zu arbeiten – zumindest nicht mehr als eine Stunde pro Tag. Das muss reichen. Denn Reichtum heißt für mich, Zeit zu haben für das, was ich gern mache. Das ist für mich ein irrsinniges Abenteuer«, sagt er. Mit seiner Frau Bonnie lässt er es sich gutgehen in Cannes. Barski ist kein Steuerflüchtling, er lebt nicht an der Côte d'Azur, sondern im mondänen Königstein im Taunus. Über Jahrzehnte hat er mit Immobilienspekulationen ein Vermögen verdient, er selbst schätzt es auf fünf Millionen Euro – Immobilienvermögen. 2007 hatte der Vermögensmillionär ein zu versteuerndes Einkommen von 26 000 Euro. Davon zahlte er 2 300 Euro Steuern. Trotzdem hat er monatlich etwa 5 000 Euro zur freien Verfügung, weil ihm die steuerfreien Verkaufsgewinne der Mietshäuser immer ein gutes Polster bescheren.

Davon kann die Familie Drawitsch aus Bensheim-Gronau nur träumen. Bei ihnen ist es mal wieder spät geworden. Schweißnass kommt Jürgen Drawitsch zur Tür herein. Er fährt täglich mit dem Rad zum Bahnhof – auch bei Minusgraden –, von dort mit dem Zug zu seiner Zeitungsredaktion nach Weinheim. Er verdient gutes Geld mit einem Bruttogehalt von 57 000 Euro. Das Auto braucht seine Frau, die 48 Kilometer entfernt im Heidelberger Uniklinikum arbeitet. Und ihr Job ist kein leichter. Als Krankenpflegerin in der Kinderonkologie kümmert sie sich um krebskranke Kinder und deren Familien und versucht alles zu tun, um den Kindern den Tag angenehm zu gestalten. »Jede schöne Stunde zählt. Denn die Freude, die ich bereiten kann, ist heute wichtig«, sagt Dagmar Drawitsch und klingt sogar fröhlich dabei. Anders hielte sie den Job wohl gar nicht aus, hat sie doch täglich mit existenziellen Sorgen zu tun, begleitet die schwer kranken Kinder während der Therapie und, wenn es schlimm kommt, auch beim Sterben. Für diese aufreibende und verantwortungsvolle Aufgabe erhält sie 2 800 Euro brutto im Monat. Netto bleiben ihr davon gerade mal 1 200 Euro, weil sie mit ihrem Mann bei der Steuer gemeinsam veranlagt ist und eine schlechtere Steuerklasse hat. Früher haben sich wenigstens die häufigen Schichtwechsel – zwei Tage Frühdienst, zwei Tage Spätdienst, dann eine Nachtschicht – finanziell ausgezahlt, doch seit die rot-grüne Bundesregierung die Steuerfreiheit für Schicht- und Wochenendarbeit eingeschränkt hat, bleiben ihr von den 210 Euro an Zuschlägen lediglich 90 Euro übrig.

Es ist 21 Uhr. Dagmar Drawitsch bereitet schon alles für das Frühstück vor, denn um sechs Uhr muss sie zur Frühschicht aus dem Haus. Jürgen Drawitsch drückt Sohn Jakob den Laptop in die Hand. Der 15-Jährige muss mit dem »Familienlaptop« noch seine Hausaufgaben machen. Jürgen und Dagmar Drawitsch leben mit ihren drei Söhnen im Alter von 15, 16 und 18 Jahren in einer 130 Quadratmeter großen Eigentumswohnung. Obwohl die beiden gemeinsam sehr viel verdienen, muss die Familie aufs Geld achten: Von ihren gut 80 000 Euro brutto im Jahr zahlen sie 16 240 Euro Steuern – siebenmal so viel wie Millionär Barski.

Die Gründe dafür liegen auf der Hand: Klaus Barski profitiert davon, dass Deutschland auf die Erhebung einer Vermögensteuer verzichtet. Sonst müsste er seine Wertzuwächse versteuern. Jürgen und Dagmar Drawitsch hingegen können als »normale« Arbeitnehmer nicht mal einen Millimeter an der Steuerschraube drehen.

Der finanzielle Druck auf die Arbeitnehmer wird immer größer. Dabei sind gerade sie es, die am zuverlässigsten Steuern zahlen – weil ihnen der Staat das Geld gleich direkt vom Gehalt abzieht. Einkommensmillionäre, vermögende Unternehmer oder Selbstständige hingegen profitieren häufig von der deutschen Steuerpolitik. Sie greifen zu immer neuen Tricks, Steuern zu hinterziehen, oder nutzen ganz legal die zahlreichen Schlupflöcher. Und das gerade zu einer Zeit, in der der Staat Milliarden an Steuergeldern in die Wirtschaft pumpen muss, um diese nicht zusammenbrechen zu lassen, einer Zeit, in der Konzernherren und Bankmanager, die stets und noch bis vor kurzem »weniger Staat« gefordert hatten, auf einmal ganz laut nach staatlicher Hilfe rufen.

In diesem Buch wollen wir vor allem mit der Legende aufräumen, Reformen am Steuerrecht allein führten zu mehr Gerechtigkeit, denn schon heute ginge es gerechter zu, wenn die Steuern, die Unternehmen und Selbstständige leisten müssten, tatsächlich gezahlt würden. Vom Anspruch einer flächendeckenden und gleichmäßigen Besteuerung seiner Bürger hat sich der Staat jedoch längst verabschiedet. Allein durch den desolaten Zustand der Finanzverwaltung entgehen dem deutschen Staat jährlich etwa 70 Milliarden Euro Steuern. Die deutsche Steuerverwaltung – vom einfachen Finanzamt über die Betriebsprüfer bis zu den Steuerfahndern – wurde personell so ausgedünnt, dass sie es längst nicht mehr aufnehmen kann mit gewitzten Unternehmern und Selbstständigen, mit cleveren Wirtschaftsanwälten und Steuerberatern, die ihr fast immer eine Nase voraus sind. So erzählt eine Finanzbeamtin im Innendienst von »Durchwinkwochen«, in denen die Einkommensteuererklärungen von Selbstständigen und Unternehmen eins zu eins übernommen würden, um den Bearbeitungsrückstand aufzuholen. So macht sich auch unter den Angestellten im Finanzamt Frust breit und das Gefühl, längst nicht mehr nach Recht und Gesetz arbeiten zu können. Ein Betriebsprüfer berichtet von Anweisungen seines Chefs, »sich doch mal die Sonnenbrille aufzusetzen« bei der Prüfung. Und von der Ansage von ganz oben, bei bestimmten Unternehmen mal ein Auge zuzudrücken. Steuerfahnder erzählen, wie sie ausgerechnet in den Millionärshochburgen Taunus und München von ihren Vorgesetzten ausgebremst würden. In Hessen wurden 2003 sogar 15 sehr erfolgreiche Fahnder, die sich an die Fersen reicher Steuerhinterzieher und deren Helfer in den Banken geheftet hatten, aus ihrem Job katapultiert.

Hinzu kommt eine steinzeitlich anmutende technische Ausstattung: Die Finanzämter sind untereinander nicht vernetzt, die Computerprogramme vollkommen veraltet, und viele Finanzbeamte haben nicht einmal einen simplen Internetanschluss zur Überprüfung von Angaben. Damit nicht genug: Uns liegt eine Reihe brisanter Dokumente vor, etwa über eine deutsche Millionärshochburg, wo von 100 Einkommensmillionären keiner je vom Finanzamt sondergeprüft wurde. Und Mecklenburg-Vorpommern weist seine Steuerbeamten sogar schriftlich an, Steuerpflichtige möglichst wenig zu behelligen und auf Kostenbelege zu verzichten. Dokumente, die selbst uns Autoren noch immer staunend zurücklassen.

Wir wollen einen Eindruck davon vermitteln, wie es reiche Leute schaffen, sich immer reicher zu »sparen«. Vom Staat gesponserte Luxusleben – mitten in Deutschland. Denn zwar reden alle über Liechtenstein oder die Schweiz, aber Deutschland selbst ist längst ein Steuerparadies für Superreiche.

Wir werden den Millionär Klaus Barski begleiten und darstellen, wie er – ganz legal – vom deutschen Steuersystem profitiert. Hinzu kommen zwei abenteuerliche Beispiele von Steuerhinterziehungen, die an Raffinesse kaum zu überbieten sind. Und wir werden die Einstellung und die Methoden derer vorstellen, die ihr Einkommen einer gerechten Besteuerung entziehen. Wir werden zeigen, wie sie »schön reich« geworden sind und wie sie sich dabei Stück für Stück aus der Gesellschaft verabschieden, der sie ihren Reichtum letztendlich verdanken. Das Buch zeichnet das Sittengemälde einer Gesellschaft, die sich schon längst vom Grundkonsens einer sozialen Marktwirtschaft verabschiedet hat.

Rund 30 Milliarden Euro gehen dem Staat im Jahr durch Steuerhinterziehung verloren. Die Höhe des Schadens beeindruckt nicht nur quantitativ, sondern auch durch eine neue gesellschaftliche Qualität: Da klauen gebildete Führungskräfte und Konzernmanager – deren Funktion ja auch darin besteht, Verantwortung für andere zu übernehmen und gesellschaftliches Vorbild zu sein – dem Staat Millionen, und während jeder Ladendieb sofort angezeigt würde, kommen sie meist straffrei davon. Wenn Konzernmanager ihre Position dazu missbrauchen, sich selbst zu bereichern: Wohin driftet dann die Gesellschaft? Das Bild einer redlichen und verantwortungsvollen Wirtschaftselite mit Wertebewusstsein ist kollabiert. Sie entzieht sich immer mehr ihrer gesellschaftlichen Verantwortung. Mit weitreichenden Folgen: »Die da oben lügen und betrügen doch eh alle«, denken dann die da unten und lügen und betrügen mit Blick nach oben einfach auch.

Geschätzte knapp 500 Milliarden Euro haben reiche Deutsche inzwischen am Fiskus vorbei im Ausland angelegt. Die häufigsten Zielorte sind dabei Luxemburg, die Schweiz und Liechtenstein. Deutschen Zöllnern gehen immer wieder Reisende mit großen Geldbündeln ins Netz, gegen sie vorgehen dürfen sie allerdings nicht. Ein Erlass des Bundesfinanzministeriums verbietet ihnen bislang, offensichtliche Steuerhinterziehung den Finanzbehörden zu melden.

Die Verbrechen der Reichen und Mächtigen finden häufig in einem der Öffentlichkeit verborgenen Toleranzbereich statt und werden kaum geahndet. Während bei anderen Straftaten politisch geradezu darum gewetteifert wird, wer am schärfsten dagegen vorgeht, läuft es bei Steuerdelikten anscheinend genau umgekehrt: Weil die Bundesländer hoffen, mit laxer Verfolgung von Steuersündern Unternehmen anzulocken oder zu halten, wird die Steuerfahndung finanziell und politisch ausgebremst. Ein irrer Wettkampf, bei dem am Ende alle verlieren.

Und nicht nur das: Vermögenden Steuerhinterziehern werden auch noch großzügige Angebote gemacht. Die Steueramnestie 2004 war solch ein Steuer-Superschnäppchen. Steuerhinterzieher sollten ihr Schwarzgeld wieder nach Deutschland schaffen und dafür mit einem halbierten Steuersatz belohnt werden. Das wäre so, als wenn ein Bankräuber sich nur selbst anzuzeigen bräuchte, um straffrei auszugehen und darüber hinaus die Hälfte seiner Beute behalten zu dürfen. Die staatliche Heuchelei begann bereits bei der Namensgebung: »Gesetz zur Förderung der Steuerehrlichkeit«. Gefördert wurden letztendlich ja nicht die ehrlichen Steuerzahler, sondern die Hinterzieher und Betrüger. Der damalige Bundeskanzler Gerhard Schröder hatte auf 100 Milliarden Euro Schwarzgeld gehofft, das auf diesem Weg in die Staatskasse fließen würde. Die meisten Steuerhinterzieher nahmen das Angebot jedoch nicht an. Sie ahnten wohl, dass ihnen die Fahnder bei einem derart desolaten Überwachungssystem wie dem deutschen kaum auf die Schliche kommen würden. Auch Klaus Zumwinkel wäre ohne den Liechtensteiner Bankenerpresser, der die Daten an den BND verkaufte, wohl nie aufgeflogen.

Als wäre das immer noch nicht genug, hat der Staat zum 1. Januar 1997 die Vermögensteuer abgeschafft. Damit steht er unter den Industrieländern nicht nur ziemlich allein da, sondern verzichtete bislang auch auf geschätzte 100 Milliarden Euro Einnahmen. Zudem wurde der Spitzensteuersatz von 52 Prozent auf 42 Prozent gesenkt, und dank der 2009 eingeführten Abgeltungsteuer sind private Kapitalerträge nur noch mit generell 25 Prozent statt mit dem persönlichen Steuersatz von bis zu 42 Prozent zu versteuern.

Die Folge: Kaum irgendwo auf der Welt wächst die Zahl der Millionäre so rasant wie in Deutschland, wo inzwischen – nach den USA, Japan und Großbritannien – die meisten der »Dollar-Millionäre« leben.

Zum guten Schluss werden wir in Kapitel 12 den Wiesbadener Wirtschaftsprofessor Lorenz Jarass porträtieren, der seit Jahren für ein gerechteres und einfacheres Steuersystem forscht, und seine Vorschläge und Ideen vorstellen, denn: Es ginge auch anders.

Kapitel 1

Wie ein globales Firmengeflecht vor der Steuer rettet

Der Mann sieht ziemlich gehetzt aus. Mit einer Hand schleppt er einen schwarzen Aktenkoffer und eine Plastiktüte, mit der anderen hält er sich das Handy ans Ohr. So zieht er seine Kreise um die Wartenden vor dem Gate der Lufthansa-Maschine LX 106 nach Zürich, läuft Slalom um Trolleys und Koffer, bleibt kurz stehen, geht wieder weiter, ein Endlostelefonat. Wenn er den Mund öffnet, wird der Blick auf ein unglaublich ruinöses Gebiss frei. Seine Habichtaugen fixieren in Sekundenschnelle immer neue imaginäre Punkte, sein Gesicht gleicht dem einer Eidechse. Friedhelm Käufer[1] ist alles andere als schön, und reich sieht er auch nicht aus. Seine Füße stecken in weißen Turnschuhen, darüber trägt er eine Jeans, aus deren einer Gesäßtasche das Flugticket lugt. Über dem Gürtel hängt lässig ein weißes T-Shirt mit aufgedruckten Flugzeugen hoch über den Wolken, darunter steht: Paris le Bourget. Vielleicht ein Souvenir, vielleicht eine Erinnerung an aufregende Tage mit irgendeiner Frau in Paris, wir werden es nicht erfahren. Denn Friedhelm Käufer ist ein verschwiegener Typ. Auch bei der Frage, was er mit seinen Millionen gemacht hat.

Wir fragen ihn, was seine vielen Firmen weltweit für einen Zweck verfolgen, ob er mit ihnen Steuern sparen will. Wir fragen ihn, warum er seine Angestellten so malträtiert. Er schweigt dazu, telefoniert mit seinem Anwalt und droht mit Klagen. Schließlich bittet er uns, mit seinem Geschäftsführer einen Termin zu vereinbaren. Dann werde er reden. Und verschwindet durch das Gate. Es ist das erste – und, wie sich bald herausstellen wird, einzige – Zusammentreffen mit Käufer.

Käufer ist ein Selfmademan. Sein Geschäft ist der Handel mit Autoteilen, von der Autobatterie bis zum Zylinder. Er sei stolz darauf, dass er selbst mal geschraubt habe und es noch immer könne, betont er seinen Angestellten gegenüber, wenn die mal nicht so spuren. Mehrere Filialen hat er mittlerweile und einen Umsatz von gut 40 Millionen Euro im Jahr. Die Geschäfte laufen gut. Wir versuchen ein weiteres Mal, mit ihm zu reden, betreten eine der Filialen von Car-Care-Autoteile[2] in einem Hamburger Arbeiterkiez. Es riecht nach Gummireifen und Motoröl, nur nach Zigarettenrauch riecht es nicht. Kein Wunder, wen Käufer beim Rauchen erwischt, und sei es vor Dienstantritt, der fliegt, denn er duldet nur Nichtraucher in seiner Belegschaft. Von der Decke strahlen Neonröhren und tauchen die vielen Zubehörteile in ein gleißendes Licht. Was sofort auffällt: Der Laden wimmelt von jungen Männern, die beraten und verkaufen.

»Wir hätten gern Herrn Käufer gesprochen. Wir sind Journalisten.«

Den jungen Mann mit dem Milchgesicht am Tresen rührt das nicht besonders.

»Wissen Sie, Herr Käufer meldet sich bei mir nicht ab. Niemand weiß, wo er ist, manchmal ist er auch im Ausland.«

»Aber er hat doch einen Geschäftsführer.«

»Ja, Herrn Billy[3]… Herr Billy, die Herren hier wollen mit Herrn Käufer sprechen.«

Hinter einem Raumteiler zeichnet sich ein Mensch im Anzug ab.

Er regt sich kaum, ruft, ohne aufzustehen: »Worüber möchten Sie denn mit Herrn Käufer sprechen?«

»Über seine Geschäfte im Ausland und seine Steuersparmodelle zum Beispiel.«

»Dafür haben wir keine Zeit.«

»Und über die Entlassungen und die Leiharbeiter.«

»Dazu geben wir keinen Kommentar.«

»Wann ist denn Herr Käufer hier?«

»Er spricht seine Termine nicht mit mir ab. Er ist halt viel unterwegs.«

Käufers »Prinzip der Glücksmaximierung«

So kommen wir nicht weiter. Wir verlassen den Laden. Im Handelsregister im Amtsgericht recherchieren wir weiter, und wir wollen versuchen mit ehemaligen Mitarbeitern ins Gespräch zu kommen. Erstaunt stellen wir fest, dass es viele Car-Care-Firmen gibt. Damit kann man Gewinne geschickt hin und her schieben und jede Menge Steuern sparen. Und was die ehemaligen Mitarbeiter angeht, landen wir ebenfalls einen Volltreffer. Denn die sind alle im Handelsregister der unterschiedlichen Car-Care-Firmen verzeichnet. Und das hat seinen Grund. Im Jahr 2000 wollte eine Gruppe von Angestellten einen Betriebsrat gründen. Friedhelm Käufer fand das gar nicht witzig. Er drohte damit, alle zu entlassen, was er letztlich mit den meisten tat, obwohl sie die Idee mit dem Betriebsrat schnell fallengelassen hatten. Die übrigen Angestellten, vom Lagerarbeiter bis zum Verkäufer, erklärte er zu Prokuristen, denn das deutsche Betriebsverfassungsgesetz nimmt leitende Angestellte von dem Recht auf Mitbestimmungsgremien aus. Und da

Käufer oft und gern feuert, findet sich Jahr für Jahr ein Dutzend neuer Namen im Handelsregister. Seine Angestellten hätten es gut, betont er dessen ungeachtet, sein Betrieb sei dem »Prinzip der Glücksmaximierung« verpflichtet, nicht der Gewinnmaximierung. Klingt sektenartig, ist es aber nicht, auch wenn viele der Rausgeflogenen immer wieder das Gerücht über eine Verbindung zu Scientology verbreiten.

Was die zumeist jungen Männer erwartet, berichten uns einige der Entlassenen. Kaum einer bleibe länger als ein Jahr, so Ulrich Gustavsen[4]. Der Kfz-Mechaniker hatte schon ein paar Jahre im Autogewerbe auf dem Buckel und war guter Dinge, als er bei Käufer begann. »Aber schon nach ein paar Tagen merkte ich, dass hier was nicht stimmt«, sagt Gustavsen und steckt sich eine Zigarette an. Ja, das Rauchen habe er irgendwann wieder begonnen. »Jedes Jahr zu Weihnachten musste man um seinen Arbeitsplatz bangen. Zum Jahresende wurden 20 bis 30 entlassen. Manche sogar an Heiligabend. Wer viele Krankheitstage hatte, war einfach weg«, erzählt er. Diese Aussagen bestätigt uns ein ehemaliger Geschäftsführer: »Käufer sagte zu Weihnachten: Geben Sie mir eine Liste mit den Leuten, die sich in diesem Jahr krankgemeldet haben. Die entlassen wir.« Käufer, so vermuten andere, die wir treffen, sei zu Weihnachten unglücklich über seine Einsamkeit gewesen, da habe er Genuss empfunden, den anderen das Fest zu vermiesen. Der Firmenanwalt habe Käufer auf die fehlenden Kündigungsgründe aufmerksam gemacht, doch der ließ sich davon nur selten beirren und bot den Geschassten einen Monatslohn Abfindung. Gewöhnlich nahmen die Leute das Geld und verschwanden. Mit Geld, so Käufers Credo, lasse sich alles regeln. Über Jahrhunderte erkämpfte Arbeitnehmerrechte scheren ihn ohnehin nicht. So steht in keinem Arbeitsvertrag bei Car-Care eine konkrete Tätigkeit, ob »Bürokraft«, »Kfz-Schlosser« oder »Verkäufer«, sondern jeder muss die Arbeit machen, die Käufer anordnet, auch die Kundentoiletten putzen. Bei der hauptsächlich männlichen und eher derben Kundschaft meist eine ziemlich eklige Angelegenheit. Eine Putzfrau spart sich Käufer damit erfolgreich. Den Hof fegen, saubermachen, jede Abteilung ist selbst für diese Tätigkeiten zuständig. »Wer sich weigert, das mitzumachen, fliegt raus. Das macht er seit Jahren so«, berichtet ein ehemaliger Beschäftigter. Auch wer nach monatelanger Arbeit mit Sechs-Tage-Wochen nach Urlaub fragt, wird entlassen.

Seit jüngster Zeit greift Käufer ausschließlich auf Leiharbeiter zurück. Die lässt er sich von Zeitarbeitsfirmen schicken, die wiederum von deutschen Jobcentern mit Nachschub versorgt werden. Dass er nur noch Leiharbeiter beschäftigt, die für einen Stundenlohn von sechs Euro schuften, hält er für einen echten Durchbruch. Am 29. Januar 2005 schreibt er dazu im Lagebericht der Car-Care GmbH, der im Handelsregister ausliegt: »Damit habe ich ein gutes Bollwerk gegen die unfairen deutschen Rahmenbedingungen für Unternehmen geschaffen. Es sind so viele Filialen geplant, dass ich ohne besonderes Risiko jede einzelne aus- und einschalten kann wie meine Nachttischlampe, um auch dem Restrisiko zu entgehen, bei einer Änderung der Gesetzeslage in die Kündigungsschutzfalle oder Betriebsratsfalle zu geraten.«

Käufer nennt sein Konzept großmäulig »amerikanisches Großfirmenprinzip«, nun gut, sei's drum, aber wie sieht es aus? Das Modell ist kompliziert und ändert sich auch schon mal. Aber wer immer neue Steuerschlupflöcher und Abschreibungsmöglichkeiten entdecken will, muss kreativ denken und mitunter weit reisen. Friedhelm Käufer tut beides.

Auf der Suche nach Käufers »vier Wänden«

Beinahe jeden Tag fliegt Käufer in aller Herrgottsfrüh von Zürich nach Hamburg. In Zürich ist das Airporthotel Mövenpick sein Domizil, eine mondäne Bleibe. In der Schweiz residiert man eigentlich, um Steuern in Deutschland zu sparen. Denn in Deutschland beträgt der Steuersatz für Spitzenverdiener 45 Prozent, in der Schweiz sind es nur 11,5. Viele Reiche bringen in die Schweiz aber auch ihr Schwarzgeld, das von dort dann oft in Steueroasen wie Jersey, Luxemburg oder die Kaimaninseln geschafft wird.

Ob Käufer als Dauergast Rabatte genießt, will uns niemand sagen. Immerhin, man kennt ihn hier. »Nein, momentan sei er nicht hier und habe auch keine Anreise geplant«, sagt uns jemand hinter vorgehaltener Hand. »Aber es stimmt, er ist eine Zeit lang häufig hier gewesen.« Wer weiß, vielleicht hat er sich mittlerweile ein neues Domizil in der Schweiz gesucht.

In Hamburg holt ihn meist einer seiner Angestellten ab, über Jahre hat das ein Mann namens Otto Reichhard[5] gemacht. »Er wurde immer hektisch, gegen Abend schrie er manchmal, er müsse jetzt weg, wegen der 179-Tage-Regel.« Käufer ist zwar alleiniger Eigentümer der Car-Care-Firmen, aber aus gutem Grund führt er die Geschäfte offiziell nie von Hamburg aus. Denn wenn er offiziell häufiger – mehr als 179 Tage pro Jahr – in Hamburg arbeiten würde, müsste er sein Einkommen dort versteuern.

Wer durch die Akten der Car-Care-Firmen im Handelsregister blättert, reibt sich einmal mehr die Augen. Als Wohnsitz gibt Käufer eine Adresse namens Ulica Borowego, Warzawa, an. Ein ehemaliger Geschäftsführer von Käufer kann sich an ein Penthouse in Warschau erinnern. »Käufer selbst ist offiziell in Warschau gemeldet, aber auch das nur auf dem Papier. Das Penthouse, das er gemietet hat, steht leer. Tatsächlich hält sich Käufer meistens in der

Schweiz auf.« Der Mann erinnert sich noch gut, warum Käufer einen Narren an Polen gefressen hatte: »Aus steuerlichen Gründen.« Das ist höchst plausibel: Wenn er seinen Wohnsitz in Polen hat, fragt in Deutschland kein Finanzamt nach seinen Steuern. In Polen selbst muss er sein Einkommen ja nicht unbedingt angeben, zahlt also gegebenenfalls keine Steuern auf sein Gehalt als Geschäftsführer. Legal wäre das zwar nicht, aber die Wahrscheinlichkeit, erwischt zu werden, ist gering. Wie oft Käufer in Polen ist, kann uns der Mann nicht sagen. »Alles, was er im Ausland getrieben hat, trieb er ohne mich.« Eine Episode kennt er dennoch. Merkwürdigerweise trug sie sich nicht in Warschau zu, sondern in einem kleinen Nest gleich hinter der deutsch-polnischen Grenze. Dort hatte sich Käufer in einer Pension eingenistet und dem Besitzer sogar einen Swimmingpool finanziert. Irgendwann habe es aber Streit ums Geld gegeben. Käufer rannte wutentbrannt durch das Dorf und fand, was er suchte: einen Bautrupp. Er drückte den Männern Geld in die Hand, und die taten, was er sagte: Mit einem Bagger rückten sie auf die Pension zu und schütteten den Pool mit Erde zu. Zuvor habe Käufer noch eine nagelneue Stereoanlage der Luxusmarke Bang & Olufson, die er dem Pensionsbetreiber überlassen hatte, hochkant aus dem Fenster in den Pool geworfen. So erzählte es Käufer zumindest. Friedhelm Käufer, so scheint es, liegt notorisch mit der Welt über Kreuz, im Kleinen wie im Großen.

Offiziell wohnt Käufer noch immer in Warschau, nur die Adresse hat sich geändert. Wir machen uns den Spaß und reisen in die polnische Metropole. Ein Taxi bringt uns in den Vorort Bemowo, eine etwas in die Jahre gekommene Apartmenthaus-Siedlung. Wir finden den Fünfstöcker mit der Hausnummer 5 und wundern uns. Die graue Plattenbaufassade durchzieht ein Riss. Ziemlich trostlose Wohngegend für einen Millionär. Klingelschilder mit Namen gibt es hier nicht. Nur Nummern. Käufers lautet 19.

Wir klingeln vergeblich. Mit einem Foto in der Hand suchen wir Nachbarn. Hier ist nicht gerade Leben. Endlich öffnet eine ältere Dame im gleichen Treppenaufgang. Sie sieht sich das Foto an. »Nein, diesen Herrn habe ich hier noch nie gesehen.« Wir fragen sie, ob sie denn oft zu Hause sei. Sie lächelt verschwörerisch. »Ich verbringe viel Zeit in meiner Wohnung. Eigentlich kenne ich meine Nachbarn.« Auch der Mieter ein Stockwerk höher hat Friedhelm Käufer noch nie hier gesehen, ebenso wenig seine Tochter und fünf weitere Nachbarn, die wir fragen. In Polen mag Käufer zwar seinen offiziellen Wohnsitz haben, von Wohnen kann aber nicht die Rede sein.

Interessant ist in dieser Hinsicht Käufers Ankündigung aus dem bereits erwähnten Lagebericht des Unternehmens von 2005: »Die Expansion werde ich von Zürich aus leiten.« Nach unseren Recherchen existieren aber in Zürich weder Mutter- noch Tochtergesellschaften der Car-Care GmbH Hamburg.

Car-Care Kuala Lumpur und ein ominöser Paolo Käufer

Die Lebensumstände des Unternehmers Käufer kommen uns ziemlich rätselhaft vor. Gesicherter sind da schon die Fakten aus dem Hamburger Handelsregister. Der Sitz der Car-Care GmbH ist Hamburg. Und hier müssen ihre Akten samt Bilanzen hinterlegt sein. Aus den Akten geht hervor: Die Car-Care GmbH in Hamburg ist nur eine Tochtergesellschaft, die zu 100 Prozent der Car-Care Hengelo[6] in Amsterdam gehört. Auch dies ist eine steuerlich praktische Konstruktion: Töchterunternehmen aus Deutschland zahlen in der Regel an ihr Mutterunternehmen Lizenzgebühren, zum Beispiel dafür, dass sie den Firmennamen verwenden dürfen. Diese

Lizenzgebühren kann die deutsche Tochterfirma als Ausgaben beim Finanzamt geltend machen. Und in den Niederlanden bleiben die Einnahmen aus Lizenzgebühren weitestgehend unbesteuert, werden maximal mit einem Steuersatz von sechs Prozent belastet. Ein gängiger Steuertrick, den insbesondere Firmenketten nutzen, ganz legal.

Wir machen uns also auf die Reise in die Niederlande, weil wir wissen wollen, was es mit dieser Firma auf sich hat. Die Car-Care Hengelo residiert an der malerischen Keizersgracht – zumindest auf dem Papier. Tatsächlich finden wir nur eine obskure Van-Veen-Management-Holding B.V.[7], die sich als Unternehmen für Treuhandvermögen herausstellt. Im Amsterdamer Handelsregister jedoch werden wir fündig. Die Car-Care Hengelo hat wiederum eine Mutterfirma, und die ist wirklich weit weg: in Kuala Lumpur in Malaysia. Als Geschäftsführer ist ein gewisser Paolo Käufer eingetragen. Die Firma residiert laut Handelsregister im fünften Stock eines Bürokomplexes an der Businessmeile Jalan Ampang.

Wir fragen uns, ob Paolo vielleicht ein Verwandter von Friedhelm ist, womöglich ein Bruder oder Cousin. Wir rufen die malaysische Telefonauskunft an. Ein Mann dieses Namens ist dort nicht verzeichnet, ebenso wenig die Firma Car-Care Kuala Lumpur. Also beauftragen wir per Telefon und E-Mail einen Anwalt, der in der Nähe der Jalan Ampang seine Kanzlei hat, nachzusehen. Das Ergebnis: Weder gibt es unter der angegebenen Adresse ein Büro von Car-Care Kuala Lumpur, noch ist dort ein Paolo Käufer anzutreffen. Also versuchen wir, mit dem Treuhänder der Car-Care Hengelo in Amsterdam Kontakt aufzunehmen, einem gewissen Rudi Robson[8]. Wir bitten ihn um einen Gesprächstermin. Robson will seine Zeit nicht verschwenden, wie er mit rauchiger Stimme am Telefon mitteilt, und erst einmal wissen, worum es sich bei dem Gespräch drehen soll. Wir fragen ihn nach Friedhelm Käufer. Er legt auf und reagiert weder auf weitere Anrufe noch Briefe. Die Branche der Treuhänder ist verschwiegen. Das gilt nicht nur für Liechtenstein. Auch hier kommen wir also nicht weiter.

Der Treuhänder auf den Kaimaninseln

Irgendwann finden wir im Briefkasten einen Umschlag. Die Adresse ist maschinell aufgedruckt, der Absender möchte offenkundig Rückschlüsse auf seine Person verhindern. Bietet der Briefinhalt womöglich Aufschluss über den Verbleib der Car-Care-Gelder aus Deutschland? In dem Umschlag stecken mehrere Briefbögen mit verschiedenen Absendern und Adressaten, aber ohne weiteren Inhalt.

Der Absender des ersten Schreibens ist eine Firma, von deren Existenz wir bis dato nichts ahnten: Die Käufer Investment Group schreibt an einen John Hagen[9] von der AIB Worthy Trust Limited, PO Box 503, Grenville Street in St. Helier, Jersey JE4 9WN. Wieder ein Steuerparadies, die wildromantische Kanalinsel Jersey. Das Unternehmen AIB Worthy Trust Limited gehört zur AIB Bank Limited und ist einer der bekanntesten Hedgefonds-Verwalter. Ihre Büros hat die Firma vor allem in Steuerparadiesen rund um den Globus: Jersey, Guernsey, Luxemburg, den Kaimaninseln und Dubai. Bei der Firma will bedauerlicherweise niemand mit uns über Friedhelm Käufer sprechen. Nach Jersey schaffen Reiche wie Käufer ganz gern ihr Schwarzgeld, denn das Wort Kapitalertragsteuer ist dort ein Fremdwort.

Ob Käufer je auf Jersey war, ist unklar. Anders verhält es sich mit den sonnigen Kaimaninseln in der Karibik, wie wir noch herausfinden werden. In dem anonymen Umschlag findet sich nämlich eine zweite bislang unbekannte Firma aus dem Unternehmensgeflecht des Friedhelm Käufer: die Car-Care Cayman Ltd. Adressiert ist der Briefbogen an einen Mr George Adams[10] von der Corporate Credit Services Ltd., PO Box 716, Grand Cayman, Cayman Island.[11] Auch die Kaimaninseln sind bekanntermaßen eine Steueroase für Schwarzgeld.

George Adams ist wohl jemand, der auf der Sonnenseite des Lebens steht. Im Internet findet sich neben einer Beschreibung seiner Firmenaktivitäten auch ein Hinweis auf sein »soziales« Engagement. Der Mann ist Schatzmeister der Cayman Cricket Association. Der Eintrag datiert von 2005. Ob er noch immer den Kricketschläger schwingt, wissen wir nicht. Dafür stellt ihn die Firma SIM Fund Services[12] als einen der Direktoren vor. Sein Spezialgebiet: Offshore-Firmengründungen, Jacht- und Schiffsregistrierungen und Mutual Funds – also genau der richtige Mann für reiche Deutsche, die ihr Geld in das Steuerparadies retten wollen. Studiert hat er in Glasgow, und bevor er sich unter der Sonne niederließ, arbeitete er sechs Jahre für die weltweit agierende Wirtschaftsberatungsfirma PricewaterhouseCoopers. Sich bei einem Mann dieses Kalibers vorzustellen dürfte ein hübsches Sümmchen kosten. Sein ehemaliger Geschäftsführer jedenfalls erinnert sich, dass Käufer zweimal das subtropische Steuerparadies persönlich besuchte. »Er wollte da eine Firma aufbauen, eine Limited, aber mehr weiß ich nicht, da durfte ich leider nicht mit.« Insgesamt habe Käufer mehrere Wochen auf den Kaimaninseln verbracht, vielleicht hat er das Angenehme mit dem Nützlichen verbunden.

Auch ein E-Mail-Ausdruck findet sich in unserem anonymen Briefumschlag, geschrieben von Mr Robson von Van-Veen-Management aus den Niederlanden. Es geht um eine Forderung der Beratungsfirma Moores Rowland an die Car-Care Kuala Lumpur. Der Hinweis auf Moores Rowland lohnt. Ein international schillernder Name. Das Unternehmen wirbt im Internet damit, das Geld reicher Leute diskret ins Ausland zu transferieren. Moores Rowland bietet Offshoreanlagen und die Führung von anonymen Konten, die keinen Rückschluss auf die Einzahler geben. Dass die Firma so unverblümt im Internet für ihr schmutziges Geschäft mit der Steuerflucht werden kann, verwundert uns, bringt uns aber nicht weiter.

Ein weiterer Briefbogen ist an eine Firma mit dem Namen Systems & Securities mit Sitz in Kuala Lumpur gerichtet. Absender ist eine weitere Car-Care-Firma: die Car-Care-Parts Import/Export Limited. Wurden über diese Firma Lieferungen abgerechnet? Bei einem Liefervolumen von 25 Millionen bis 30 Millionen Euro wäre so ein Insidergeschäft mit einer schwer zu kontrollierenden Limited in Malaysia eine spannende Möglichkeit, Gewinne und Steuern zu drücken.

Was ist Friedhelm Käufer so nützlich an seinem globalen Firmengeflecht? Fakt ist: Die Firma Car-Care GmbH zahlt nur sehr wenig Steuern in Deutschland. Darüber hinaus werden Gewinne seit Jahren nicht mehr an den Gesellschafter, also an Käufer selbst, ausgeschüttet, zumindest nicht laut den wenigen Bilanzen, die vorliegen. Wo also ist das Geld aus der Firma verblieben, womöglich unversteuert?

Oder ist es denkbar, dass Friedhelm Käufer sich dieses globale Firmengeflecht nur zugelegt hat, um sich allmächtig zu fühlen? Das wäre jedenfalls ein teures und ziemlich ausgefallenes Hobby.

Ausgerechnet im Bericht seines eigenen Wirtschaftsprüfers aus dem Jahr 2004, der der Handelsregisterakte beigelegt ist, finden wir einen kurzen Hinweis auf das mögliche Leck im Reich Käufers. Der Wirtschaftsprüfer schreibt, die Buchführung sei ordnungsgemäß, eine übliche Formulierung. Doch so ganz wohl kann dem Prüfer bei seinem Stempel unter die Bilanzen nicht gewesen sein, sonst hätte er nicht vermerkt: »Meine Prüfung hat mit Ausnahme der folgenden Einschränkungen zu keinen Einwendungen geführt. Für die unter den sonstigen Vermögensgegenständen ausgewiesene Forderung gegen den Gesellschafter-Geschäftsführer in Höhe von 3 485 176,88 Euro konnte kein hinreichend sicherer Nachweis der Werthaltigkeit erbracht werden.«

Eine Million für eine Villa in Marbella

Will heißen: Käufer hat aus den Kassen der Car-Care GmbH über die Jahre Millionenbeträge entnommen, ohne nachweisen zu können, wo sie abgeblieben sind und ob er sie je zurückzahlen kann. Für das Geschäftsjahr 2001 betrug die Summe der Forderungen der GmbH gegenüber Käufer noch 1,1 Millionen Euro. Das heißt, innerhalb von nur drei Jahren hat Käufer gute 2,3 Millionen Euro aus der GmbH abgezogen. Daneben nimmt sich sein offizielles Geschäftsführergehalt von 5 000 Euro geradezu bescheiden aus. Wieder treffen wir uns mit Käufers ehemaligem Geschäftsführer, der erzählt, dass Käufer häufiger dringend ein paar Tausender gebraucht habe. »Es kam auch vor, dass er aus einem Puff anrief und sagte: ›Holt mich hier raus, nehmt 5 000 aus der Kasse und löst mich aus.‹« Aber was passierte dann mit dem ganzen Geld? »Das wurde wie üblich auf sein Geschäftsführerkonto gebucht«, erinnert sich der ehemalige Geschäftsführer. So weit, so gut. Die Summe auf diesem Konto ist jedenfalls kontinuierlich gewachsen – auf, wie wir jetzt wissen, mittlerweile vier Millionen Euro.

Im Jahr 2004 entwickelte Käufer eine Vorliebe für die spanische Hauptstadt der Schönen und Reichen: Marbella. Mehrmals flog er dorthin und präsentierte seinem Geschäftsführer irgendwann einen verwegenen Plan. Er habe dort gerade eine Villa gekauft, von einer Million Euro war die Rede. Und der Geschäftsführer erhielt einen Auftrag der besonderen Art: Er solle einen Bautrupp zusammenstellen und ans Mittelmeer reisen. Dort sollte die altehrwürdige Villa zwar erhalten, aber komplett entkernt werden. Dann sollte sie nach Käufers Wünschen luxuriös ausgestattet und eingerichtet werden. Was aus dem Projekt wurde, wissen wir nicht. Der Geschäftsführer schied kurz darauf aus. Allerdings dürfte wohl ein satter Betrag aus den Kassen der Car-Care GmbH in den sonnigen Süden gewandert sein.

Ob für die Millionenentnahmen Käufers aus der Firmenkasse ein Darlehnsvertrag existiert, ist unklar. Und spielt auch keine Rolle, wie wir bald lernen. Wir treffen uns mit Betriebsprüfern eines Finanzamts für Körperschaften und zeigen ihnen die Unterlagen. Wir wollen herausfinden, wie es kommt, dass Leute wie Käufer vom Staat unbehelligt bleiben. Einer der Herren sagt: »Also für mich wäre das eine verdeckte Gewinnausschüttung, denn niemand Drittes hätte Käufer einen solchen Kredit ohne Sicherheiten gegeben. Da hätte ich schon mal genauer nachgeschaut, wenn sogar der eigene Prüfer schreibt, dass es keine Sicherheiten gibt.« Wir möchten wissen, wie der Beamte vorgehen würde. Er schmunzelt. Nein, dass er wirklich vorgehen würde, sei nicht gesagt, viele Kollegen täten es nicht, weil es hier ja nicht mehr um die Firma, sondern die persönliche Einkommensteuer eines Firmenbesitzers gehe. Kein Fall für Betriebsprüfer. Und wenn er doch geprüft hätte, was dann? »Dann wäre ich schnell darauf gestoßen, dass Käufer nach dem Doppelbesteuerungsabkommen in gleich zwei Ländern zu besteuern wäre. Dann hätte ich, wenn er mir selber nichts zu dem Geld mitteilen könnte, um Amtshilfe in der Schweiz und in Polen ersucht. Viel Spaß mit der Schweiz, das können Sie vergessen.«

Es hätte zunächst geklärt werden müssen, ob Käufer regelmäßig in Polen oder der Schweiz – oder sogar in beiden Ländern – Einkommensteuer auf die verdeckten Gewinnausschüttungen zahlt. Bekanntermaßen sind die Steuern dort zwar weit niedriger als in Deutschland, doch das wäre legal. Es sei denn, man könne ihm nachweisen, dass er sich zur Führung seiner Geschäfte in Deutschland aufhält, sagt unser Betriebsprüfer. Wie wir wissen, tut er das. Doch Käufer würde, so der Betriebsprüfer, einfach behaupten: »Klar bin ich in Deutschland, aber für die Führung der Geschäfte, zur Konzeptionierung und so weiter, reise ich immer in die Schweiz. Das findet nur dort statt.« Ob sich da so gar nichts machen ließe, wollen wir wissen. »Doch, ich müsste jemanden auf Käufer ansetzen, der ihn Tag und Nacht überwacht. Würde festgestellt, dass sich Käufer sechs Monate am Stück in Hamburg aufhält, hätte er ein Problem. Dann wäre er in Deutschland steuerpflichtig.« Doch auch das Finanzamt hätte ein Problem: »Wir könnten ihn nur für diese sechs Monate besteuern, weder die Jahre davor noch die Zeit danach, weil uns die Beweise fehlen.« Zudem würden die deutschen Prüfer womöglich noch den Job ihrer polnischen oder Schweizer Kollegen machen und dabei viel deutsches Steuergeld verbraten. Den Nutzen hätten aber andere Staaten. Also lässt man den ganzen Spuk doch lieber gleich. Der Betriebsprüfer sieht aus wie jemand, den das nicht mehr besonders aufregt. Millionäre auf der Steuerflucht, beileibe kein Einzelfall.

Die goldene Heuschrecke verdienen

Leute wie Käufer können sich anscheinend darauf verlassen, dass ihnen der Staat nicht auf die Pelle rückt. Sollte seinem Firmengeflecht in Deutschland einmal die Luft ausgehen, wird niemand mehr feststellen können, wohin das entnommene Geld verschwunden ist. Dafür sorgen schon die Verschwiegenheitsklauseln, mit denen die Anlageberater der Kaimaninseln oder Jerseys locken. Und Käufer selbst könnte erstmal untertauchen, vielleicht im Mövenpick Hotel am Züricher Airport. Oder in seiner Villa in Marbella. Und er könnte darauf setzen, dass es lange Zeit braucht, bis es gelingt, aus einer deutschen Amtsstube heraus schweizerische oder spanische Fahnder auf ihn zu hetzen. Vermutlich ewig. »Gerade die Zusammenarbeit mit der Schweiz und Spanien ist katastrophal«, sagt unser Betriebsprüfer, ein knallharter Bursche, dem aber in solchen Fällen auch nichts mehr einfällt, »man könnte meinen, Herr Käufer hätte sich über die Praxis der Doppelbesteuerung vorher kundig gemacht.«

Noch ist Käufer aber wohl ganz obenauf. Er hat sogar eine riesige neue Filiale in der Hamburger Innenstadt gegründet. Leider ist weder den zuständigen Ämtern noch den Politikern klar, dass die Arbeitsplätze dort aus schäbigen Leiharbeiterjobs bestehen, die zudem von Jobcentern der Agentur für Arbeit subventioniert werden. Genauso wenig wissen sie, was mit den von Käufer gemachten Millionen passiert. Wes Geistes Kind Käufer ist, legt er jedenfalls ganz offen dar. So schließt sein Lagebericht 2005 mit dem Satz: »Ich hoffe, dass ich mir durch mein Verhalten die goldene Heuschrecke verdiene.«

Kapitel 2

Warum die Bundesrepublik längst ein Steuerparadies für Superreiche ist

Scheppernd schieben die Leute Einkaufswagen zu ihren Autos. Viele Körbe sind bis zum Rand vollgestopft mit Lebensmitteln – als gelte es, den nächsten Krieg zu überstehen. Aber vielleicht reicht den Deutschen die Aussicht auf ein langes Krisenjahr. Oder es ist einfach die Gewohnheit, für mindestens eine Woche im Voraus zu planen. Das Parkdeck 0 eines Berliner Einkaufszentrums am Freitagnachmittag. Unsere Gesprächspartnerin kommt mit lautem Getöse. Als sie den Motorradhelm abnimmt, fallen lange schwarze Haare auf ihre Schultern. Sie lächelt unterkühlt.

Im Café mit seiner hässlichen violett-türkisfarbenen Gastronomiemöblierung, in das wir uns setzen, wirkt Carla Hustedt[13] in ihrer schwarzen Lederkluft ein bisschen fehl am Platz. »Im Amt ziehe ich mich immer um«, sagt sie. Carla Hustedt arbeitet als Beamtin im Finanzamt, wo sie sich ebenfalls zunehmend fehl am Platz fühlt. Deshalb wollte sie sich auch nicht an ihrem Arbeitsplatz mit uns treffen. Klar, gern hätte sie uns die Risse in den Bürowänden gezeigt, die stinkenden Toiletten, die Armseligkeit einer Behörde, die immerhin den Wohlstand der Gesellschaft mitfinanziert. Aber: Beamte haben Schweigepflicht, und »die Steuerverwaltung ist ja wohl ein besonders heißes Pflaster«, sagt sie grinsend. Sie erzählt von den Freunden, die sich lustig machen über ihren Job. Natürlich die üblichen Beamtenwitze. Lange Zeit nahm sie es gelassen, denn so opulent ist ihr Gehalt nicht, als dass sie sich dafür schämen müsste.

Finanzbeamtin wurde sie, weil sie erstens schon immer gern mit Geld zu tun hatte und zweitens mit ihrem Talent für Zahlen in einer Bank nichts Besseres verrichten könne, als den Leuten das Geld aus der Tasche zu ziehen. »Klar, in gewisser Weise machen wir das auch beim Finanzamt, aber als ich vor 15 Jahren anfing, dachte ich noch, dass alle im gleichen Maß Steuern zahlen. Die Arbeit hatte etwas mit Gerechtigkeit zu tun.« Idealismus in einer deutschen Amtsstube? »Ja, wenn Sie so wollen, ich habe meine Arbeit bisher immer gern gemacht. Außerdem lernt man interessante Biografien kennen, und wenn es der geplagte Scheidungsvater ist, der seine Geschichte erzählt, um eine Stundung rauszuschlagen.«

Wer Carla Hustedt zuhört, könnte meinen, sie sei schon Jahrzehnte im Amt, doch das verträgt sich nicht mit ihrem Alter. Wenn sie von »früher« spricht, meint sie die Zeit kurz nach der Wende in der DDR, als die Bundesrepublik noch über eine funktionierende Steuerverwaltung verfügte. So kommt es ihr jedenfalls vor. Denn seit sie im Finanzamt angefangen hat, hat sich die Arbeit massiv verändert. An den Bürowänden schlängeln sich Hunderte von bunten Steuerakten, genau genommen sind es 1 600 je Sachbearbeiterplatz. Hinzu kommen 2 500 sogenannte Veranlagungen – etwa ein Drittel mehr als noch vor vier Jahren. Bei den Arbeitnehmern ist das mehr oder weniger ein Durchlaufposten, sie können an ihren Steuern so gut wie nichts drehen. Anders sieht es bei Selbstständigen und Gewerbetreibenden aus. Zu Jahresbeginn müssten eigentlich alle Beamten Boulevardzeitungen wie die Berliner *BZ* lesen, die ihre Leser mit ganzen Serien von Steuerspartricks locken. »Ist schon witzig, das zu sammeln, ein Jahr später sehen wir dann, wie die Leute das umsetzen«, erzählt Hustedt.

Für sie und ihre Kollegen haben die Steuerspartricks auch persönlich einen faden Beigeschmack, denn sie gehören zu den Millionen Lohn- und Gehaltsempfängern, bei denen der Staat die Steuer schon an der Quelle abzieht, ohne dass sie daran etwas ändern könnten. Als junge Frau ist Carla Hustedt trotzdem froh, die Privilegien des Beamtenlebens genießen zu dürfen. Dass sie dabei mit gerade mal 1 600 Euro netto nach Hause geht, inklusive Kindergeld, steht auf einem anderen Blatt.

Was sie nervt, ist eine Erfahrung, die sie an ihrem Arbeitsplatz tagtäglich macht: dass Selbstständige mit hohen Umsätzen und Einkommensmillionäre in Deutschland so einfach ihre Steuern minimieren können. »Das ist absolut unfair«, sagt Carla Hustedt kurz und bündig. Einkommensmillionäre würden längst nicht so häufig geprüft wie Unternehmen mit entsprechenden Umsätzen, erzählt sie. »Die werden aus meiner Sicht politisch bevorzugt, damit sie in Deutschland bleiben.« Doch die Reichen, die ihr Kapital ins Ausland schaffen wollen, lassen sich auch von der sanften Behandlung durch deutsche Finanzämter nicht daran hindern.

Von wegen Krise – Wir bleiben reich!

Wohl nirgends in der Welt kann man so viele teure Jachten auf einem Fleck bewundern wie in Düsseldorf. Jedes Jahr Mitte Januar tummeln sich auf der Düsseldorfer Bootsmesse Zehntausende von Besuchern. Was nicht heißt, dass auf der »boot« nur die oberen Zehntausend unterwegs sind. Im Gegenteil: Rentnerpaare mit Stoffbeuteln in der Hand schleichen ehrfürchtig und mit Glanzprospekten unterm Arm zwischen den Jachten und jungen Eltern mit Kinderwägen umher. Die meisten Menschen auf der Messe können von dem, was sie da sehen, nur träumen. Die teuerste Motorjacht in 2009 ist eine Zaca für 3,5 Millionen Euro. Fast könnte man denken, die Superreichen wollten auf Luxusjachten vor der Krise flüchten.

Klaus Barski ist einer der Kaufinteressenten auf der Messe. Mit seiner Frau Bonnie schlendert er durch die Motorbootabteilung, bleibt hier und da stehen. »Sieh mal, eine Jacht mit Flying Bridge, Gästesalon und Eignerkabine, das ist was zum Wohlfühlen«, sagt er. Und es fällt nicht schwer, sich den Mann auf so einer Jacht und in einem schönen Winkel der Welt vorzustellen. Er trägt einen hellen Strohhut mit schwarzem Seidenband, ein dunkles Sakko und um den Hals ein rotes Seidentuch. Morgen früh fliegen er und seine Frau für eine Woche nach Fuerteventura. »Wir müssen mal ein paar Tage raus aus der Kälte.«

Erst vor sechs Jahren kamen die beiden zurück nach Deutschland, zuvor lebten sie 16 Jahre in Florida. »Da würde ich gern mit der Jacht hin, deshalb brauchen wir eine mit Klimaanlage«, redet Klaus Barski auf seine Frau ein. Von einem Jachtverkäufer lässt er sich die *420 Flybridge* von Nord West zeigen. Eine Motorjacht der Luxusklasse. »Da sehe ich schon die Berge von Cannes und da drüben das Spielcasino«, witzelt er und schickt ein markiges Lachen hinterher. Barski ist vermutlich eine große Ausnahme unter den deutschen Millionären. Er ist das Gegenteil von verschwiegen. Ein lustiger Prahlhans, der auch gern mal öffentlich auftritt, in der Hoffnung, seine Bücher damit publik zu machen, denn seit ein paar Jahren schreibt er autobiografische Romane über sein Leben als Spekulant *(Der Frankfurter Spekulant)* und das süße Leben der Reichen (*Exil Ibiza*, *Lebenslänglich Côte d'Azur* und andere).

»Wie viel kostet das Boot?«, fragt er den norwegischen Bootsverkäufer.

»480 000 Euro.«

»Mit Mehrwertsteuer?«

»Die kommt dazu.«

»Na ja, Sie wissen, in Deutschland fordert das Gesetz, dass man Preise immer inklusive nennt.«

Klaus Barski interessiert sich dafür, wie die Geschäfte laufen. Der Jachtverkäufer schwärmt, »2008 war das beste Jahr für Nord West überhaupt.«

Bonnie Barski hat sich bereits mit dem Interieur aus edlen Tropenhölzern und blütenweißen Lederpolstern angefreundet. »Wird in der Küche mit Gas gekocht?«, fragt sie. Der Verkäufer nickt. Aber irgendwie ist sie noch nicht überzeugt. Sie ist eine bescheidene Frau in gedecktem Kostüm, und ihr rosaroter Lippenstift ist wohl eher ihrer amerikanischen Herkunft geschuldet als dem Wunsch, besonders schillernd zu sein. Das erledigt schließlich ihr Mann für sie. Sie spricht über ein Hausboot, mit dem sie gern mal eine Tour machen würde. Frau Barski ist Philologin, spezialisiert auf deutsche Literatur, eine Frau, deren häufiges Schweigen auf große Klugheit schließen lässt. Beide sitzen sie nun hoch über der Messehalle an Deck, vor Barski das chromglänzende Lenkrad der Jacht. Die Sessel sind bequem, hinter ihnen setzt sich der Verkäufer auf die Polsterkante. »Wenn du ein Hausboot kaufst, musst du zirka 80 000 Euro hinblättern«, sagt Klaus Barski. Er mag keine halben Sachen. »Wenn ich schon in Königstein lebe, dann nur mit großem Haus, und wenn ich ein Boot habe, dann nur ein großes.« Frau Barski nickt etwas enttäuscht.

Die nächste Motorjacht, eine *Elan Power 35,* ist etwas kleiner geraten, kostet »nur« 211 000 Euro. »Das wäre auch eine Lösung«, sagt Barski, während er das Treppchen vorbei am verchromten Cockpit herabsteigt, »immerhin gibt es auch eine Gästekabine.« Rund um einen Edelholztisch mit einer eingelassenen Windrose ziehen sich weiße bequeme Lederpolster. Und die Schlafkajüte hat gleich zwei Türen, vorn und am kleinen feinen Badezimmer. Praktisch und luxuriös. Bonnie Barskis Augen leuchten, vielleicht denkt sie darüber nach, zusätzlich ein Hausboot zu erwerben, wo doch dieser Kahn um fast 300 000 Euro günstiger ist als der andere.

Eine Jacht als Steuersparmodell

»Wenn das Boot ins außereuropäische Ausland geht, spielt die deutsche Mehrwertsteuer keine Rolle, oder doch?«, fragt Klaus Barski. Der Verkäufer, diesmal ein braungebrannter Niederländer, nickt diskret. Steuern spart Barski nicht nur, wenn er das Boot direkt nach Florida liefern lässt. Es gibt noch eine andere Variante. Wenn der Millionär wieder einen Roman über das Leben der Schönen und Reichen schriebe, könnte er sogar ein teures Spielzeug wie eine Jacht steuerlich geltend machen. »Als Romanautor kann ich Dinge absetzen, wenn sie mein Geschäft fördern, wenn ich für ein neues Buch recherchiere, aber auch, wenn ich hier Journalisten empfangen würde«, erzählt Barski. »Ich kann die Aufenthalte mit ein paar Tausend im Jahr geltend machen, die Wartungskosten, Liegegebühren und so etwas.« In Anbetracht des hohen Kaufpreises ist das nicht viel. Gäbe es da nicht noch einen anderen Weg: »Wenn ich den Handel mit Auslandsimmobilien, zum Beispiel am Mittelmeer, wiederaufnehme, kann ich die Jacht komplett als Geschäftsraum absetzen, für Besichtigungsfahrten vom Meer aus.« Ein Geschäftsfreund setzte seine Jacht sogar zu 100 Prozent von der Steuer ab. »Am besten ist immer, man spricht mit dem Finanzamt, ich kenne ein, zwei Leute mit manchmal guten Tipps.«

Auch der Niederländer hat von der Wirtschaftskrise im Übrigen noch nichts gespürt: »Leute, die ein Schiff kaufen, haben immer das Geld dafür. Selbstverständlich gibt es Leute, die aufgrund der Krise Probleme haben. Aber es gibt auch solche, die jetzt mehr Geld haben.«

Thailandreisen und Brautkleider als Betriebsausgaben

Carla Hustedt könnte wohl auch einen jener wunderbaren Steuerspar-Ratgeber schreiben, allerdings gewürzt mit den übelsten Reinfällen der Steuertrickser. Besonders Selbstständige neigen dazu, alles steuerlich geltend zu machen, wobei sich manche etwas ungeschickt anstellen.

Erst neulich plauderten Carla Hustedt und ihre Kolleginnen wieder mal über eines ihrer Lieblingsthemen: dämliche Steuertrickser. Der Senior-Chef und die Senior-Chefin eines mittelständischen Installationsbetriebes kümmerten sich um die Steuer, sie hatten die Zeit dazu, da ihr Sohn schon seit Jahren den Betrieb schmeißt. So landeten bei einer Kollegin von Carla Hustedt die Steuererklärung und ein Haufen Belege. Die Finanzbeamtin warf einen Blick hinein und wunderte sich. Denn in den Tankrechnungen fanden sich zahlreiche Benzinbelege. Im Bestand der Firmenfahrzeuge waren jedoch ausschließlich Dieselwagen. So flog der Unternehmer bei dem Versuch auf, die privaten Ausflugstouren mit seinem BMW oder die Shoppingfahrten seiner Schwiegertochter dem Finanzamt als Betriebsausgabe unterzujubeln.

Und Porsche fahren darf auch nicht jeder in Deutschland. Jedenfalls nicht in den Augen eines Finanzbeamten. Der Inhaber einer kleinen Facility-Management-Firma, sprich eines Gebäudereinigungs- und Reparaturbetriebes, hatte sich einen hübschen

Porsche zugelegt. Kostenpunkt 80 000 Euro. Carla Hustedt stutzte: denn der Mann verdiente zwar nicht schlecht mit einem Jahresgewinn von 30 000 Euro, aber das würde niemals für einen Porsche reichen. »Klar, vielleicht hat er ja geerbt, wäre mir auch egal, aber er hat sich die Porsche-Kosten von der Vorsteuer rückerstatten lassen, das war sein Fehler«, erzählt Hustedt, »sonst hätte ich mich für den Porsche gar nicht interessiert.« Zudem ein Porsche für viele schöne Dinge geeignet ist, aber so gar nicht für den Transport von Werkzeugen und Reinigungsgeräten.

Ganz beliebt, so erzählt uns Carla Hustedt, sind allerlei Tricks mit eigenen Immobilien. Gern vermieten die Leute sie an ihre eigenen Verwandten. Natürlich zum Vorzugspreis. Den Rest lassen sie sich schwarz geben. Und die Ausgaben für Reparaturen und Zinsen können sie von der Steuer absetzen. »Wenn man die schwarze Miete aber per Kontoüberweisung zahlt, könnte man Pech haben«, erzählt Carla Hustedt. So ist es schon geschehen. Ein Kontoauszug genügte, um dem Vermieter die Sache zu vermasseln.

Das setzt allerdings genügend Zeit der Sachbearbeiter voraus, an der es meist mangelt. »Wir kloppen die Veranlagungen oft durch, erfüllen die Statistik, genaues Hingucken ist gar nicht mehr erwünscht«, sagt Carla Hustedt. Der geneigte Steuertrickser darf sich also beruhigt zurücklehnen. Die Wege zu Geschäftsterminen werden ebenfalls gern mal gedehnt, aber auch hierbei dürfen sich die Trickser relativ sicher fühlen. Denn die Beamten haben zwar einen PC mit Internetanschluss, mit dem man die Strecken via Routenplaner überprüfen könnte – jedoch nur einen einzigen, und der steht rund 500 Beamten zur Verfügung und befindet sich in der Bibliothek. »Auch wenn eine Kilometerangabe direkt auffällig ist, prüfen wir sie nicht«, erzählt Carla Hustedt, »meist drückt man beide Augen zu.« Ab einem bestimmten Punkt ist trotzdem Schluss mit lustig. Zum Beispiel, wenn einer erklärt, sein Thailandtrip sei eine abzugsfähige Sonderausgabe, weil der Erholungswert der Arbeit zu Hause zugutekomme. Lachen musste Carla Hustedt, als sie in einer Steuererklärung den Posten »Brautkleid« entdeckte. Das Eheglück der jungen wohlhabenden Selbstständigen hatte nur vier Wochen gedauert. So viel seelisches Ungemach wollte sich die Dame wenigstens materiell vom Staat versüßen lassen und deklarierte die Anschaffung des Kleides kurzerhand als Sonderausgabe.

Carla Hustedt brauchte einige Jahre, um zu merken, was wirklich abläuft in der deutschen Steuerbürokratie. Was Fachleute »Gleichmäßigkeit der Besteuerung« nennen, ist mehr Anspruch auf dem Papier als Realität in der Praxis. »Es gibt keine Steuergerechtigkeit! Während Selbstständige bevorzugt werden, sind Arbeitnehmer verpflichtet, jede Kleinigkeit zu erklären, worauf teilweise auch sehr genau geguckt wird. Das ist äußerst ungerecht.«

Tatsächlich kommt es auf die schnelle Bearbeitung von Fällen an – Quantität statt Qualität. Die Finanzämter stehen in einem ständigen Statistikwettbewerb untereinander. »Wenn ein Amt in der Statistik zurückliegt, kriegen wir schon mal zu hören: Übernehmt einfach die Angaben aus der Steuererklärung, das geht schneller!«, erzählt Hustedt.

Aber wie muss man sich solche Anweisungen vorstellen, die letztlich zu nicht gesetzeskonformem Verhalten anstiften? Carla Hustedt spricht jetzt ein bisschen leiser: »Manche Vorgesetzte ordnen an, eine Woche lang alles liegen zu lassen, beide Augen zuzumachen und die Veranlagungen einfach nur durchzujagen.« »Durchwinkwochen« nennen das die Sachbearbeiter augenzwinkernd. Andernorts heißen solche Zeiten »Grüne Wochen«. Dazu passt eine interne Dienstanweisung, die uns aus einem Finanzamt zugespielt wurde.[14] Darin werden die Bearbeiter bei der Prüfung von Steuererklärungen zu äußerster Milde angehalten: »Lediglich ins Auge springende Fehler sind zu beanstanden.« Freuen können sich dann Selbstständige und Unternehmer, deren Erklärungen oben auf dem Stapel liegen. Denn ihre Angaben gehen ungeprüft in die Behördencomputer ein.

Längst gibt es Zielvereinbarungen der einzelnen Finanzämter mit den Ministerien oder Senatsverwaltungen darüber, wie viele Fälle ein Beamter im Jahr schaffen muss. Von solchen Zielvereinbarungen rückte die Politik selbst dann nicht ab, wenn längst Land unter war in der Behörde. Etwa bei der Einführung des Computersystems EOSS, das die Finanzämter in Berlin Anfang 2007 rund zwei Monate lahmlegte. In der für die Steuergerechtigkeit so wichtigen Finanzbehörde geht es längst zu wie in einer Großbank. Mit einem wichtigen Unterschied: Es werden sogar Stellen eingespart, die ein Mehrfaches an Steuereinnahmen von dem einbringen, was sie kosten. Auf lukrative Stellen zu verzichten käme selbst hartgesottenen Wirtschaftskapitänen nie in den Sinn. Und die Folgen für die Steuergerechtigkeit sind skandalös.

Wie der Millionär fast steuerfrei mit Häusern spekuliert

Klaus Barski verbindet mit dem Wort Finanzamt nichts Schlechtes. Als er nach 16 Jahren nach Deutschland zurückkehrte und in Frankfurt mit Immobilien zu spekulieren begann, störte ihn vor allem eines: die hohen Steuern. Also schwang er sich in seinen Rolls-Royce und fuhr zu seinem Finanzamt. Bei den Damen vom Amt fand er ein offenes Ohr. »Ich sagte, ich hätte hier doch jahrelang geblutet, und fragte, ob sie nicht eine Idee hätten, wie ich Steuern sparen kann.« Dazu hatten die netten Finanzbeamtinnen zuerst keine Idee. Dann wiesen sie ihn jedoch dezent darauf hin, dass er noch nie eine Eigenheimzulage in Anspruch genommen hätte. Erstaunlich für einen Mann, der in seinem Leben insgesamt 40 bis 50 Immobilien an- und verkauft hat. »Es ist immer gut, im Amt Leute zu kennen, manchmal haben die gute Tipps.«

Barski hat, wie er sagt, immer ehrlich seine Steuern bezahlt, »natürlich unter Ausnutzung aller Gesetze«. So holt er aus seinen Häusern Mieten im sechsstelligen Eurobereich. »Ich bin Millionär und versteuere seit Jahren kaum mehr als 30 000 Euro.« Wie er das macht, muss man Klaus Barski nicht fragen. Er erzählt gern, nicht nur in seinen Romanen, sondern auch bei einem guten Glas Champagner in seinem Kaminzimmer. »Ganz einfach, es gibt immer was zu reparieren an den Häusern; wenn ich zu viel Gewinn mache, wird eben investiert. Oder ich nehme neue Schulden auf, die Zinsen kann ich absetzen.« So kommt es, dass er im Jahr 2007 Mieteinnahmen in Höhe von 121 000 Euro hatte, aber Kosten von 85 000 Euro, die seinen Gewinn schmälern. Sieht man sich sein in 2007 zu versteuerndes Einkommen an, könnte man glatt Mitleid mit ihm bekommen: 26 000 Euro, macht gerade mal 2 300 Euro Steuern, die der mehrfache Immobilienmillionär zahlt.

Natürlich achtet er immer darauf, nicht vor Ablauf der Spekulationsfrist – früher zwei, heute zehn Jahre – zu verkaufen. »So halte ich die Verkaufsgewinne steuerfrei.« Das finde er zwar toll, aber auch »irgendwo unverschämt«. Nebenbei: Die Verkaufsgewinne können schon mal eine Million Euro betragen. Zugleich sieht er zu, dass der Geschäfte nicht zu viele werden: »So vermeide ich, in die Gewerbesteuerpflicht zu geraten.« Denn wer in acht Jahren mit mehr als drei Häusern handelt, muss ein Gewerbe anmelden.

Dass das Finanzamt noch nie bei ihm vorbeigeschaut hat, wundert ihn nicht. »Ich habe nie mit Schwarzgeld hantiert, damit macht man sich nur erpressbar.« Und auf einen Steuerberater pfeift er. Seine gesamte Jahresbuchführung geht in einen DIN-A4-Ordner.

Darin legt er alles offen. So blieb Barski bislang unbehelligt von lästigen Prüfungen eines Finanzbeamten. Damit geht es ihm wie den meisten Vermögenden. Denn häufig beziehen Vermögende »Einkommen aus Vermietung und Verpachtung«. Brisant für die Steuerbeamten: In der dafür vorgesehenen Anlage V stehen die Mieteinnahmen zwar sauber den Werbungskosten, also den Ausgaben für Zinsen, Reparaturen und so weiter, gegenüber, was sich aber tatsächlich hinter den einzelnen Rechnungsposten verbirgt, können die Beamten nie im Leben nachprüfen – es sei denn, sie schöpfen den konkreten Verdacht, dass eine Rechnung gefälscht ist –, denn die Anlage V müssen die Steuerbeamten in knapp fünf Minuten gecheckt haben. Da lässt sich oft nicht einmal feststellen, ob hinter Modernisierungsausgaben ein »Erhaltungsaufwand« oder ein »Herstellungsaufwand« steckt – die steuerrechtlich unterschiedlich zu behandeln sind –, dabei können in solchen Details locker mal mehrere Hunderttausend Euro Steuerforderungen stecken.

Viele Finanzämter haben vor der Anlage V längst kapituliert. So dürften sich die Vermieter in einer Region besonders gefreut haben. In einer Amtsverfügung vom 20. Dezember 2002 der dortigen Behörde ist festgelegt: Werden in einer Steuererklärung Verluste aus Vermietung und Verpachtung angegeben, die 10 000 Euro je Objekt nicht überschreiten, dürfen die Angaben aus den Erklärungen ohne nähere Prüfung übernommen werden. Das Gleiche gilt für private Veräußerungsgeschäfte. Wer dabei unter 10 000 Euro Verlust bleibt, kann sicher sein: Niemand kontrolliert je nach, ob die Verluste wirklich so hoch waren.

Carla Hustedt kennt so etwas auch aus den Finanzämtern von Berlin, einer großen Vermieterstadt. »Ich kenne keine Anlage V, in der nicht riesige Verluste eingetragen sind«, sagt sie. Man fragt sich, warum sich unter diesen Umständen überhaupt noch Menschen finden, die Häuser vermieten.

Nun ja, Klaus Barski hat uns klargemacht, warum. Dass der Millionär, der mal eben einen 100 000 Euro teuren Mercedes SL cash zahlen kann, so gut wie keine Steuern zahlen muss, ist ihm selbst etwas unheimlich. Solche Auswüchse des reichenfreundlichen deutschen Steuerrechts wären durch eine Vermögensteuer beseitigt. Denn dann würden nicht nur laufende Einnahmen, sondern auch spekulative Immobiliengewinne besteuert, die auf Vermögen basieren. Diesen Fragen werden wir uns in Kapitel 8 ausführlicher widmen.

Einkommensmillionäre werden kaum geprüft

Noch absurder als bei den Mieteinnahmen geht es bei der Anlage AUS zu, dem Blatt für ausländische Einkünfte. Es ist ein offenes Geheimnis in den Behörden, dass viele Beamte hier an ihre Grenzen stoßen. Komplizierte Regelungen wie das Halbeinkünfteverfahren oder Doppelbesteuerungsabkommen mit anderen Ländern lassen die Prüfer nicht selten resignieren. Sie müssen oft einfach glauben, was die hochbezahlten Steuerberater für ihre Millionäre aufschreiben – oder weglassen. »Die AUS ist ein Graus schlechthin«, sagt Hustedt. Unter den 50 Sachbearbeitern in ihrer Abteilung gebe es mal gerade einen, dem sie zutraue, Daten aus der Anlage AUS einzutragen, »ohne dass gleich 17 Einwände vom Computer kommen«. Grundsätzlich müssen sich Geldströme, die in der AUS auftauchen, auch in der Anlage KAP für Kapitaleinkünfte wiederfinden, »da muss es ein logisches Schema geben«, sagt Carla Hustedt ironisch, »aber es erklärt einem niemand. So bastelt man und bastelt und irgendwann gibt man auf.«

Nicht selten müssen gut ausgebildete Finanzbeamte längst verinnerlichte und jahrelang praktizierte Werte und Normen über Bord werfen. So kommt es, dass komplizierte Dinge einfach gar nicht bearbeitet werden. »Man übersieht da schon mal was«, sagt Hustedt mit Ironie in der Stimme, »und so notiert man, um sich vor einer Kontrolle abzusichern, ›Belege lagen vor‹, auch wenn sie nicht vorlagen. Es kann ja keiner nachweisen, dass ich sie nicht gesehen habe.«

Aber wie werden Einkommensmillionäre geprüft, werden sie überhaupt gesondert unter die Lupe genommen, wollen wir wissen. Darüber, antwortet Carla Hustedt, entscheidet mehr oder weniger der Charakter des Sachgebietsleiters. Denn solche großen Fische gehen grundsätzlich über seinen Tisch. »Je nachdem, was das für einer ist, werden sie geprüft oder nicht.« Das spiegelt sich in Zahlen wider. Einer internen Statistik zufolge werden nur 15 Prozent der Einkommensmillionäre überhaupt regelmäßig von einem Finanzamt geprüft.[15] Es werden also diejenigen geschont, die jedes Jahr über eine halbe Million Euro verdienen (in alter Währung eine Million D-Mark, daher der Name Einkommensmillionäre). Menschen, die nicht mehr unbedingt für ihr Geld arbeiten müssen, sondern für die das Geld arbeitet.

Wie bereits erwähnt, glaubt Carla Hustedt, es sei staatlich nicht gewollt, Millionären amtlicherseits zu nahe zu treten, damit die nicht alle abhauen. Dass alle Millionäre wegen einer stärkeren Steuerprüfung Berlin verlassen würden, ist schwer vorstellbar. Wer durch Berlin-Grunewald fährt, kann nur staunen, wie viel Ruhe, Reichtum, aber auch Abschottung es gibt am Rand der ansonsten sozial ramponierten deutschen Hauptstadt. Und das Viertel ist beileibe keine kleine Oase. Wer sich vornehmen würde, alle Villenstraßen nacheinander abzufahren, wäre einen Tag unterwegs. Hinzu kommen die Millionäre von Berlin-Charlottenburg und Zehlendorf. Berlin hat gut 10 000 Vermögensmillionäre.[16] Hätte ein Quizmaster im Fernsehen die Zahl genannt und nach der zugehörigen Stadt gefragt, hätte man wohl eher auf München oder Hamburg getippt. Eigentlich wäre die Zahl ein wirklich beeindruckender Beleg für die Wirtschaftskraft der Hauptstadt. In der Werbekampagne »Be Berlin!« taucht sie trotzdem nicht auf. Vermutlich ahnen die Werbestrategen des rot-roten Senats, dass diese Zahl auch Schattenseiten hat.

Steuerfestsetzung im Eilverfahren

Ob in Berlin oder anderswo: Der von ganz oben verordnete Personalabbau hat vor den Finanzämtern nicht haltgemacht. Und seitdem die Finanzministerien in Deutschland auch bei der Personaleinsparung miteinander konkurrieren, bleiben an gut ausgebildeten und motivierten Bearbeiterinnen wie Carla Hustedt immer mehr Hilfsarbeiten kleben. So steigt der Druck auf die Sachbearbeiter im sogenannten Innendienst, zumal sich beinahe wöchentlich die Steuergesetze und -vorschriften ändern.

In einem internen Bericht[17] aus Baden-Württemberg wird festgehalten, dass den Veranlagungsstellen für die Steuerfestsetzung – also für das Bearbeiten der Steuererklärungen und das Erstellen neuer oder geänderter Steuerbescheide – durchschnittlich nur ein Anteil von 35,7 Prozent der gesamten Arbeitszeit verbleibt. Der mit 64,3 Prozent weit überwiegende Rest entfällt auf andere Tätigkeiten wie Postbearbeitung, Publikumsverkehr, Bearbeitung von Rechtsbehelfen, Ablage, Beantworten von Bürgerfragen. Eine bundesweite Umfrage zu den Arbeitsgebieten von Finanzbeamten kommt ebenfalls zu dem Ergebnis, dass die Beamten 60 bis 70 Prozent ihrer Arbeitszeit mit Tätigkeiten verbringen, die mit der eigentlichen Veranlagung nur begleitend oder gar nichts zu tun haben.[18] »Neulich hatte ich wieder so einen Rentner, der Langeweile hatte. Der schickte 25 Zeitungsschnipsel mit irgendwelchen Gerichtsurteilen.« Carla Hustedt heftete sie akkurat ab und wundert sich noch heute, was diese Schnipsel mit dem Steuerfall des Rentners zu tun hatten.

Unglaublich für einen Rechtsstaat: Ob Gesetze eingehalten werden oder nicht, ist häufig vor allem eine Frage des gerade vorhandenen Personals. Da unterscheiden sich Finanzämter nicht von Polizeiwachen. Mit dem aktuellen Personal bei den deutschen Finanzämtern lässt sich den meisten Übeltätern kaum auf die Spur kommen. Selten können es sich Finanzbeamte leisten, eine Steuererklärung länger zu prüfen: Nach bundesweiten Zeitvorgaben hat ein Finanzbeamter für die Bearbeitung einer Steuererklärung von einem Millionär mit sechs Anlagen genau 210 Minuten und 38 Sekunden Zeit. Das ist wenig, wenn man sich vorstellt, wie viel Zeit Millionäre und vor allem deren Wirtschafts- und Steuerberater damit verbringen, diese Daten zu frisieren.

In mindestens zwei Bundesländern wird »Schnellbearbeitung« praktiziert. Schnellbearbeitung – dieses Wort klingt für den Normalbürger wunderbar, insbesondere wenn er an die Bürokratie denkt. Bei der Veranlagung von Steuern bekommt dieses schöne Wort allerdings einen zweifelhaften Klang. Angeblich »nicht risikobehaftete Fälle« werden in diesem Verfahren einfach ausgesondert und von anderen Bearbeitern oder vom Computer mehr oder weniger durchgewunken: Fälle, bei denen unter dem Posten Werbungskosten keine Entfernungspauschalen angegeben wurden oder bei denen Spenden die Höchstgrenze nicht überschritten, ab der Zuwendungsbestätigungen vorgelegt werden müssen. Angeblich sei das Verfahren erfolgreich, weil es nur Fälle betreffe, bei denen keine steuerlichen Auswirkungen zu befürchten seien und das

Finanzamt daher nicht auf Geld verzichte. Eine typische Politikerargumentation, sprich: eine Kette von Behauptungen, die alle nicht belegt sind.

Recht und Gesetz außer Kraft gesetzt

Die Beamten an der Basis sehen das ganz anders. Carla Hustedt weiß genau, was mit dem Schnellverfahren gemeint ist. Zum Beispiel die in Berlin gültige Anweisung, bei Steuererklärungen nur dann genauer zu prüfen, wenn dabei ein Steuerplus von mindestens 1 000 Euro zu erwarten ist. Auf gut Deutsch: Bis zu einer steuerlichen Wirkung von 1 000 Euro dürfen Berlins Selbstständige und Gewerbetreibende fröhlich bescheißen. Ebenso großes Kopfschütteln löst die Anweisung aus, bei Spenden bis zu 200 Euro könne auf Belege verzichtet werden. Und was wir von Berliner Beamten erfahren, wird von einem internen Papier[19] aus einem anderen Bundesland noch getoppt: Weil in einem Finanzamt im Mai 2003 ein Rückstand von 20 000 Fällen eingetreten war, also von rund sechs Monaten Arbeit, verlor der Vorsteher wohl die Nerven und wies am 15. Mai alle Bearbeiter an, »dass Gesamtabweichungen je Steuerfall von insgesamt unter 3 000 Euro (Bemessungsgrundlage) bis zum Jahresende 2003 nicht zu beanstanden seien«. Im Klartext: Wer die Steuer um nicht mehr als 3 000 Euro betrogen hatte, konnte sicher sein, von den Finanzbeamten nicht weiter verfolgt zu werden.

Um trotz des Notstandes ab und an die Richtigen zu erwischen, hat sich mittlerweile eine neue Art von Plausibilitätsprüfung im Innendienst der Finanzämter eingebürgert. Sie besteht darin, zunächst den Namen des Steuerberaters unter der Erklärung zu lesen.

»Bei einigen Steuerberatern fallen die Namen sofort auf«, erzählt Carla Hustedt, »es gibt Steuerberater mit gutem Ruf, die immer im Rahmen des Gesetzes arbeiten oder denen jedenfalls nichts Gegenteiliges nachgewiesen wurde.« Die Mandanten dieser Steuerberater haben entsprechend höhere Chancen, dass ihre Angaben ohne Prüfung übernommen werden.

Interne Dokumente aus einem Finanzamt[20] geben einen direkten Eindruck von dieser Praxis. So galten dort von Juni 2002 bis über das Jahresende hinaus folgende Arbeitsanweisungen:

> »Von Steuerberatern erstellte Erklärungen werden im Hinblick auf deren inhaltliche Übernehmbarkeit nur noch auf ins Auge springende Fehler/Ungereimtheiten überprüft.
> (…) Erklärte Sachverhalte werden nur in Fällen von überdurchschnittlicher Bedeutung auf deren Wahrheitsgehalt und Vollständigkeit geprüft.
> (…) Zusätzliche Belege werden grundsätzlich nicht angefordert.
> (…) Maschinelle Intensivprüfungsvorgaben werden innerhalb dieses begrenzten Zeitraums vernachlässigt.
> (…) Die für den Veranlagungszeitraum 2001 vorgesehenen Prüfungsschwerpunkte werden ausgesetzt.
> (…) Die Sachgebietsleiter begleiten die Aktion und stehen in Fragen der Gewichtung und der Einschätzung den Arbeitsgebieten beratend zur Verfügung.«

In diesen Anweisungen wird also so ziemlich alles außer Kraft gesetzt, was eine normale und für alle Bürger gleiche Besteuerung ermöglicht. In einem weiteren Finanzamt wurden in den Jahren 2002 und 2003 für mehrere Wochen »Kampagnen« durchgeführt. Ein Bearbeiter des mittleren Dienstes sortierte die Steuererklärungen vor. Ehemalige Datenerfasser und Studenten erfassten dann die aussortierten Erklärungen zur Erstellung der Steuerbescheide. Für die Bearbeitungsstatistik des Amtes hatte sich die Aktion gelohnt: stolze 1 700 Fälle in nur zwölf Tagen. Leider sind dies keine Einzelfälle. Zahlreiche Finanzämter in Deutschland greifen auf solche Mittel zurück, und regelmäßig werden »Veranlagungsrückstände« als Begründung angegeben.

Arbeitsanweisungen zur offenen Zahlenmanipulation

Am meisten machen Carla Hustedt die Augenblicke zu schaffen, in denen sie als Beamte nicht mehr gesetzestreu arbeiten soll. Natürlich bekommt sie diese Anweisungen nicht schriftlich auf den Tisch. Der Sachgebietsleiter gibt einfach die Parole aus, dass man mehr Fälle schaffen müsse. Mündlich. »Dann heißt es vom Chef: Fälle durchkloppen und endgültig die Augen zumachen«, erzählt Hustedt. Gar nicht so einfach im Computerzeitalter. Denn manchmal fällt den Maschinen auf, wenn die Steuererklärungen unstimmig sind. »Dann lautet es, sorgt dafür, dass die Zahlen durch den Computer gehen, ohne dass auffällt, dass es erhebliche Mängel gibt.«

So erzählt es Carla Hustedt, und so erzählen es andere Finanzbeamte, die wir im Lauf unserer Tour durch deutsche Steuerbehörden kennenlernen.

»Also, es wird wirklich manipuliert?«

»Ja, und dafür braucht man keine ausgebildeten Steuerbeamten. Das könnten auch Studenten machen.«

»Ist das ein offenes Thema unter den Kollegen?«

»Darüber wird sehr oft geredet, und einige kommen damit schlecht zurecht.«

»Ist es dem Sachgebietsleiter nicht peinlich, solche Anweisungen zu geben?«

»Nein, die ziehen das eiskalt durch.«

»Ist doch eigentlich eine Aufforderung zum ungesetzlichen Handeln.«

»Mein Sachgebietsleiter darf uns Weisungen erteilen, und darauf ziehen wir uns zurück. Wir machen es so: Fälle, in denen wir wirklich Mist bauen, lassen wir vom ihm abzeichnen, so sind wir aus der Verantwortung raus.«

»Und der macht das?«

»Ja klar. Ich habe ihm gesagt: Bevor ich für die Fälle geradestehen muss, in denen noch mehr Steuern fällig gewesen wären, muss er unterzeichnen.«

Der Druck kommt von ganz oben, und zwar von Staatssekretären aus der Senatsverwaltung, er wird weitergegeben auf Vorsteher, dann auf Sachgebietsleiter und schließlich auf Sachbearbeiterinnen.

Selbstverständlich bestreitet Berlins Finanzsenator, dass seinem klammen Stadtstaat aufgrund von Personalmangel in den Finanzämtern Steuern durch die Lappen gehen. Im Gegenteil. Nach seiner Auffassung kann die Behörde ebenso effizient arbeiten, wenn sie zehn Prozent weniger Personal hat als in der offiziellen Personalbedarfsplanung vorgesehen. Das ist schon eine eigenwillige Sichtweise, schließlich verwenden alle Bundesländer sowie der Bund eine ganze Menge Ressourcen auf die aufwendige Ermittlung von Personalbedarfszahlen. Diese Zahl ist keine Wunschzahl irgendeiner Beamtengewerkschaft, die nie genug Beamte bekommen kann, sondern ganz und gar offiziell. Danach müsste es in Berlin 6 517 Stellen in der Finanzverwaltung geben. Doch Sarrazin, bis vor kurzem Finanzsenator von Berlin, und viele seiner Finanzministerkollegen in den Ländern pfeifen auf die eigenen Bedarfszahlen. So findet sich im Berliner Haushaltsplan eine Stellenzahl von 6 067, also 450 Stellen zu wenig. Um sich den Personalmangel vor Augen zu halten: Das entspricht der kompletten Belegschaft der zwei großen Finanzämter von Berlin-Wilmersdorf und Berlin-Zehlendorf. Und bis 2010 sollen weitere 200 Stellen wegfallen, das heißt die Belegschaft eines weiteren Finanzamts. Erstaunlicherweise ist die Personalnot dort am größten, wo es die meisten Wohlhabenden gibt: in den großen Ballungszentren.

Und genau dort reagieren die Amtsvorsteher mit immer dubioseren Methoden, wie der Bericht des Landesrechnungshofes Hamburg aus dem Jahr 2004 belegt. Gleich drei Finanzämter hätten ihre Bearbeiterinnen und Bearbeiter angewiesen, für die Dauer von bis zu einem halben Jahr »auf die Prüfung bestimmter steuerlicher Tatbestände vorübergehend zu verzichten, um Arbeitsrückstände abzubauen«. Erstaunlich die Offenheit der politischen Begründung: Die Finanzbehörde der Freien und Hansestadt Hamburg habe mitgeteilt, »dass dieses Vorgehen bundesweiter Übung in Ausnahmefällen entspreche«. Der Landesrechnungshof sah darin allerdings gleich zwei Gebote verletzt, weil es gegen »das haushaltsrechtliche Gebot der vollständigen Erhebung der Einnahmen verstoße und das Gebot der gleichmäßigen Steuerfestsetzung verletze«.

Eine dreiste Dienstanweisung aus einem Pleiteland

Das wohl dreisteste Beispiel von Standortpolitik mit Hilfe dubioser Steuerpraktiken wurde uns aus dem Land Mecklenburg-Vorpommern zugeschanzt. Das Land handelt sich seit Jahren durch kostspielige Prestigeprojekte Schlagzeilen ein. So wurden in dem kleinen Bundesland drei Großflughäfen gebaut. Für gerade mal 1,8 Millionen Einwohner. Politisch motivierte Projekte für den »Aufbau Ost«, für die letztlich der deutsche Steuerzahler aufkommen musste. Und ausgerechnet das Finanzministerium dieses Bundeslandes formulierte unter der Überschrift »Aspekte einer verbesserten Unternehmens- und Bürgerorientierung« folgende Dienstanweisung[21]: Die Finanzbeamten sollten grundsätzlich »einen maßvollen Gesetzesvollzug« anstreben, in dem »kein Platz für eine rein fiskalische Sicht bei der Festsetzung und Erhebung von Steuern« sei. Denn vielen Unternehmen gehe es nicht gut in Mecklenburg-Vorpommern. Deshalb sei für die Finanzbeamten »unter Berücksichtigung des bestehenden Föderalismuswettbewerbes ein maßvoller Gesetzesvollzug anzustreben«. Mit anderen Worten: Weil die Beamten in den anderen Bundesländern bei der Steuererhebung nicht so genau hinschauen, mögen die Finanzbeamten in Mecklenburg-Vorpommern dieses bitteschön auch nicht tun. Das wäre ein Wettbewerbsnachteil. Weiter heißt es in dem Erlass: »In diesem Sinne ist es unumgänglich, dass die Steuerverwaltung den Steuerpflichtigen (…) möglichst wenig behelligt (unbürokratisches Verhalten, das heißt weitgehender Verzicht auf Belege und unnötige Kontrollen).«

Um die eigenen Mitarbeiter mit der dubiosen Anweisung nicht vollends zu verunsichern, führte das Landesfinanzministerium in einem Anschreiben[22] an die Beschäftigten der Finanzverwaltung weiter aus: »Bei sachgerechten und gut begründeten Entscheidungen ist die weit verbreitete Sorge, etwa eine Strafvereitelung im Amt zu begehen, unberechtigt.« Dem Landesfinanzministerium war also durchaus bewusst, dass gesetzestreue Beamte Bauchschmerzen haben müssen bei der Umsetzung der Anweisung. Und dass die Anweisung im Einzelfall durchaus den Tatbestand einer Strafvereitelung im Amt erfüllen könnte. Immerhin kann man dem Ministerium nicht absprechen, mit offenen Karten gespielt zu haben – der mögliche Rechtsbruch wird auch so genannt. Diese Dienstanweisung ist deswegen so pikant, weil Mecklenburg-Vorpommern nach Berlin und Bremen das meiste Geld aus dem Länderfinanzausgleich bekommt. Im Jahr 2008 waren es satte 332 Millionen Euro.

Wie sehr sich insbesondere Selbstständige und Unternehmer über die zahnlose Finanzverwaltung in Mecklenburg-Vorpommern freuen können, belegt ein Bericht des Landesrechnungshofes[23]. Die Bearbeiter in den Finanzämtern hätten die »Grundsätze für die Neuorganisation der Finanzämter und die Neuordnung des Besteuerungsverfahrens«, kurz GNOFÄ, regelmäßig ignoriert, nach der auch diejenigen Fälle intensiv zu prüfen seien, bei denen sich »Zweifelsfragen von erheblicher steuerlicher Bedeutung ergäben oder soweit der Bearbeiter einen Anlass dazu sehe«. In zahlreichen Fällen seien Aufwendungen anerkannt worden, bei denen sich eine Intensivprüfung oder eine schlichte Streichung aufgedrängt hätte. Auch unverzichtbare Unterlagen, wie die Gewinnermittlungsunterlagen eines Freiberuflers, seien nicht angefordert worden.

Die gefürchteten Kontrollmitteilungen sind ein Witz

Wie unterschiedlich die Länder bei den Vermögenden Steuern erheben, zeigt auch das Beispiel der Freistellungsaufträge. Seit 1993 dürfen die Bürger ihre Banken anweisen, anfallende Zinseinnahmen aus Kapitalvermögen in Höhe der Sparerfreibeträge und der Werbungskosten-Pauschbeträge von der Steuer freizustellen. Damit kein Missbrauch betrieben wird, sind die Banken verpflichtet, Kontrollmitteilungen an das Bundeszentralamt für Steuern zu schicken. Das wiederum übersendet Kontrollmitteilungen an die Länder, sofern die steuerfrei gezahlten Kapitalerträge das Freistellungsvolumen übersteigen. Der Bundesrechnungshof hat festgestellt, dass fünf Bundesländer von den Beschlüssen zur Auswertung dieser Mitteilungen abgewichen sind. Diese Länder haben unterschiedliche Bagatell- oder Nichtaufgriffsgrenzen eingeführt. Durch solche rechtlich zweifelhaften Anweisungen haben es die Landesfinanzminister geschafft, die Zahl der Fälle, die ihre Finanzämter hätten überprüfen müssen, um bis zu 80 Prozent zu reduzieren. Freuen können sich die Steuertrickser, das Nachsehen hat die Allgemeinheit, der Millionen von Euro verlorengehen.

Das Wort Kontrollmitteilung klingt gut und suggeriert, dass selbst im deutschlandweiten Flickenteppich der Länderfinanzverwaltungen nichts unentdeckt bleibt, weil sich alle gegenseitig über Finanzströme der Bürger informieren. Doch auch bei Einkommen, die Selbstständige in anderen Bundesländern erzielen, ist die Realität längst fernab von den gesetzlichen Vorschriften. Erhält ein Berliner Architekt ein Honorar aus München, schickt zwar das Finanzamt München eine Kontrollmitteilung nach Berlin, ob der Berliner das Geld tatsächlich in seiner Steuererklärung angegeben hat, wird trotzdem nicht in jedem Fall geprüft. »Das ist so eine Gefühlssache«, sagt Carla Hustedt. »Wenn jemand im Jahr 90 000 Gesamtumsatz hat, gucke ich nicht in eine Kontrollmitteilung über 10 000 Euro aus München, weil sie in den Gesamtverdienst passt. Es geht nur um die Glaubwürdigkeit der Zahlen.« Die Kontrollmitteilung erhält dann den Stempel: »vermutlich enthalten, schlüssig«. Anders wäre es, wenn der Berliner Architekt überhaupt nur 30 000 Euro Umsatz hat und fast alles aus München käme: »Dann würde ich mich fragen, was er sonst noch so macht.« So wandern fleißig Millionen von Kontrollmitteilungen durch die Republik, die im Einzelnen nie mit den Steuererklärungen abgeglichen werden. »Das ist doch ein Scherz, dass dadurch Geld eingespart würde, wie die Politiker behaupten. In Wahrheit wird nur Personal eingespart.«

Steuerhinterzieher können jubilieren

Solche Zustände spiegeln auch viele interne Dokumente aus anderen deutschen Bundesländern wider. Dokumente, bei deren Lektüre Steuerhinterziehern und -umgehern das Herz höher schlagen müsste. So macht ein Amtsvorsteher seinen Finanzbeamten per Amtsverfügung[24] unmissverständlich klar, worauf es bei ihrer Arbeit wirklich ankommt: »Bei der Abwägung von Aufwand und Nutzen muss immer bewusst sein, dass die Bewältigung des jährlichen Arbeitspensums im Vordergrund steht und damit das Maß dafür bestimmt, wie erheblich der Nutzen sein muss, um den Zeitaufwand zu rechtfertigen.«

Solche Vorgaben setzen die deutschen Finanzbeamten unter enormen Stress. Und Stress bei der Arbeit ist alles andere als produktiv, wie jeder weiß. Das gilt auch für die Berliner Finanzbeamtin Carla Hustedt. »Das alles ist demotivierend, mir ist klargeworden, dass rechtmäßiges Arbeiten einfach nicht mehr gewollt ist. Von diesem Anspruch muss man wegkommen, weil man sich sonst selbst verbraucht.« Sie verweist auf viele psychisch kranke Kollegen. Sicher habe das auch private Ursachen. »Aber viele ältere Kollegen haben das Gefühl, dass sie 20 bis 30 Jahre einen ordentlichen Job gemacht haben und ihnen jetzt vermittelt wird, das war alles Scheiße. Die Augen zuzumachen und zu vergessen, was man gelernt hat, damit können viele nicht umgehen.«

Auch bei internen Befragungen finden sich solche Äußerungen wieder. Die politisch Verantwortlichen wissen durchaus um die Missstände. So sprechen Mitarbeiter eines Finanzamts in einer internen deutschlandweiten Erhebung[25] nicht nur von der minderwertigen Arbeit, sondern ganz offen von der fehlenden Arbeitsmotivation, die Menschen beschleicht, die beharrlich gegen Windmühlen anrennen. Sie sähen sich als »Datenerfasser« missbraucht, so deutlich ist wohl selten ein amtliches Dokument in seiner Ausdrucksweise. Ihre aufwendige Ausbildung und jahrelange Berufspraxis können die Bearbeiter getrost vergessen, denn das bloße Eintippen von Daten kann man auch einer studentischen Hilfskraft überlassen. Übrig bleiben »lohnende« Fälle, so das Dokument des Bundesrechnungshofes. Doch woher soll ein Prüfer bitte schön wissen, was lohnend ist und was nicht, wenn er gar nicht prüft? Der Hauptsachgebietsleiter Einkommensteuer eines Finanzamtes nimmt gegenüber den internen Prüfern kein Blatt vor den Mund und meint, seine Arbeitsgebiete seien bei durchschnittlicher Güte gerade einmal in der Lage, das Tagesgeschäft »büromäßig« zu erledigen. Von einer qualitativ zufriedenstellenden Prüfung von Steuererklärungen könne keine Rede mehr sein. »Büromäßig«, noch Worte?

Sein Kollege aus einem anderen Finanzamt kritisiert den ständigen Druck der Behördenspitze, Fallzahlen abzuarbeiten. »Erklärte steuerliche Gestaltungen, besonders im Rahmen der Gewinneinkünfte, könnten vom Innendienst aus Zeitmangel nicht nachvollzogen werden«, heißt es wörtlich in dem Dokument. Und: »Nachfragen beim Steuerpflichtigen/Steuerberater unterblieben. Überwachungsbögen würden zum Teil nicht geführt. Gesetzliche Bestimmungen, Verwaltungsanweisungen etc. würden nicht konsequent umgesetzt.« Die Beamten hätten schlicht keinen blassen Schimmer von wichtigen Verfügungen und grundlegenden Urteilen des Bundesfinanzhofes, da ihnen zum Lesen die Zeit fehle. Und wer will es den Beamten verdenken, dass auch sie in ihrer Freizeit lieber Krimis als Finanzliteratur zur Hand nehmen?

Man lernt nie aus, schon gar nicht als Finanzbeamter

Die Finanzbeamten müssen ganz unten vollziehen, was sich Politiker und Steuerexperten ganz oben ausgedacht haben. Das deutsche Steuerrecht gilt als teuer, ineffizient und kompliziert. In einem internationalen Vergleich der Effizienz von Steuersystemen, den das World Economic Forum erhob, landete Deutschland auf Platz 104 von 104 untersuchten Staaten.[26]

In den vergangenen Jahren wurde das deutsche Steuerrecht jährlich mehrmals geändert. In den Jahren 1993 bis 2005 wurde das Einkommensteuergesetz in insgesamt 97 Gesetzen angesprochen. Einige Paragrafen des Einkommensteuergesetzes wurden dabei in kurzen Zeitabständen wiederholt geändert, so zum Beispiel der Paragraf 3 in den Jahren 1993 bis 2005 insgesamt 30-mal! Als Folge all dieser Änderungen wurde auch Paragraf 52 (Anwendungsvorschriften) in diesen 13 Jahren 55-mal geändert. Die Vorschrift regelt, zu welchem Zeitpunkt welche Fassung des Gesetzes anzuwenden ist. Die Steuerfachliteratur beklagt diese Entwicklung beispielhaft im *Steuerratgeber 2005/2006:* »Im abgelaufenen Jahr 2004 ist allein das Einkommensteuergesetz neunmal geändert worden. Die Änderungen sind zum Teil rechtspolitisch sehr beachtlich, zum Teil fiskalpolitisch schwerwiegend, zum Teil äußerst umfangreich, in vielen Fällen auch nur von redaktioneller Bedeutung. Der Steuerpraktiker hat in jedem Fall Mühe, die vielfältigen Rechtsänderungen zu registrieren und zu verarbeiten.«[27]

In der Steuerrechtspraxis wird seit vielen Jahren »ruhigeres Fahrwasser« in der steuerlichen Gesetzgebung gefordert. So erklärte der damalige Präsident der Bundessteuerberaterkammer Klaus Heilgeist am 4. Oktober 2004 in der Berliner Presserunde, dass das deutsche Steuerrecht zu kompliziert und unverlässlich sei – es mutiere immer stärker zum Investorenschreck. Kaum sei ein Gesetz verabschiedet, werde schon wieder über Änderungen nachgedacht. Mit verlässlichen Steuergesetzen müsse endlich Ruhe an der Steuerfront geschaffen werden. Die Bundessteuerberaterkammer hat für die Steuerpolitik in der 16. Legislaturperiode im September 2005 Dinge verlangt, die sich eigentlich wie Selbstverständlichkeiten lesen. So solle die Bundesregierung Planungssicherheit schaffen, indem sie nur ein Steuergesetz pro Jahr verabschiedet, und zwar immer zur Mitte eines Jahres und mit Wirkung zum 1. Januar des Folgejahres. Auch sollte das Steuerrecht entschlackt werden, Lenkungsnormen sollten beseitigt und eine klare Linie geschaffen werden, indem nicht immer wieder Ausnahmen und Gegenausnahmen statuiert werden. Schließlich sollte eine klare Sprache in den Fachbegriffen eingeführt werden. Denn viele Fälle landen vor dem Kadi, weil sich Bürger und Finanzämter darüber streiten, wie dieser oder jener Begriff im Gesetz überhaupt gemeint ist. Diese und andere Kosten von Steuergesetzen sollten im Sinne einer Entbürokratisierung gemessen und reduziert werden.[28]

Der Vorsitzende der Steuerberaterkammer kritisierte zu Recht, dass Deutschland mit rund 100 000 Steuervorschriften eine traurige Spitzenposition in der Welt habe.

Seit Jahrzehnten wird über Steuervereinfachung geredet, aber passiert ist nicht viel. Auch die Große Koalition ist nie über diese Hürde gesprungen. Nicht nur Millionäre profitieren davon: 60 Prozent der Deutschen halten es laut Umfragen für ein Kavaliersdelikt, bei der Steuererklärung zu schummeln. Die Bürger wenden nach einer Studie des Rheinisch-Westfälischen Instituts für Wirtschaftsforschung (RWI) jedes Jahr 1 036 Euro für die Steuererklärung auf, wenn man den Zeitaufwand, die Kosten für die Software, den Steuerberater oder Bücher wie *KONZ. 1000 ganz legale Steuertricks* berücksichtigt – und bekommen im Durchschnitt 800 Euro vom Fiskus zurück.[29]

Es gibt zwei Dutzend Anlagen, gut 200 Gesetze, fast 100 000 Verordnungen, etwa 1 300 ungeklärte Steuerverfahren vor dem Bundesfinanzhof, zirka 60 verschiedene Steuern und Abgaben, 65 282 Steuerberater und 257 211 Finanzbeamte und Angestellte in der Finanzverwaltung. Seit 1998 hat das Bundesfinanzministerium sage und schreibe 1 276 sogenannte BMF-Schreiben herausgegeben, um eine einheitliche Auslegung der Steuergesetze sicherzustellen.[30] Im Jahr 2006 waren 4 427 derartige Schreiben gültig. Rund 50 Bund-Länder-Gremien sind an der Konsenssuche beteiligt, so die Schätzungen des Bundesministeriums für Finanzen aus dem Jahr 2004. Kein Wunder, dass Deutschland in dieser Hinsicht reformunfähig ist. Das Hin und Her von Zuständigkeiten entspricht auch nicht dem Demokratieprinzip. Gerade im Steuerrecht wichtige Auslegungsentscheidungen müsste man einer staatlichen Ebene klar zuordnen können.

Von der Komplexität des Steuerrechts können Finanzbeamte ein trauriges Lied singen. Weil sie die Brisanz des Problems schildern, zitieren wir an dieser Stelle einige Auszüge aus internen Dokumenten deutscher Finanzämter vollständig[31]:

> »Die Abgrenzung, wenn, wann, was, in welcher Höhe zu berücksichtigen ist, kann geistig nicht mehr parat gehalten werden.«

> »Die Steuergesetzgebung – insbesondere in den letzten Jahren – hat einen unmittelbaren und meines Erachtens verheerenden Einfluss auf die Steuerverwaltung. Der einzelne Bearbeiter unterliegt einem enormen Weiterbildungsdruck und findet keine Gelegenheit, die für die qualitätsgerechte Erledigung der Arbeiten notwendige Routine zu erlangen. Hinzu kommt, dass die zahlreichen Änderungen entgegen den anders lautenden Versicherungen nicht zur Vereinfachung des Steuerrechts führen.«

»Keine Gesetzesänderung der vergangenen Jahre hat zu einer Vereinfachung des Steuerrechts geführt. Jede Gesetzesänderung hat Mehraufwand mit sich gebracht.«

»Grundsätzlich bleibt festzuhalten, dass die Sachbearbeiter insgesamt den Überblick über die geltenden Gesetze verloren haben. Sofern einzelne Vorschriften inhaltlich erfasst worden sind, ist dieses Wissen nach einiger Zeit wieder überholt.«

»Die ständig komplizierter werdende Steuergesetzgebung kann in den Finanzämtern nur unzureichend umgesetzt werden. Die Vollzugsdefizite steigen. Das für die vollständige, d. h. sachgerechte Umsetzung erforderliche Personal stellt der Gesetzgeber nicht zur Verfügung.«

Wenn wieder ein Gesetz geändert wird, dann häufig so schnell, dass die Finanzverwaltungen keine Chance mehr haben, die Änderungen fristgerecht umzusetzen. Wir erinnern uns noch gut an die Einführung der Riester-Rente. In einer beispiellosen Kampagne drängten Bundesregierung und Versicherungslobby unisono die Bürger, bis Jahresende 2002 einen Riester-Vertrag abzuschließen. Die Finanzämter waren da nicht ganz so schnell: Die technische Umsetzung des Altersvermögensgesetzes dauerte bis Mai 2003. In der Zwischenzeit konnte die Veranlagung 2002 nur ohne die Anlage AV durchgeführt werden. In vielen Fällen mussten die Beamten die Bescheide mit dem Vorbehalt der Nachprüfung versehen und hinausschicken. Die Folge war natürlich noch mehr Arbeit. Gern würde Carla Hustedt in ihrem Büro mit den rissigen Wänden und Hunderten von offen herumhängenden Steuerakten einmal den Finanzsenator, einen Staatssekretär oder den Herrn Bundesminister als Praktikanten begrüßen. Die würden dann spätestens im Januar selbst merken, dass ihre politischen

»Weihnachtsgeschenke« an die Bevölkerung besser zu Ostern verabreicht worden wären. »Unser Computersystem braucht einige Updates, damit die neuen Gesetze laufen, in den ersten zwei Monaten geht nicht viel, zu Ostern entspannt sich die Lage.«

Und wenn die Beamten 2008 abends in der *Tagesschau* Berichte vom monatelangen Koalitionsstreit um die Erbschaftsteuer hörten, konnten sie sicher sein, dass ihr Telefon in den nächsten Wochen Sturm läuten würde. Denn auch die Bürger sehen fern und reagieren auf das permanente laute Nachdenken der Politiker, indem sie eben schnell ihre nette Sachbearbeiterin im Finanzamt anrufen. So war es auch bei der Eigenheimzulage, wie sich Carla Hustedt erinnern kann. »Wir müssen da die Reformunfähigkeit der Politik ausbaden, den Bürgern teilweise erklären, was mit dieser oder jener Vorschrift gemeint ist. Und wenn diese noch so sinnlos oder ungerecht ist, müssen wir sie verteidigen, so ist das Beamtenlos.«

Peinlich wird die Situation, wenn die Medien eine Vorschrift kommunizieren, die den Finanzämtern noch nicht vorliegt, wie beim Urteil zur Pendlerpauschale. »Es war gerade im Radio verkündet, da bekam jeder von uns zehn Anrufe, leider konnten wir nichts dazu sagen, weil wir im Büro kein Radio haben und die offizielle Mitteilung der Behördenleitung erst drei Tage später kam.« In solchen Fällen könne sie die Bürger nur um Geduld bitten, was nicht unbedingt deren Vertrauen in die Arbeit der Finanzbeamten steigere.

Normalerweise müssten die Fluten an immer neuen Vorschriften zu regelmäßigen Fortbildungen führen. Carla Hustedt kann sich an ihre Letzte vor zwei Jahren erinnern. Nicht einmal so ein steriles Landhotel im Berliner Umland war drin, um sie und ihre Kollegen im Crashkurs mit den jüngsten Verwachsungen des Steuerdschungels vertraut zu machen. Ein paar Stunden nur blieben den Beamten zur Schulung. »Da hätte es auch eine Baumschule getan, da hätten wir wenigstens frische Luft gehabt«, sagt die Beamtin. Außerdem lag das Amt während der Fortbildung brach, die dort vertane Zeit haben sie nicht wieder einholen können. Das Ende vom Lied kennen wir bereits, der berühmte »Statistikdruck«. Carla Hustedt selbst besorgt sich die gängigen Finanzmarktzeitschriften und ist im E-Mail-Verteiler einer Steuerberateragentur, um auf dem Laufenden zu bleiben. Die Literatur zahlt sie aus eigener Tasche und die E-Mails liest sie zu Hause in ihrer Freizeit – mangels eigenem E-Mail-Account im Amt.

Nicht nur der Landesrechnungshof von Berlin hat klargestellt, wie Finanzämter wieder handlungsfähig gemacht werden können: Nur der Gesetzgeber könne »durch eine grundlegende Vereinfachung des Steuerrechts eine wirksame und rechtsstaatlich unbedenkliche Entlastung der Steuerverwaltung herbeiführen«, heißt es im Jahresbericht 2001.[32]

»Steuergerechtigkeit, ein Hohn auf Krücken«

Es ist ein Mittwoch, Anfang Februar. Kurz nach 15 Uhr. Carla Hustedt greift zu ihrer Ledermontur. Es ist ein schöner Nachmittag, keine Überstunde droht. Feierabend. Unten steht ihr Motorrad und glänzt in der Sonne. Da klingelt das Telefon. Wieder so einer, der die Bürozeiten einfach nicht ernst nimmt. Nach 15 Uhr klingeln lassen, das bringt Carla Hustedt noch immer nicht fertig. Man weiß ja nie, ob es nicht doch dringend ist, ob irgendein armer Schlucker Probleme hat. Also nimmt sie den Hörer ab, während sie sich mit ihrem anderen Arm in die Lederjacke zwängt. Am Ende der Leitung ist ein ziemlich angepiekster Mann. Aufgeregt und langschweifig erklärt er, er sei aufgefordert worden, seine Kinderbetreuungskosten nachzuweisen, dabei müsse er das doch gar nicht. Carla Hustedt erklärt ihm, dass das Gesetz 2007 geändert wurde und er die konkreten Kosten jetzt nachweisen müsse. Der Mann lässt sich davon nicht beeindrucken. Ein Kollege, der sich auskenne, habe ihm erklärt, er solle Einspruch einlegen, damit ruhe auch der Steuerbescheid. Der Mann wirkt ein bisschen verwirrt, aber Carla Hustedt geht seine Besserwisserei zunehmend auf die Nerven.

»Jetzt habe ich den Steuerbescheid, aber das ist unrechtmäßig. Sie können die Vollziehung aussetzen«, beharrt der Mann.

»Wissen Sie, ich habe da keinen Ermessensspielraum, tut mir leid«, erwidert die Beamtin.

»Kommen Sie, nur weil Sie keine Zeit haben, brauchen Sie mich nicht abzuwimmeln.«

Carla Hustedt hat inzwischen ihren Computer wieder hochgefahren und ruft den Fall des Steuerpflichtigen auf. Wegen der nicht belegten Kinderbetreuungskosten soll er 227 Euro nachzahlen. Sein Nettogehalt beträgt 65 000 Euro. 65 000 Euro! Das kann doch nicht wahr sein, denkt sie. Hätte eine Oma angerufen mit 800 Euro, sie hätte Himmel und Hölle in Bewegung gesetzt, aber bei einem Netto von 65 000 Euro? Da fehlt ihr jedes Mitleid und Verständnis.

»Seien Sie nicht böse«, setzt sie an, »lesen Sie die Belehrung, da steht, dass Sie der Einspruch nicht von der Zahlungspflicht entbindet.«

»Dann wende ich mich an den Petitionsausschuss im Abgeordnetenhaus, ich kenne da einen von der SPD«, krächzt der Mann zurück.

»Tun Sie das.«

»Nun sagen Sie mal, was halten Sie eigentlich von unserem Steuersystem?«, fragt der Mann plötzlich.

»Wenn Sie mich nach meiner persönlichen Meinung fragen: Ich finde es zu kompliziert. Aber was sagen Sie denn dazu, dass Menschen mit gutem Einkommen immer weniger Steuern zahlen. Eigentlich gilt die Gleichmäßigkeit der Besteuerung …«

»Lassen Sie mal, wir lassen das jetzt so, wie es ist«, sagt der Mann nun. Seine Aufregung ist verflogen. Auf diese Debatte hatte er keine Lust mehr. Für Carla Hustedt ist Steuergerechtigkeit längst ein »Hohn auf Krücken«. Sie ist noch etwas aufgewühlt von dem Telefonat, aber zufrieden. Unten wartet ihr Motorrad. Und die Sonne.

Kapitel 3

Warum die Betriebsprüfung für Reiche ein zahnloser Tiger ist

Wilhelm Reiter[33] ist ein bulliger Typ. Es gibt bestimmt eine ganze Menge Leute, denen ziemlich schnell ihre letzten Sünden einfallen, wenn er sie anspricht, denn seine Stimme ist um einige Oktaven tiefer als gewöhnlich. Dass ein etwas knittriges Hemd über seiner Jeans schlabbert, ist gewiss nur ein Ablenkungsmanöver von jemandem, der nicht im ersten Augenblick ernst genommen werden will, es dafür aber todsicher im zweiten wird. Wilhelm Reiter ist weder Priester noch Kriminalkommissar. Durch seine Finger gehen viele Millionen Euro im Jahr, wenn auch nicht in bar, sondern rein rechnerisch. Reiter ist Finanzbeamter und zuständig für die Prüfung von Unternehmen und Selbstständigen in einer großen deutschen Stadt. Im Amtsdeutsch wird sein Job auch »Außenprüfer« oder »Betriebsprüfer« genannt.

Während jeder mittelklassige Geschäftsführer heutzutage über ein angenehm möbliertes Ambiente verfügt, allein schon, um bei anderen mittelklassigen Geschäftspartnern zu glänzen, lässt sich das von unserem Finanzbeamten nicht behaupten. Drei etwas bejahrte Schreibtische stehen da eng beieinander, an denen meist nur ein Beamter sitzt, schließlich sind Betriebsprüfer viel unterwegs. Warum sie so aufeinander hocken? »Ja, wenn mal alle da sind, Akten lesen oder telefonieren, ist das schon nicht so doll«, sagt Reiter. »Aber wenn ich meinen Tisch abrücken würde, um ihn ans Fenster zu stellen, würden alle drei Tische wie ein Kartenhaus zusammenbrechen, sehen Sie nur, die halten sich gegenseitig.« Mindestens 20 Jahre haben die wackeligen Möbel auf dem Buckel, aber ein Schreibtisch ist besser als keiner.

An der falschen Stelle gespart

Wer sich in den Büros der Prüfer umsieht, glaubt kaum, dass man sich im Kontrollzentrum einer äußerst wichtigen Steuerbehörde befindet, dem Finanzamt für Körperschaften, jenem Amt, das Tausende Unternehmen prüft. Um klarzumachen, mit wem wir es zu tun haben: Wilhelm Reiter ist einer von 663 Betriebsprüfern in seinem Stadtstaat. Das klingt viel, ist es aber nicht. Denn sie haben in jedem Jahr Unternehmen unter die Lupe zu nehmen, die einen Jahresumsatz von insgesamt gut 110 Milliarden Euro machen. Die Dielen knarren, wenn man durch die Behörde läuft, was dem Ganzen den Charme guter alter preußischer Amtstradition verleihen könnte, wenn da nicht die Aktenreihen in den offenen Schränken wären. »Klar gilt ein strenges Steuergeheimnis, aber die Schränke sind nicht abschließbar, so ist das«, sagt Reiter und traut sich wohl nicht zu sagen, was auch wir in diesem Moment denken. Für einen als Putzkraft verkleideten Journalisten oder sonstigen Schnüffler ließe sich hier so manch interessantes Geheimnis lüften.

Die Wege der Beamten und die ihrer zahllosen Schreiben in den Gängen der Behörde sind lang, dem Zeitalter moderner Telekommunikation zum Trotz. Ganze vier Faxgeräte gibt es, eines beim Amtsvorsteher, eines bei der Poststelle und zwei bei den Betriebsprüfern. Die anderen Kollegen gehen leer aus und müssen sich auf Wanderschaft begeben. Einen Computer sucht man übrigens vergeblich bei den Prüfern. Immerhin haben sie einen Laptop; um aber vom Amt aus ins Internet zu gelangen, muss der geneigte Beamte zunächst einen Antrag stellen, dann wird die Zugangsberechtigung geprüft. Ein internettauglicher PC findet sich lediglich in der Poststelle. Ein Gerät für 400 Finanzbeamte. »Wenn ich mich über eine Firma informieren will, das heißt Registerauskünfte erfragen oder einfach wissen, mit wem ich es da zu tun habe, dann mach ich das von Zuhause aus«, erzählt uns ein anderer Beamter. Weil die Zustände der deutschen Steuerbürokratie mitten im digitalen Zeitalter so unglaublich sind, widmen wir den EDV-Problemen nachfolgend ein ganzes Kapitel.

Leider ist die Realität der Steuerverwaltung auch hinsichtlich ganz traditioneller Medien trostlos. Zeitschriften wie *Capital* oder *Wirtschaftswoche* bis zu Anlegermagazinen stehen den Beamten nicht zur Verfügung. So bleibt ihnen nur übrig, auf dem Heimweg regelmäßig einen Zeitschriftenladen zu plündern. Sonst wären sie abgeschnitten von einer Entwicklung, die atemberaubend schnell ist: Schließt die Politik nach Jahren endloser Debatten ein Steuerschlupfloch, haben Banken und Fondsaufleger längst neue Kapitalfluchttunnel für ihre Kunden entwickelt. Da kommt unser Beamter gar nicht mehr mit, wenn er nicht etwas Privatinitiative entwickelt.

Die Betriebsprüfer sind sozusagen die Männer und Frauen fürs Grobe, die Speerspitze, aber sie hängen häufig ab von dem, was ihre Kollegen im Innendienst zutage fördern. Sie werden losgeschickt, wenn es bei den Steuererklärungen von Unternehmen oder Selbstständigen Ungereimtheiten gibt. Oder wenn ein Unternehmen mal wieder an der Reihe ist – was meist jedoch in einem ziemlich laxen Turnus der Fall ist. Während normale Lohnsteuerzahler nicht mal einen Gedanken an Steuerhinterziehung zu verschwenden brauchen, gilt dies nicht für Unternehmer oder Freiberufler wie Ärzte, Rechtsanwälte oder schlicht Immobilienbesitzer. Ihnen müssen die Finanzbeamten die Zahlen glauben, die sie angeben – jedenfalls soweit das Zahlenwerk in der Steuererklärung halbwegs plausibel aussieht –, es sei denn, ein Betriebsprüfer geht raus und schaut genau nach. Anders sind die Angaben der Vermögenden schlicht nicht zu überprüfen.

Damit nicht nur die Lohnsteuerzahler den Staat finanzieren, sind Betriebsprüfer so wichtig. Nur so ist eine gleichmäßige und gerechte Besteuerung gewährleistet, wie sie unsere Verfassung fordert. So weit die Theorie. Dass die Realität bei weitem nicht an diese Ansprüche heranreicht, fand eine Behörde heraus, die ansonsten eher für Sparsamkeit bei der Ausstattung des Beamtenapparates plädiert und jedweder staatlichen Verschwendungssucht energisch auf den Fersen ist: der Bundesrechnungshof. Er prüfte im Jahr 2005, wie effizient deutsche Steuerbehörden arbeiten.[34] Im Zentrum standen die Betriebsprüfer, denn sie kommen Steuertricksereien am besten auf die Spur. Dass jeder Betriebsprüfer weit mehr hereinholt, als er kostet, und das konstant, belegen die Zahlen: So schwankte das »Mehrergebnis« kaum, also die Summe, die Unternehmen oder Selbstständige nach einer Betriebsprüfung nachträglich an den Fiskus berappen mussten. Im Jahr 2000 waren es 13,7 Milliarden Euro, 2001 12,7 Milliarden, 2002 12,6 Milliarden, im Jahr 2003 sogar 14,3 Milliarden und 2004 13,3 Milliarden, also allein in fünf Jahren die stolze Summe von fast 67 Milliarden Euro. Zum Vergleich: das entspricht fast fünf Prozent der Gesamtausgaben der Bundesrepublik Deutschland im Haushalt 2008.

Im Schnitt holt ein Betriebsprüfer rund 1,5 Millionen Euro an Steuern herein, die nicht gezahlt würden, wenn es ihn nicht gäbe. Gleichzeitig kostet er inklusive seiner späteren Pension etwa 62 000 Euro im Jahr. Jedes gewinnorientierte Unternehmen würde mehr solcher profitabler Mitarbeiter einstellen. Das sollte man auch vom Staat erwarten, insbesondere in Zeiten knapper Kassen und exorbitanter Risiken für den Staatshaushalt in der Wirtschaftskrise. Doch falsch getippt! Die deutschen Finanzministerien verzichten vielmehr seit Jahren auf zusätzliche Steuermilliarden und bauen zum Teil sogar Betriebsprüferstellen ab. Der Bundesrechnungshof hat bei einer Untersuchung Daten aus 25 örtlichen Finanzämtern erhoben. »Zum Teil waren diese – gemessen an der Personalbedarfsberechnung – erheblich unterbesetzt«, schreiben die Verfasser in ihrer haarsträubenden Expertise. »In einem Finanzamt fehlten sogar 18 Prüfer verglichen mit den Vorgaben nach der Personalbedarfsberechnung; es fehlte ein vollständiges Sachgebiet (Konzern-Betriebsprüfer).« Die Konzernchefs der betroffenen Region würde es bestimmt freuen, von diesem Detail zu erfahren.

Alle 76 Jahre eine Prüfung

Fest steht, dass die Betriebsprüfer weit mehr Steuern eintreiben könnten, als ihnen zurzeit möglich ist. Woran liegt das? Die Betriebsprüfer teilen Unternehmen in vier Kategorien ein: Groß-, Mittel-, Klein- und Kleinstbetriebe. Die Finanzminister-Konferenz hat am 11. September 1997 beschlossen, in welchem zeitlichen Turnus diese Betriebsgruppen zu prüfen sind. Dieser politische Beschluss hat es in sich. So müssen Großbetriebe alle vier Jahre geprüft werden. Als Großbetrieb gilt ein Unternehmen mit einem Umsatzerlös ab 6,25 Millionen Euro oder einem steuerlichen Gewinn von über 244 000 Euro. Was bei diesen Großunternehmen in der Zwischenzeit passiert und bei häufigerer Prüfung vielleicht sofort unterbunden werden könnte, bleibt unbemerkt, was offenkundig politisch gewollt ist. Mittelbetriebe mit einem Umsatzerlös von über 760 000 Euro oder einem steuerlichen Gewinn über 47 000 Euro brauchen den Besuch eines Betriebsprüfers gar nur alle 8,4 bis 10,5 Jahre fürchten. Bei Kleinbetrieben mit einem Umsatzerlös von über 145 000 Euro oder 30 000 Euro Gewinn sollen die Betriebsprüfer alle 14,4 bis 20 Jahre einmal vorbeischauen. Stellt sich die Frage, ob sich dann noch irgendjemand daran erinnert, was vor zwei Jahrzehnten passiert ist. Die entsprechenden Akten sind längst – und zwar rechtmäßig – in einem Schredder gelandet. Und ein Steuervergehen wäre ohnehin längst verjährt. Eigentümer von Hunderttausenden solcher Firmen ahnen vermutlich nur, dass sie permanent an einer Lotterie teilnehmen, bei der sie in der Regel gewinnen.

Hinzu kommt, dass Prüfer nicht nur Zahlen wälzen sollen, allein ihre Existenz soll potenziellen Übelfingern das Fürchten lehren. So heißt es in einer internen Arbeitsanweisung für die deutschen Finanzbehörden: »Der Nutzen der Betriebsprüfung ist nicht nur nach ihrem unmittelbaren Ertrag im betriebswirtschaftlichen Sinne, sondern auch nach ihrer Wirkung zu beurteilen. Sie hat vorbeugend zu wirken, das heißt die geprüften Betriebe zu vorschriftsmäßigem Handeln anzuhalten und Fehler abzustellen.«[35]

So weit die schöne Theorie. Darüber können unsere Betriebsprüfer nur müde lächeln. Denn selbst die Prüfabstände, die die deutschen Landesfinanzminister sich ausgedacht und beschlossen haben, sind nicht viel mehr wert als ein 80 mg Recyclingpapier. Laut interner Statistiken werden Mittelbetriebe anstatt alle 8,4 bis 10,5 nur alle 13 Jahre geprüft, Kleinbetriebe alle 24 Jahre und Kleinstbetriebe alle 76 Jahre. Abgesehen davon, dass Steuervergehen mittlerweile nach zehn Jahren strafrechtlich verjähren, stellt sich im Fall von Kleinstbetrieben die Frage, in welches Seniorenheim der Prüfer denn dann gehen sollte, wenn er überhaupt noch denselben Betrieb vorfindet, oder ob es nicht sinnvoller wäre, seinen Auftrag zu einem beschaulichen Spaziergang über einen Friedhof zu nutzen. »Wir werden mit unserer Arbeit der Lächerlichkeit preisgegeben, das ist politisch gewollt und das Schlimmste«, grummelt unser Prüfer Wilhelm Reiter, zündet sich eine Zigarette an und knallt das Feuerzeug ärgerlich auf den Tisch.

Betriebsprüfung als Lotteriespiel

Vor allem dem Personalmangel ist es zu verdanken, dass jährlich maximal 220 000 Betriebe überhaupt geprüft werden – zum Vergleich: In Deutschland gibt es rund 3,7 Millionen Unternehmen.[36] Das Gefühl der Betriebsprüfer trügt nicht. Auch die Beamten des Bundesrechnungshofes stellen der deutschen Steuerverwaltung ein äußerst miserables Zeugnis aus: »Die Betriebsprüfung verliert angesichts solcher Zeitabstände ihre vorbeugende Wirkung.«

Aber wie reagiert die Politik auf solch alarmierende Aussagen? Was sagt der Bundesfinanzminister, den Fernsehzuschauer in Zeiten der Wirtschaftskrise als bärbeißigen Hüter unseres Wohlstands erleben, der tut, was er kann. Das Bundesfinanzministerium hat sich gegen diese vernichtende Einschätzung des Rechnungshofes gewehrt. Seine Beamten lassen sich dabei auf eine erstaunliche Interpretation der Zahlen ein. So heißt es in dem internen Bundesrechnungshofbericht: »Das Bundesministerium hat allerdings darauf hingewiesen, dass eine erhebliche Anzahl von Kleinstbetrieben geführt wird, die nicht prüfungswürdig sind.«

Die Rechnungsprüfer müssen sich bei solchem Unsinn wieder

einmal die Augen gerieben haben, denn die tatsächlichen Werte einer Firma lassen sich ja überhaupt erst im Rahmen einer Betriebsprüfung ermitteln. »Deshalb entpuppt sich so mancher Klein- oder Kleinstbetrieb nach einer Betriebsprüfung als Mittelbetrieb.« Andererseits habe das Bundesministerium »zu erkennen gegeben, dass – auch aus präventiven Gründen – eine signifikante Verkürzung des Prüfungsabstandes bei Klein- und Kleinstbetrieben wünschenswert wäre. Allerdings wäre hierzu eine erhebliche Verstärkung der Prüfungsdienste durch die Länder erforderlich.«

So meint der Bundesfinanzminister elegant aus der Sache herauszukommen. Er fordert mehr Prüfungen, schießt den Ball aber gleich in 16 andere Spielfelder ab – die der zuständigen Landesfinanzminister. Der Bundesfinanzminister müsste den Westalliierten eigentlich noch heute auf Knien danken, dass es den Föderalismus in Deutschland gibt. Er ermöglicht es Politikern immer, die Verantwortung bequem auf andere zu schieben.

Gleichmäßige Besteuerung, das ist – wie gesagt – nichts Geringeres als ein Verfassungsauftrag. Doch wie kommt es, dass einige Unternehmer und Selbstständige noch nie in ihrem Leben einen Betriebsprüfer gesehen haben, während andere Jahr für Jahr unangenehmen Besuch bekommen? Die Aussagen, die der Bundesrechnungshof in seinem vertraulichen Bericht hierzu trifft, zeichnen das Bild einer absolut desolaten deutschen Steuerverwaltung. Ob dieser oder jener Betrieb geprüft wird, dafür gebe es »zurzeit kein bundeseinheitliches systematisches Verfahren«. Vielmehr bleibt es der mehr oder minder großen Erfahrung der Prüfer überlassen, ob sie ihrem Instinkt folgen oder den Anregungen der Sachbearbeiter aus dem für den Unternehmer zuständigen Finanzamt, und manchmal auch dem Zufall.

Findige Unternehmer, die überlegen, irgendwo in Deutschland ihre Zelte aufzuschlagen, sollten vielleicht vorher Erkundigungen einziehen, wie akkurat die Finanzämter in bestimmten Regionen arbeiten, denn das kann ihnen Millionen sparen.

Betriebsprüfungen sind zwar Ländersache, aber der Bundesfinanzminister sollte doch trotzdem eine Meinung zu solchen Zuständen haben. Sind sie ihm überhaupt bekannt? Auch hierzu äußern sich die Experten des Bundesrechnungshofes: »Das Bundesministerium hat eingeräumt, dass aufgrund der dünnen Personaldecke in den Prüfungsdiensten derzeit vielfach bei der Aufstellung von Prüfungsgeschäftsplänen keine Freiräume für die kurzfristige Aufnahme eilbedürftiger Fälle verbleiben.«

Hier führt sich das System selbst ad absurdum, denn die Möglichkeit, auffällige Unternehmen kurzfristig zu prüfen, fällt somit aus.

Die großen Fische schlüpfen durchs Netz

Ganze acht Tage Zeit hat Wilhelm Reiter für die Prüfung eines Unternehmens mit einem Umsatzerlös von 760 000 Euro, gerade mal 13 Tage für einen Großbetrieb mit zehn Millionen Euro Umsatzerlös. Aber was sind schon 13 Tage? Reiter war kürzlich wieder bei so einem Betrieb. Als er mit seinem Kollegen erschien, saßen sie einer sturen und stummen Männerriege gegenüber: Geschäftsführer, Prokurist, Steuerberater, Wirtschaftsberater und zwei Anwälte – und zwar nicht die von der Sorte Liebling Kreuzberg. Anwälte und Berater sind in solchen Fällen nicht zimperlich, ein aggressiver Ton soll den Beamten gleich klarmachen, wer in diesem Land die Hosen anhat. »Das geht gern auch mal ins Persönliche, als Beamte hätten wir doch keine Ahnung vom Wirtschaften, oder so. Da muss man ein starkes Kreuz haben, um zu bestehen«, erzählt Reiter. »Bei Großbetrieben können wir manchmal Prüferteams bilden. Da sitzen dann zwei bis drei Prüfer zehn bis zwölf Leuten von der Unternehmensseite gegenüber: Steuerberatern, Wirtschaftsprüfern und Rechtsanwälten. Von Waffengleichheit kann da nicht die Rede sein.« Und nicht selten stehen die Prüfer ganz allein da. »Da bist du Einzelkämpfer und das, obwohl es manchmal um etliche Millionen Euro geht«, drückt es ein Kollege von Reiter aus.

Wenn Wilhelm Reiter und seine Kollegen ausrücken, ist ihnen klar, dass sie kaum jemanden mehr das Fürchten lehren: »Die Steuerberater nutzen die Situation aus, in der wir Außenprüfer stecken. Sie spielen ihre Rollen, werfen Nebelkerzen, verzögern.« Es ist immer wieder dieselbe Operette, die sich vor Reiter und seinen Kollegen abspielt, nur die Inszenierung variiert. Kürzlich fuhr er zu einem mittelständischen Softwareunternehmen. Die Parkplätze der Geschäftsführer waren belegt, und Reiter ärgerte sich, ein Ticket auf einem öffentlichen Parkplatz ziehen zu müssen. Denn das erstattet ihm keiner. Als er dann bei der Sekretärin zur Tür hereinkam, begrüßte sie ihn mit: »Oh, tut mir leid, den Termin haben wir wohl vergessen zu notieren. Darf ich dafür einen Kaffee anbieten?« Reiter verzichtete dankend und verschwand. Solche »Nichttermine« darf es eigentlich nicht geben. Vor Wut darüber bekommt er rote Flecken im Gesicht. »Die wissen doch ganz genau, dass wir nur ein paar Tage für so eine Prüfung haben, wenigstens die Steuerberater kennen unseren Zeitdruck, und wenn da ein halber Tag weg ist, umso besser für sie.« Reiter selbst lässt sich zwar nicht ins Bockshorn jagen, wenn sein Chef nach den Bearbeitungszeiten fragt, anders liegen die Dinge aber bei den jungen Kollegen. »Wenn sich ein Kollege an das hält, was er gelernt hat, wird er schnell angemeiert, warum das alles so lange dauert. Die Leute, die von Steuerberatern vertreten werden, wissen genau, wie sie uns ausbremsen können. Die kleinen Fische bleiben so im Netz hängen, aber die großen schlüpfen durch.«

Quantität statt Qualität

Haben sich die Prüfer dann durchgeboxt, kann das Ganze trotzdem noch scheitern. Und zwar an ihren Chefs, den Sachgebietsleitern. Das sind oft junge Juristen, die häufig nicht mit betriebswirtschaftlichen Zahlen umgehen können. Sie empfinden sich eher als kleine Manager, die dafür sorgen, dass die Statistik in ihrem Amtsbereich stimmt. Denn der Erfolg ihrer Abteilung wird von der Behördenleitung an der Bewältigung möglichst vieler Fälle bemessen, keineswegs nur an den zusätzlichen Steuern, die die Prüfer erzielen. Wilhelm Reiter spricht von »Quantität statt Qualität« seiner Arbeit.

»Es geht heute nur darum, dass schnelle Erledigung präsentiert wird, dabei stellt sich gar nicht die Frage, ob etwas überhaupt prüfungswürdig ist oder sein könnte. Das heißt, die Fallstatistik ist eine heilige Kuh.« Sein Kollege rutscht ungeduldig auf dem Stuhl herum. Er will die Sache unterfüttern: »Manchmal bemerkt man so etwas durch Zufall. Zum Beispiel, wenn wir Betriebsprüfer vom Innendienst Fälle bekommen wegen überhöhter Bewirtungsrechnungen von 5 000 Euro. Bei der Durchsicht der Akten stellen wir jedoch plötzlich unrechtmäßige Abschreibungen von zwei Millionen fest. Die sind dem Innendienst unter dem Zeitdruck gar nicht aufgefallen. Das hätte es früher nicht gegeben. Die Kollegen werden heute gar nicht mehr für solche Fälle sensibilisiert.«

»Ist das gewollt?«

»Das ist gewollt. Es gibt Behördenleiter, die sagen ganz offen: ›Setzen Sie sich die Sonnenbrille auf und schreiben Sie einfach ab.‹ Das heißt, es wird nicht wirklich geprüft. Die Vorsteher haben dann Angst, bei der Erledigung der Fälle in ihrer Statistik die ›rote Laterne‹ zu tragen.«

»Was für eine Motivation haben Sie da noch?«

»Gar keine mehr. Die Statistik ist leider das Wichtigste.«

Natürlich entgeht der anderen Seite nicht, wie stumpf die Waffen der Prüfer sind. Einige Steuerberaterverbände sollen sogar bunte Deutschlandkarten an ihre Mitglieder verschickt haben. Die roten Zonen gelten als die mit einer relativ scharfen Prüfpraxis, doch die meisten Zonen in Deutschland sind grün. Grünes Licht also für das Umgehen und Hinterziehen von Steuern. Dass eine gerechte und flächendeckende Steuererhebung gar nicht im Sinn der Politik ist, zeigt auch, wie läppisch sich die Erfolge der Prüfer in der Statistik ausmachen. Man will das nicht zu hoch hängen, sonst könnte die Öffentlichkeit auf die Idee kommen, dass etwas faul ist im Land.

Zwar bringen die Prüfer nach getaner Arbeit ihre Ergebnisse fein säuberlich zu Papier und stellen fest, wie viel ein Unternehmen an Mehrsteuern zu entrichten hat. Doch nicht selten landet so ein Papier in der Rundablage.

Der Prüfer kann sich also abstrampeln wie er will, am Schluss wird nicht mal ausgewertet, ob ein Unternehmen Mehrsteuern zu entrichten hat. Ob die Mühen des Prüfers sich letztlich gelohnt haben, ist den Steuerbehörden gleichgültig: »Auch wird nicht festgehalten, ob die festgesetzten Mehrsteuern auch tatsächlich gezahlt werden«, heißt es in einem internen Prüfbericht[37].

Doch das eigentliche Problem fängt schon viel früher an. Als Betriebsprüfer hat man es schon ziemlich weit gebracht in einem Finanzamt. Da muss man mindestens zehn Jahre Innendienst auf dem Buckel haben. Betriebsprüfer zu sein gilt als ideales Karrieresprungbrett. Und gerade junge Prüfer lernen schnell, den Weg des geringsten Widerstands zu gehen. Einer der alten Hasen bringt es auf den Punkt: »Die wollen stressfrei prüfen. Da gibt man sich damit zufrieden, wenn man Mehreinnahmen von 5 000 Euro feststellen kann, und prüft nicht weiter, auch wenn eine weitergehende

Prüfung leicht das Vielfache ergeben könnte. Das läuft im sogenannten Einvernehmen. Kein Einspruch, keine Klage, damit stehe ich gut da bei meinen Vorgesetzten.« Der beste Sachbearbeiter und Außenprüfer ist der, der keine Einsprüche auslöst. Und so besucht er in behaglicher Atmosphäre die Geschäftsführer und ihre Berater. »Da gibt es das sogenannte Prüferfutter, also bewusst eingebaute Ungereimtheiten, auf die die Prüfer stoßen und worüber sich die Berater dann freuen. Das war es dann. Der Fall ist erledigt für die Statistik. Wer da hinterherhängt, wird nicht befördert.« Fazit: zu gewissenhaftes und intensives Arbeiten gefährdet die Karriere.

Unternehmen und Selbstständige, die sich einen Wirtschaftsprüfer leisten und nach außen eine akkurate Bilanz sauber abgestempelt und gegengezeichnet vorlegen, haben in diesem System nichts zu befürchten, selbst wenn sich unter den plausibel wirkenden Zahlengebäuden Keller voller Leichen befinden. Denn ein Beamter der Betriebsprüfung wird sich dreimal überlegen, ob er ein Unternehmen ohne konkrete Anhaltspunkte für Unregelmäßigkeiten unter die Lupe nimmt. Das bringt ihm im wahrsten Sinne keine Punkte, wie der Bundesrechnungshof formulierte: »Die erreichbare Punktezahl je Prüfung richtet sich vorrangig nach der Betriebsgröße. Auch sollen Prüfungen ohne steuerliches Mehrergebnis vermieden oder rasch abgeschlossen werden. Ein zu eng gehandhabtes Punktesystem kann die Prüfer dazu verleiten, oberflächlich zu prüfen und die Prüfung schwieriger Fälle möglichst zu umgehen.«

Mit Wilhelm Reiter und seinen Kollegen sind wir mittlerweile beim Bier in einer Kneipe in der Nähe. Und die Runde der Betriebsprüfer hat sich warmgelaufen. Was ihnen nicht in den Kopf will, ist die Ungerechtigkeit des Systems. »Für mich ist das eine ständige soziale Grätsche: zusehen zu müssen, wie man Unternehmen entkommen lässt, während die Arbeitnehmer immer fleißig Steuern zahlen«, schimpft einer in einem ziemlich abgewetzten karierten Hemd. Hat wohl keinen Außentermin heute. »Das ist eine soziale Hängematte auf höchstem Niveau.«

Millionäre werden kaum geprüft

Von der desolaten Lage in den Ämtern profitiert am meisten eine Gruppe der Bevölkerung, die in den letzten Jahren immer weiter angestiegen ist und ansteigt: die Einkommensmillionäre. Das sind Bürger, die kein Unternehmen und trotzdem über 500 000 Euro (zur Erinnerung: in alter Währung eine Million D-Mark, daher der Name) pro Jahr an Einkommen haben. Eigentlich müssten diese Millionäre regelmäßig Besuch vom Finanzamt bekommen, denn laut Anweisung des Bundesfinanzministeriums sollten sie zu 100 Prozent überprüft werden. Doch die Länder kommen dieser Anweisung einfach nicht nach. Die Finanzämter führen durchschnittlich bei nur 15 Prozent dieser Gruppe Außenprüfungen durch. Faktisch werden sie also wie Kleinstbetriebe behandelt. Zwischen den einzelnen Bundesländern gibt es erhebliche Unterschiede – ein Land prüft jährlich 60 Prozent der Einkommensmillionäre, andere nur rund zwölf Prozent. Aus internen Unterlagen wissen wir, dass zu den Schlusslichtern ausgerechnet Bayern gehört, wo doch München und sein Umland ein Magnet für Vermögende sind. Das bedeutet, dass ein bayerischer Einkommensmillionär im Schnitt nur alle neun Jahre Besuch vom Finanzamt bekommt.

Zwar hapert es mit dem Steuervollzug in Bayern und einigen anderen Ländern besonders, aber im Grunde gilt das Problem deutschlandweit: Betriebsprüfer gehen nur vor die Tür, wenn es die Personallage zulässt, und die ist beinahe überall desolat. Vor allem die alten Bundesländer und unter ihnen besonders die reichen Länder besetzen die Stellen der Betriebsprüfer nur unzureichend. Während im Bundesdurchschnitt 0,168 Prüfer auf 1 000 Einwohner entfallen, sind es in Bayern gerade mal 0,148. Und das, obwohl die bayerische Finanzverwaltung selbst einen Personalbedarf von 0,2056 Prüfern pro 1 000 Einwohner errechnet hat. In Hessen, das ebenfalls eine große Millionärsdichte aufweist, gibt es nur 0,161 Betriebsprüfer pro 1 000 Einwohner. Wieder aus internen Unterlagen wissen wir: Auch in Hessen, dem Bundesland der Banker und Broker, werden nur rund zwölf Prozent der Millionäre regelmäßig vom Außendienst überprüft. Die Steuerpolitik ist somit auch Standortpolitik für Millionäre. Dabei würde eine konsequentere Prüfung der Einkommensmillionäre sich allemal für die Gesellschaft lohnen. Im Schnitt erbringt jede Sonderprüfung bei Einkommensmillionären Mehreinnahmen von 135 000 Euro pro Fall. Hochgerechnet auf die zirka 16 000 Einkommensmillionäre im gesamten Bundesgebiet bedeutet dies, dass durch die mangelhafte Überprüfung ein Steuerausfall von rund 1,7 Milliarden entsteht. 1,7 Milliarden, die an anderen Stellen bitter fehlen.

Und während das Einkaufs- und Konsumverhalten jedes Hartz-IV-Empfängers von Sozialbeamten und ihren Mitarbeitern in Jobcentern genauestens unter die Lupe genommen und statistisch erfasst wird, ist der Politik die Zahlungsmoral vermögender Deutscher nicht einmal eine bundesweite Statistik wert.

In manchen Finanzämtern herrschen Wildwest-Methoden

Wir haben bereits im vorangegangenen Kapitel dargestellt, wie schwer es ist, die Bundesländer mit ihren eifersüchtigen Begehrlichkeiten unter einen Hut zu bekommen, geschweige denn, sie dazu zu bringen, eine Bundessteuerverwaltung einzuführen. Immerhin: Bei den Betriebsprüfern haben sich die Länderfürsten darauf eingelassen. So helfen Mitarbeiter des Bundeszentralamts für Steuern mittlerweile aus, prüfen selbst oder nehmen an Prüfbesprechungen der Landesbeamten teil. Dabei beschränken sich die Bundesbetriebsprüfer aber auf Konzerne und sonstige Großbetriebe. Und tatsächlich sind Bundes- und Landesbeamte in einigen Fällen bereits gemeinsam bei Konzernen eingerückt und haben dabei Steuernachzahlungen in Millionenhöhe ermittelt. So weit, so schlecht. Denn dem Bericht des Rechnungshofes entnehmen wir, dass selbst dieses zarte Pflänzchen bundesstaatlichen Eingreifens nicht funktioniert: »Die zuständigen Landesfinanzbehörden sind jedoch beim Erlass der Steuerbescheide von dem Ergebnis der Außenprüfungen abgewichen, ohne die Bundesbetriebsprüfung hiervon zu unterrichten.«

Dadurch seien dem Bund Millionen an Steuereinnahmen entgangen. Das ist schon eine erstaunliche Entdeckung: In ein und denselben Steuerfällen haben Bundesbeamte Nachzahlungen festgestellt, die von den Landesfinanzämtern einfach nach unten geschraubt oder ganz ignoriert wurden. Längst haben sich Wildwest-Methoden in Finanzämtern breitgemacht, selbstverständlich zugunsten vermögender Steuerpflichtiger. Würden die Behörden zu deren Ungunsten entscheiden, hetzten die Reichen ihnen ihre Anwälte auf den Hals.

Die Politik verzichtet auf 4,5 Milliarden Steuereinnahmen

In deutschen Finanzämtern müssten eigentlich 16 948 Betriebsprüfer existieren, um alle Kleinbetriebe wenigstens alle 15 Jahre und alle Mittelbetriebe alle zehn Jahre prüfen zu können.[38] Real vorhanden sind allerdings nur 13 881 Prüfer. Es fehlen also rund 3 000.

Wir erinnern uns: Jeder Prüfer erzielt im Schnitt ein Mehrergebnis von 1,5 Millionen Euro für das Staatssäckel. Würden die Bundesländer wenigstens die nach ihren eigenen Vorgaben fehlenden 3 000 Stellen schaffen, wären Einnahmen von 4,5 Milliarden Euro zu erwarten. Doch von Politikern wie dem ehemaligen bayerischen Finanzminister Kurt Faltlhauser wird gern das Argument verwendet, dass mehr Prüfer nicht automatisch mehr Geld hereinholen würden. Der technische Ausdruck für diesen Zusammenhang heißt »sinkender Grenznutzen«.

Das wäre ein richtiges Argument, wenn wir bereits genügend Betriebsprüfer hätten. Dann würden zusätzliche 10 000 Prüfer natürlich nicht 15 Milliarden Euro mehr erwirtschaften. Dies ist aber zurzeit bei weitem nicht der Fall – schon gar nicht im Musterland Bayern. Auf den ersten Blick steht das reiche Land gar nicht so schlecht da. Denn ein bayerischer Betriebsprüfer erzielt im Schnitt ein zusätzliches Ergebnis von 2,5 Millionen Euro im Jahr, während es im Bundesdurchschnitt »nur« 1,5 Millionen sind. Der Grund hat aber was von einer bajuwarischen Provinzposse: Weil es nicht ausreichend Prüfer gibt, haben die Schlaumeier im bayerischen Finanzministerium darauf gedrungen, »von oben nach unten« zu prüfen – also angefangen bei den Großbetrieben runter zu den Mittel- und Kleinbetrieben. Weil die Kleinen eh kaum drankommen, werden die satteren Steuernachzahlungen bei den Großen an Land gezogen. Politische Arithmetik à la CSU.

Gäbe es auch im wohlhabenden Bayern ausreichend Prüfer, um auch kleinere Betriebe häufiger zu durchforsten, würde der Staat erheblich mehr an Steuern einnehmen. In absoluten Zahlen läge das steuerliche Ergebnis der bayerischen Betriebsprüfung dann bei zirka vier Milliarden Euro. Es werden also allein pro Jahr in Bayern etwa 1,5 Milliarden Euro Betriebseinnahmen nicht erprüft. Neben den Einkommensmillionären können sich vor allem die kleinen und mittelständischen Unternehmer im Freistaat freuen. Denn sie werden laut internen Analysen weit unter dem Bundesdurchschnitt kontrolliert: eine Form von Mittelstandsförderung zulasten der ehrlichen Steuerzahler und der Arbeitnehmerschaft. Mittelbetriebe werden in Bayern durchschnittlich alle 15, Kleinbetriebe alle 29 Jahre geprüft. Dass diese Zahlen zugleich eine krasse Wettbewerbsverzerrung gegenüber den Firmen bedeuten, die ehrlich ihre Steuern zahlen, interessiert die christsoziale Regierung nicht. Aber Bayerns Vorgehensweise ist nur ein besonders anschauliches Beispiel für beinahe alle Bundesländer.

Warum aber verzichten Bundesländer wie Bayern auf die Ausschöpfung der Steuern? Die Antwort: »Weil sie wohlhabend sind«; klingt platt, liegt aber nahe an der Wahrheit. Der Bundesrechnungshof stellt mit Blick auf diese Taktik ein haarsträubendes politisches Zeugnis aus, darunter übrigens potenten Bundesländern wie Bayern und NRW, aber auch dem notorisch klammen Berlin: »Einzelne Länder vermitteln den Eindruck, dass sich die Einstellung von mehr Betriebsprüfern wegen des Länderfinanzausgleiches nicht lohne; die Geberländer müssten den weit überwiegenden Teil etwaiger Mehrsteuern im Finanzausgleich abführen, den Nehmerländern würden ihre Mehrergebnisse ausgleichsmindernd angerechnet; in jedem Fall müsste das Beschäftigungsland die Personalkosten für weitere Betriebsprüfer tragen.«[39] Diese Logik erinnert fatal an die Planwirtschaft des untergegangenen Staatssozialismus.

Planübererfüllung bedeutete für einen Betrieb, dass die Planziele im folgenden Jahr höher gesetzt wurden. So hielt man sich in seinem Eifer lieber zurück. An dieser Stelle sind wir wieder bei einer Wurzel des Übels: der föderalen Struktur im Steuervollzug.

Nun, jedenfalls schont jedes Bundesland seine Unternehmen und seine wohlhabenden Bürger. Es gibt also einen Wettbewerb der Länder, ihren Reichen steuerlich möglichst nicht zu nahe zu treten. Nicht selten auf Geheiß von höchster Stelle, wie wir erfahren. Ob es auch Eingriffe aus der politischen Leitung der Finanzverwaltung gebe, fragen wir Wilhelm Reiter und seine Kollegen. Die Prüfer sehen sich an, ein heißes Eisen. Wir fragen nochmal nach. Tatsächlich gebe es solche Fälle. Große Unternehmen wenden sich gern an den Herrn Minister im Land selbst.

»In welcher Form kommt so etwas bei Ihnen an?«

Wilhelm Reiter zieht ein wenig nervös an seiner Zigarette und ringt sich zu einer Antwort durch: »Dann heißt es, sorgen Sie für eine Verständigung. Sie müssen sich einigen.«

Sein Kollege ergänzt, was er mal von einem Vorgesetzten zu hören bekam: »Der sagte: ›Denken Sie doch mal nach!‹, und man denkt: Meint der jetzt den Fall oder meine Karriere? Also verhandelt man eine sogenannte Paketlösung. Manchmal kommt aber auch nur eine kurze schriftliche Anweisung von ganz oben: ›Dem Begehren des Steuerpflichtigen ist zu entsprechen.‹ Juristisch begründet wird das nicht.«

»Was steckt dahinter?«

»Das sind regionale wirtschaftliche Interessen. Die Unternehmen drohen gern mit Abwanderung in andere Bundesländer. Dann geht es teilweise zu wie auf einem orientalischen Basar. Wir dürfen nicht so prüfen, wie wir wollen.«

»Es gibt sogar Einzelanweisungen, dass Prüfungen ab einem bestimmten Mehrergebnis, zum Beispiel in Höhe von 100 000 Euro, abgebrochen werden. Das muss dann reichen, und es ist nicht gewollt weiterzubohren.«

»Gilt das auch für große Firmen?«

»Ja, da wären manchmal sogar Millionen drin gewesen.«

Gibt es noch eine Steuergerechtigkeit? Die Betriebsprüfer lachen bei dieser Frage. »Nein, Sie müssen die politische Komponente sehen.« Und es fällt das Stichwort Länderfinanzausgleich. »Ein ineffektives Finanzamt ist im Ergebnis eine Form von Wirtschaftsförderung. Wir stören da bloß.«

Umsatzsteuerbetrug leichtgemacht

Das Aushebeln der Steuerverwaltung kostet unser Land Geld. Viel Geld. So zählt die Hinterziehung von Umsatzsteuern bei Unternehmen und Selbstständigen zur beliebtesten Betrugsmethode. Und so funktioniert es: Ein Selbstständiger lässt sich von irgendwem eine Rechnung ausstellen, zum Beispiel für eine Reparatur. Diese Kosten macht er beim Finanzamt als Betriebsausgabe geltend und bekommt obendrein die Umsatzsteuer direkt erstattet. Sollte es tatsächlich einmal zu einer Betriebsprüfung und in deren Folge zu einer Steuerfahndung nach dem Rechnungssteller kommen und sich herausstellen, dass dieser nicht auffindbar ist, kann der Steuerhinterzieher immer behaupten, die Reparatur sei gemacht worden und der Rechnungssteller halt verschwunden. »Das ist für uns problematisch, weil wir nachweisen müssen, dass es ihn nie gegeben hat«, sagt ein Steuerfahnder. Manchmal werden Unternehmen eigens und ausschließlich zum Zweck des Umsatzsteuerbetrugs gegründet. Bevor das Finanzamt reagiert, hat sich die Firma bereits in Luft aufgelöst.

Allein im Jahr 2007 gingen dem Staat dadurch 11,3 Milliarden Euro verloren, wie das Münchener Ifo-Institut errechnet hat. 11,3 Milliarden Euro Steuerverlust! Solche düsteren Zahlen konnte auch das Bundesfinanzministerium nicht ignorieren. Also schlug Finanzstaatssekretärin Nicolette Kressl (SPD) in einem Diskussionspapier an den Bundestagsausschuss vor, Steuerguthaben von Unternehmen mindestens 50 Tage zurückzuhalten. In dem neuen Umsatzsteuerparagrafen zum Besteuerungsverfahren sollte es dementsprechend heißen: »Berechnet der Unternehmer einen Überschuss, der sich zu seinen Gunsten ergibt, ist dieser nicht vor Bekanntgabe der Zustimmung der Finanzverwaltung, frühestens am 50. Tag nach dem Eingang der Voranmeldung, fällig.«[40] Mit der 50-Tage-Frist will das Finanzministerium den Betriebsprüfern mehr Zeit für Kontrollen geben. »Mit der verzögerten Auszahlung verliert Deutschland für potenzielle Betrüger an Attraktivität«, formuliert die Staatssekretärin. Es blieb allerdings bei diesem Vorschlag, umgesetzt wurde er bis zum Druck dieses Buches nicht.

Das Vorhaben ähnelt allerdings ohnehin dem berühmten Absprung des Tigers, der als Teppichvorleger landet. Denn die Wahrscheinlichkeit, dass das Finanzamt ein Unternehmen einer Umsatzsteuer-Sonderprüfung unterzieht, beträgt genau 1,87 Prozent. Noch die »meisten« Prüfungen gab es dabei in Sachsen-Anhalt mit drei Prozent, die wenigsten ausgerechnet in der Wirtschaftsmetropole Hamburg mit 1,36 Prozent. Und auch das Problem ist nicht neu. So stellte der Bundesrechnungshof bereits 2005 fest: »Bundesweit liegt die Prüfungsquote bei den Umsatzsteuer-Sonderprüfungen seit Jahren durchschnittlich bei rund zwei Prozent. Die umsatzsteuerlich geführten Unternehmen werden somit im Schnitt alle 50 Jahre von einer Umsatzsteuer-Sonderprüfung geprüft.« Das betrifft tatsächlich gute drei Millionen deutsche Unternehmen, Tendenz steigend. Gleichzeitig ist die Zahl der Umsatzsteuer-Sonderprüfer sogar in fünf Ländern gesunken. Dem milliardenschweren Betrug wird also auch in diesem Fall politisch Vorschub geleistet.

Land der Versuchungen für Steuerhinterzieher

Dass Deutschland in der Steuerverwaltung zu den Entwicklungsländern gehört, haben wir bereits gelernt. Es genügt ein Blick in benachbarte Staaten, um zu sehen, wie es besser geht. In Großbritannien zum Beispiel erhält jeder frisch gegründete Betrieb automatisch Besuch von einem Mitarbeiter der Steuerverwaltung. Der stellt sich persönlich vor und lässt sich das unternehmerische Vorhaben erklären. Der Prüfer ist Ansprechpartner und Kontrolleur zugleich. Sollte jemand vorhaben, eine Scheinfirma aufzuziehen, muss er in jedem Fall weit kreativer vorgehen als in Deutschland. Denn er müsste den Finanzbeamten über viele Jahre hinweg täuschen. In Deutschland hingegen kann es Jahrzehnte dauern, bis überhaupt ein Prüfer auf der Matte steht. Deutschland ist damit zu einem Land der Versuchungen geworden – für Reiche, die das Wort Gemeinwohl häufig nicht einmal buchstabieren können.

Kapitel 4

Chaos-Computer-Club Finanzamt

Der moderne Bürger muss sich viel vom Staat gefallen lassen: An beinahe jeder Straßenecke werden wir von einer Videokamera überwacht, wer Hartz IV beantragt, ist gezwungen, noch den letzten Cent offenzulegen, und muss auf jede Menge Privatvergnügen verzichten. Demnächst werden auch noch unsere Computer auf subversive Inhalte durchforstet, selbst wenn wir niemals gelernt haben, mit einer Waffe zu hantieren. Der Staat, so scheint es, bewacht uns auf Schritt und Tritt – sei es, weil er Terror abwehren will, sei es, weil er den sogenannten Sozialmissbrauch verhindern will. Doch ausgerechnet der Bereich unserer Gesellschaft, in dem Vermögende durch kriminelles Handeln riesige Milliardenbeträge beiseite schaffen, bleibt davon ausgenommen: die Finanzverwaltung.

Finanzbeamte ohne Internetanschluss

Ronny Schild[41] hat deshalb die Nase ziemlich voll von seinem Job. Er arbeitet in einem der größten Finanzämter Deutschlands. Zuständig ist er für die Veranlagung von Unternehmenssteuern, also Körperschaftsteuern. Hier geht es nicht darum, ob ein Hartz-IV-Empfänger für seine 390 Euro auf drei Quadratmetern zu viel lebt, sondern um Steuern im Wert von Hunderten Millionen Euro. Seltsam: Schilds Zugriff auf die notwendigen Informationen wird bis zur Unmöglichkeit erschwert. So müsste er häufiger mal auf Daten außerhalb seines Finanzamtes zurückgreifen, etwa von Wirtschaftsdetekteien. Einen dazu nötigen Internetanschluss hat heute jede Buchhaltung eines halbwegs gutgehenden Unternehmens. Nur Ronny Schild nicht. Dabei ist der junge Mann mit den zerzausten Haaren, der in Jeans und Hawaiihemd zu unserem Gespräch erscheint, ziemlich versiert im Umgang mit dem Internet. Um Reisen in den sonnigen Süden zu buchen, hat er schon seit Jahren kein Reisebüro mehr betreten, ebenso wenig eine Bank, und nicht selten besorgt er die Weihnachtsgeschenke im Netz. Nur an seinem Arbeitsplatz sitzt er auf dem Trocknen. Wenn er unbedingt einen Internetzugang benötigt, muss er erst einen Antrag stellen, Wartezeit inklusive, denn auch andere stehen Schlange in der mehrere Hundert Köpfe zählenden Finanzbehörde. So viel Zeit für ein paar Klicks durchs Internet draufgehen zu lassen kann er sich auf keinen Fall leisten, sie fehlt dann für die ohnehin knapp bemessene Fallbearbeitung. Also hängt er wie auch Wilhelm Reiter und viele andere Finanzbeamte diese Zeit zu Hause dran und sucht über seinen privaten Internetanschluss nach den nötigen Informationen.

Natürlich steht auf seinem Schreibtisch im Büro ein Computer, auf dem das Steuerbearbeitungsprogramm EOSS installiert ist – doch erst seit einem Jahr. Das Programm trägt den unschlagbaren Titel: »Evolutionär orientierte Steuer-Software«. Bei diesem Namen kann eigentlich nichts mehr schiefgehen, sollte man denken. Und immerhin läuft das Programm seit langem in Bayern und eben seit einem guten Jahr in Berlin – wenn es denn läuft. Denn schon die Einführung war für die dortigen Finanzbeamten ein ziemliches Desaster. Um die Jahreswende 2007/2008 lief so gut wie nichts in der digitalen Steuerverwaltung der deutschen Hauptstadt.

Ronny Schild stochert beim Ausdrücken seiner Zigarette länger in seinem Aschenbecher herum als nötig. Allein der Gedanke an dieses verflixte Computersystem macht ihn nervös. Zwar konnten sich die Steuerpflichtigen freuen, die saftige Nachzahlungen zu erwarten hatten, denn die Bescheide verzögerten sich monatelang. »Aber haben Sie mal einen Unternehmer an der Leitung, der dringend Geld vom Finanzamt zurückerwartet und damit kalkuliert hat. Der zieht Sie durch den Hörer!«

Schild schimpft wie ein Kesselflicker auf das Programm. Wir fragen ihn, warum es denn dann in Bayern funktioniert. »Ganz einfach, in Bayern werden die Angaben der Steuerpflichtigen eins zu eins in das EOSS-Programm eingegeben. Nur, von Prüfen kann da nicht die Rede sein«, behauptet er. Unternehmer, Selbstständige, Millionäre, sie alle können sich nur freuen über so ein Programm, und von Millionären wimmelt es bekanntlich in Bayern. »Gab es denn keine Tests oder Befragungen?«, wollen wir wissen. »Uns Praktiker hat niemand gefragt, das ist hier eine Behörde«, grummelt Schild. Das Programm funktioniert für steuerpflichtige Bäcker, Architekten oder Autohändler. Anders ist es mit Fondsgesellschaften mit Dutzenden von Anlegern – millionenschweren Kapitalgesellschaften. Und von denen gibt es viele in Berlin.

Eine Steueroase für süddeutsche Millionäre mitten in Berlin

Als in der bayerischen Landeshauptstadt München die Luft für sogenannte Filmfonds zu dünn wurde, zogen viele nach Berlin. Sie machten den Anfang einer Entwicklung, die viele in der Branche nicht erwartet hätten. 2006 wurden zwar einige Steuerschlupflöcher gestopft, wodurch es Anlegern unmöglich gemacht wurde, mit Verlusten aus Filmfonds Steuern zu sparen – ebenso wie mit anderen verlustorientierten Fonds. Trotzdem schossen die Fondsgesellschaften in Berlin wie Pilze aus dem Boden. Wer Berlins Kurfürstendamm entlangwandert, findet immer neue glänzende Türschilder. Selbst wenn kein richtiges Büro, sondern nur ein Briefkasten vorhanden ist. Was zählt, ist die Adresse mit dem klangvollen Namen. »Es kommen jedes Jahr 1 000 dazu, und wir haben kaum noch einen Überblick«, erzählt uns ein Kollege von Ronny Schild. Es sind Fonds, die mit Gewinnen aus altbackenen Branchen wie Immobilien werben, Fonds, die auf den Erfolg einzelner Winzer spekulieren oder den persönlichen Erfolg von Künstlern und sogar Studenten, die ihrerseits ihr Studium über einen Fonds finanzieren. Studenten, die eines Tages millionenschwere Manager werden wollen.

Ronny Schild runzelt die Stirn, wenn er von der schillernden Fondsszene erzählt, so als hätten diese Leute nicht alle Tassen im Schrank. Haben sie aber. Unser Finanzbeamter kennt das alles aus den klassischen Finanzmarktblättern. Die kauft er sich am Kiosk, weil das Amt für so etwas kein Geld hat. Dass ihm die Fonds regelmäßig den letzten Nerv rauben, hat vor allem mit dem Steuerprogramm EOSS zu tun. Die großen Fonds haben manchmal bis zu 10 000, gar 15 000 Anleger. Im Sinne einer republikweiten Steuerverwaltung müssten sie eigentlich samt Adresse und Geburtsdatum von einem Computer erfasst und ihre persönlichen Daten an die jeweiligen Wohnortfinanzämter weitergeleitet werden. Diese Kontrollmitteilungen sind eigentlich ein von Steuerhinterziehern gefürchtetes Instrument. Sie verhindern respektive sollen verhindern, dass jemand in der einen Ecke der Republik Gewinne macht, die er seinem Finanzamt in der anderen Ecke verschweigt. Pech für die Beamten, Glück für die Anleger: Das EOSS-Programm macht zurzeit bei 500 Einträgen schlapp. Also werden die Fonds gar nicht erst geprüft. Und damit auch die Anleger nicht, die zumeist im Süden Deutschlands wohnen. Wenn sie wollen, können die süddeutschen Anleger ihre Erträge aus den Fonds komplett an der Steuer vorbeischleusen.

Für Ronny Schilds Dienstherrn, den Berliner Finanzsenator, ist das nur ein Problem von untergeordneter Bedeutung. Denn wenn er mehr Prüfer in die Fondsgesellschaften schickt oder ein sinnvolles Computerprogramm installieren lässt, kostet das den Berliner Haushalt Geld. Profitieren würden davon aber die Finanzminister von Baden-Württemberg und Bayern. Das Problem: wieder mal der Länderfinanzausgleich.

Wie unverbrämt diese Begünstigung von Investoren in Deutschland abläuft, haben wir bereits anhand der Dienstanweisung aus dem Land Mecklenburg-Vorpommern gezeigt, wo Unternehmen durch »einen maßvollen Gesetzesvollzug« und den »weitgehenden Verzicht auf Belege und unnötige Kontrollen« geschont werden sollen.

Fragt sich, wie ein Finanzbeamter, der gelernt hat, sich um die Steuern und somit um das Gemeinwohl zu kümmern, damit umgeht, dass eine korrekte und gewissenhafte Erledigung seiner Arbeit politisch eigentlich nicht gewollt ist. Zumal ein Computerfreak wie Ronny Schild sich problemlos vorstellen kann, wie das alles technisch zu bewältigen wäre. Und Schild ist beileibe kein Querulant. Die Beamten des Bundesrechnungshofes notierten in einem vertraulichen Bericht, zwar könnten Beamte im Intranet auf neue Vorschriften und Gesetzestexte zugreifen, aber sobald es an die tägliche Ermittlungstätigkeit geht, hört nach ihrer Darstellung der Spaß auf: »Selbst Anfragen an die Einwohnermeldeämter (bundesweit), die Schuldnerverzeichnisse bei den Amtsgerichten oder Grundbuchauskünfte sind noch immer nicht online möglich.«[42]

Eigentlich ist es ein ausgeklügeltes System: Die Innendienstleute gehen die Akten durch, und wenn ihnen etwas auffällt, beauftragen sie die Betriebsprüfung. Wenn denen wiederum auffällt, dass Steuern hinterzogen worden sein könnten, informieren sie die Steuerfahndung. So weit die Theorie. Bei der Frage, wie die Informationen innerhalb eines Finanzamtes untereinander ausgetauscht werden, stößt das System jedoch an seine praktischen Grenzen. So gibt es sogar Finanzämter in Deutschland, in denen Betriebsprüfer grundsätzlich keinen Zugriff auf Steuerkonten haben. Manchmal darf immerhin der Sachgebietsleiter Einblick in Steuerkonten nehmen, was die Sache für einen normalen Prüfer allerdings ungemütlich hoch hängt. Wenn nämlich bei der Aktion nichts herauskommt, ist das nicht gerade förderlich für die Karriere. Wenn er taktisch agiert, lässt er es also lieber gleich bleiben.

In Finanzämtern wie in Berlin hat sich die Bürokratie ein tolles Wort einfallen lassen für eine eigentlich ziemlich trostlose Aktion: Will sich ein Prüfer ein Unternehmen oder einen Selbstständigen vorknöpfen, kann er eine »temporäre Zugriffsübertragung« beantragen und sich das betreffende Steuerkonto für eine Zeit freischalten lassen. Ronny Schild verdreht bei diesem Wort die Augen: »Das dauert mitunter zwei Tage, bis wir das durchhaben.«

Wanne-Eickel oder Warschau, das ist egal

Manchmal ist es zum Wahnsinnigwerden. Da prüft Schild ein Einzelhandelsunternehmen und stößt auf Ungereimtheiten bei den Wareneingängen. Nun muss er den Lieferanten prüfen. Hat der Lieferant seinen Sitz in einem Veranlagungsbezirk des gleichen Finanzamtes, gehen darüber viele Tage ins Land, denn es dauert, die

Akten zu bestellen, und für einen digitalen Abgleich bedarf es wieder einer neuen »temporären Zugriffsberechtigung«. Ganz zäh wird das Verfahren, wenn der Lieferant in einem Finanzamt eines anderen Bundeslandes residiert. Dann muss Schild eine Kontrollmitteilung schreiben und darauf hoffen, dass diese schnellstmöglich beantwortet wird. Um herauszufinden, ob die Waren tatsächlich geliefert wurden, muss Schild sogar eine »qualifizierte Anfrage« stellen. Das bedeutet: Auch der Betriebsprüfer im anderen Finanzamt muss auf die Spur gebracht werden. Und da der Lieferant höchstwahrscheinlich noch nie Besuch von einem Betriebsprüfer hatte, ergo keiner die Daten regelmäßig geprüft und vorliegen hat, muss sich im Geschäftsverteilungsplan des anderen Amtes erst ein freies Plätzchen finden, um den Einsatz des Prüfers zu planen. Das kann Monate dauern. »Ich könnte mir auch vorstellen, das dann ganz zu lassen, denn ob der Lieferant nun in Wanne-Eickel oder Warschau sitzt, macht die Sache eigentlich ähnlich kompliziert«, sagt Ronny Schild. Der Datenschutz steht hier einer effizienten Steuerverwaltung im Weg. Merkwürdig, dass die Politik an anderer Stelle kaum Probleme damit hat, solche Stolpersteine schnellstmöglich zu beseitigen.

Doch selbst wenn rechtliche und bürokratische Hürden aus dem Weg geräumt würden, hieße das noch lange nicht, dass die Daten abgeglichen werden könnten. Denn bislang mangelt es dafür an einer einfachen technischen Voraussetzung: einem einheitlichen Datensystem in Deutschlands Finanzämtern.

Abgesehen von vorsätzlichen Betrügereien und Steuervermeidungsstrategien sorgt schon ein ganz normaler Umzug eines Unternehmens oder eines Selbstständigen von Berlin nach, sagen wir, Hannover für ein gigantisches Arbeitsaufkommen in Hannover. Denn die Datensätze können dort nicht einfach übernommen werden, weil sie nicht kompatibel sind. Irgendeine Beamtin des Innendienstes muss dann die in Berlin digitalisierten und auf Papier ausgedruckten Daten in guter alter Handarbeit in das niedersächsische System eingeben. So schafft man überflüssige Bürokratien und einen Haufen frustrierter Beamter in den Steuerverwaltungen.

16,5 Minuten pro Steuererklärung

Im Jahr 2006 verzeichnete Berlin 4 000 Fälle von Steuerhinterziehung. Die meisten der Täter waren wohlhabend. Sie brauchten also die Kosten einer steuerlichen und betrieblichen Beratung nicht zu scheuen. Von so viel Gemütlichkeit beim Geldverdienen können die Sachbearbeiter in deutschen Finanzämtern nur träumen: Etwa 3 500 Steuererklärungen landen jährlich auf dem Schreibtisch eines Finanzbeamten. Bei 220 Arbeitstagen im Jahr kommt er damit rein rechnerisch auf etwa 16 Erklärungen pro Tag. Im Schnitt hat er damit nur 16,5 Minuten Zeit pro Fall, da etwa die Hälfte seiner Arbeitszeit für Formalkram draufgeht. Statt Steuererklärungen durchzusehen, prüft der Finanzbeamte, ob Name, Adresse, Bankverbindung und Zuständigkeit stimmen. Für diese Arbeit haben die Beamten das schreckliche Wort »Grundinformationsdienst« erfunden. Außerdem muss der Beamte Tag für Tag viele Buchstaben und Zahlen in seinen PC tippen. Pro Steuererklärung fallen bis zu 30 Daten an. Beides kostet Zeit. Zeit, die für Kontrollen fehlt. Der Finanzbeamte muss seine Fallzahlen schaffen, sonst bekommt er Ärger mit dem Amtsleiter. Die grünen Mappen, in denen zehn bis 15 Steuererklärungen für 2008 stecken, dürfen sich also einerseits nicht zu hoch auf seinem Schreibtisch stapeln. Andererseits soll der Amtsinspektor gut verdienenden Steuermuffeln das Leben nicht allzu leicht machen. Dafür hat der Finanzbeamte allerdings nur wenige Hilfsmittel: Er kann in die dicken Werke mit der kleinen Schrift rechts neben seinem Schreibtisch schauen, in das Handbuch zur Abgabenordnung in Blau oder das Lohnsteuerhandbuch in Grün. Das war es dann aber auch. Wenn Ronny Schild prüfen will, ob ein Steuerzahler nicht zu viele Kilometer für seine Geschäftsreisen aufgeschrieben hat, muss er den Reiseatlas aus seinem Auto mitbringen und mühsam die Kilometer addieren. Oder er macht das zu Hause mit Routenplanern im Internet.

400 Millionen Euro für ein Steuerprogramm in den Sand gesetzt

Was Ronny Schild heute maßlos ärgert, hat offenkundig schon viele Jahre vorher ganze Heerscharen von Finanzamtskollegen gewurmt. Anfang der 1990er setzten alle auf ein Programm mit dem Codenamen FISCUS 91. Doch von Anfang an zogen nicht alle an einem Strang. Bayern hatte von vornherein die Mitarbeit verweigert, andere Ministerpräsidenten stiegen nach und nach aus. Dabei hätte jeder verantwortliche Steuerpolitiker in Bund und Land Grund genug gehabt, das Projekt zu retten. Denn man hatte dafür eigens eine GmbH gegründet und 400 Millionen Euro Entwicklungskosten hineingepumpt. Nach 14 zerrigen Jahren gab man das Projekt 2005 endgültig auf. Wie immer scheiterte das Vorhaben an Eifersüchteleien der Länder untereinander, erinnert sich ein Insider des Bundesfinanzministeriums. Man habe sogar den Ländern eine finanzielle Beteiligung des Bundes an der Anschaffung angeboten, »trotzdem wollten einige ihr eigenes Ding machen«, erzählt er.

Dass die Politik nicht nur an den großen Fragen scheitern, sondern sich auch gehörig der Lächerlichkeit preisgeben kann – in technischen Details wie der Anschaffung eines Computerprogramms –, muss irgendwann auch den Länderfinanzministern geschwant haben. Nach dem Scheitern des Softwareprojekts FISCUS 91 beschlossen sie einstimmig, es noch einmal zu versuchen und ein gemeinsames Programm zu entwickeln.

Nach dem wenig originellen Namen FISCUS nannte man das neue Programm KONSENS (Koordinierte neue Softwareentwicklung der Steuerverwaltung). Angesichts des Scheiterns des Vorgängers entbehrt der Name nicht einer gewissen Ironie. Zugleich wurde und wird die Kleinstaaterei in bizarrer Weise fortgesetzt: Die Verantwortung für das neue Programm tragen wieder die Landesfürsten und ihre Finanzminister, die Bundesregierung spendiert nur Geld für die Programmierer und muss sich ansonsten raushalten. Wie ernst es den Politikern letztlich mit dem Computerprogramm ist, beantwortet schon ein Blick in die jüngste Chronologie der Ereignisse. Denn mir nichts, dir nichts haben sich die Länder Berlin, Bremen, Hamburg und Schleswig-Holstein aufgemacht, das in Bayern gängige Programm EOSS zu übernehmen. Und dabei ist jedem klar, dass EOSS nichts, aber auch gar nichts mit dem zu tun hat, was deutsche Finanzbeamte für die Erledigung ihrer Arbeit bräuchten: ein einheitliches Programm.

Das Glück der Reichen: Computerprogramme ohne Intelligenz

Wenn man Typen wie Ronny Schild den Jahresgeschäftsbericht eines Unternehmens unter die Nase hält, blättern sie den lässig durch und brauchen nur Minuten, um zu entdecken, ob es irgendwo hakt. Mit Argusaugen entdecken sie außergewöhnliche Abschreibungen oder verdeckte Gewinnausschüttungen. Sie machen einen Job, der in hohem Maße von Erfahrung lebt. Aber die Zeiten sind vorbei, in denen man als Prüfer noch Lunte riechen konnte zwischen den Aktendeckeln. Laut internen Dokumenten aus der Steuerverwaltung[43] fischt sich der Zentralcomputer einzelne Erklärungen sogar nach dem Zufallsprinzip heraus, die sich der Finanzbeamte dann vornehmen muss. Das Programm wählt sogar die Fälle aus, die von den Prüfern intensiver kontrolliert werden müssen. Bekanntermaßen spricht man aber bei Computern noch nicht von künstlicher Intelligenz, denn so ein PC kann nur so intelligent agieren, wie es ihm die Programmierer beigebracht haben. Und das taten sie offenkundig in sehr bescheidenem Umfang. So kam bei einer internen Überprüfung in der Hansestadt Hamburg heraus, dass von 1 700 programmgesteuert ausgewählten Intensivprüffällen 45 Prozent der »Entscheidungen« des Computers zu beanstanden waren.

Ob andere Fälle nicht auch schwerwiegend sind, werden die Finanzbeamten nie erfahren. Die Dunkelziffer ist hoch: Nach internen Statistiken werden gerade mal ein Viertel bis ein Drittel der Steuererklärungen ordentlich bearbeitet, die anderen werden mehr oder weniger mechanisch abgeschrieben.[44] Wer sich also geschickt genug anstellt und keine groben Unplausibilitäten in seiner Erklärung hat, rutscht durch. Und natürlich sind die gut bezahlten Steuerberater der Vermögenden für so ein Vorgehen bestens präpariert – die arbeiten übrigens schon seit Jahren mit einem deutschlandweit einheitlichen Steuerprogramm.

Kapitel 5

Steuerfahnder in den Abgründen des Geldadels

Auf den ersten Blick sieht Rudolf Schmenger nicht aus wie ein Mann, der mit Millionen hantierte. Tatsächlich waren es auch nie seine Millionen. Sein Freizeithemd trägt er leger über der Jeans, seine Füße stecken in Turnschuhen. Darin steckten sie selbst, als Schmenger noch einer der bedeutendsten Steuerfahnder der Republik war. Heute arbeitet er als Steuerberater und lernt die Dinge von der anderen Seite kennen. »Ich berate vor allem sozial Schwache, die sich sonst keinen Steuerberater leisten könnten, aber auch Leute mit Liechtenstein-Stiftungen, denen ich helfe, den Schaden zu begrenzen«, sagt er.

Neulich erzählte ihm ein Mandant wieder so eine skurrile Geschichte aus der Steuerrepublik Deutschland. Der Mann saß mit seiner Frau beim Kaffee auf dem Balkon in der Sonne – Wochenende. Plötzlich zeigte die Frau aufs Nachbargrundstück und sagte: »Guck mal, da hockt einer im Baum.« Bei näherer Betrachtung stellte sich heraus, dass der Typ im Baum auf dem Nachbargrundstück auch noch mit einem Fotoapparat bewaffnet war und eifrig davon Gebrauch machte. Also ging Schmengers Mandant aus dem Haus und zu dem im Baum hockenden Fotografen.

»Was machen Sie denn hier?«

»Ich bin Ihr Sachbearbeiter vom Finanzamt, und den Balkon

haben Sie steuerlich geltend gemacht, obwohl es Ihr Privatbalkon ist. Sie hören von mir.« Das mit dem Balkon stimmte dummerweise. Als Besitzer eines Mietshauses hatte der Mann den Neuanbau eines Balkons bei seiner Steuererklärung auf die Betriebskosten geschlagen. Rudolf Schmenger lacht bitter, als er die Geschichte erzählt. »Da sehen Sie die heutigen Prüfungs- und Ermittlungsschwerpunkte, ein Balkon! Und im Keller liegen haufenweise unprofessionell oder gar nicht ermittelte Fälle von Steuerhinterziehungen in Millionenhöhe.«

Es ist Sonntag, ein kalter Wintermorgen, als Rudolf Schmenger seinen Opel durch die Straßen von Bad Homburg lenkt. An der Einfallstraße des Taunusstädtchens deuten nur ein Lamborghini- und ein Bentley-Händler darauf hin, dass wir es hier mit einer, wenn nicht *der* Millionärsmetropole Deutschlands zu tun haben. Jedenfalls in Relation zur Einwohnerzahl. Das Stadtzentrum rund um den Kurpark und das Spielcasino sieht aus wie eine Filmkulisse. Die Fahrt geht vorbei an riesigen Gründerzeitvillen mit blendend weißen Fassaden. Und die betuchten Anwohner der Kaiser-Friedrich-Promenade sind so einflussreich, dass ihre Straße nach 23 Uhr per Schranke gesperrt wird. So etwas kennt man sonst nur aus den Hochburgen der Reichen und Schönen im Ausland.

Der Exfahnder Frank Wehrheim, heute wie Schmenger Steuerberater, wohnt hier in einer Mietswohnung in bester Lage: Von seiner Terrasse aus kann er direkt auf die Dachterrasse eines Managers der Commerzbank blicken. Für Wehrheim eine Art Ironie des Schicksals, gehörte die Commerzbank doch zu seinen größten Fahndungserfolgen – der größte Erfolg, den Fahnder je bei einem Bankenverfahren hatten. Doch dazu später.

Als wir zur Tür hereinkommen, macht sich Frank Wehrheim ans Werk: »Rührei mit Speck, okay?!«, sagt er. Rudolf Schmenger packt währenddessen die Brötchentüte aus. Frank Wehrheim ist ein sympathischer Mann, ein bäriger Typ mit Bart, der trotz seines Rentenalters noch jede Menge Elan versprüht. Dass er einst deutschen Großbankern das Fürchten lehrte, glaubt man fast nicht.

Von Frank Wehrheim, erzählt Schmenger, habe er so ungefähr alles gelernt, was ihn zu einem guten Fahnder gemacht hat. Auch bis an die Grenzen zu gehen. Sein anfänglicher Enthusiasmus, auf der richtigen Seite zu arbeiten, sei ihm dabei schnell vergangen. Er bewundert nicht viele Menschen. Als er in den Fahnderberuf einstieg, war es Klaus Förster, der legendäre Steuerfahnder, der in den 1980er-Jahren den Flick-Skandal und damit den ersten großen Parteispendenskandal der Republik aufdeckte. Ein Mann, der letzten Endes ebenso abserviert wurde.[45]

»Um Fahnder zu werden, braucht man auch eine Menge »kriminelle Fantasie«, sagt Rudolf Schmenger. Und die hätten vor allem Leute, die von unten kommen, die nicht unter einer Käseglocke gutbürgerlicher Erziehung erstickt sind. Leute wie Schmenger.

Kriminelle Fantasie haben nicht nur die üblichen Verdächtigen, sondern häufig auch Menschen, die man üblicherweise dem ehrlichen Bürgertum zuordnet. Zahnärzte zum Beispiel. Durch einen anonymen Tipp verschlug es die Fahnder eines Tages in eine noble Zahnarztpraxis. Als sie den Tresor öffnen ließen, glänzte dort ein gutes Kilo Gold. Der Arzt hatte es als Betriebsausgabe angekauft, um damit privat zu spekulieren und – wenn es gut lief – eine Menge Schwarzgeld zu machen. Fahnder sind wie Perlentaucher in immer wieder neuen Gewässern. So behauptete der Arzt zunächst, das Gold für seine Patienten benutzen zu wollen. Als die ungläubigen Fahnder fragten, ob man dafür nicht spezielle Legierungen brauche, lachte sie der abgebrühte Dentist aus. »Ich bin noch vom alten Schlag und muss nicht jede Mode mitmachen. Da ist man kreativ.« Die Fahnder waren abgebrühter und fragten einfach die Sprechstundenhilfen. »Die waren erst zugeknöpft, dann haben wir ihnen die Folgen klargemacht. Und daraufhin erzählten sie uns, dass sehr wohl spezielles Zahngold verwendet werde, über das die Zahnlabors auch genauestens Buch führten. Damit hatte der Zahnarzt wohl nicht gerechnet«, erzählt Frank Wehrheim genüsslich. Die Show des Dentisten war vorüber. Dem Betriebsprüfer war an dem Gold übrigens nichts merkwürdig vorgekommen. »Der hat tatsächlich geglaubt, dass sich aus dem teuren Barren Zahngold machen ließe.«

Auch der wohl skurrilste Fall von Zollbetrug hatte mit Zähnen zu tun, genauer gesagt: mit Zahnprothesen. Ein Ring aus deutsch-rumänischen Zahnärzten und Dentallabors hatte sich zusammengetan, um hohe Steuersummen auf die von ihnen eingebauten Prothesen einzusparen. Zu diesem Zweck ließen sie sich die Prothesen offiziell aus Griechenland liefern, für enorm hohe Preise, die sie als Betriebsausgaben absetzten. Die Zöllner, die ab und an mal so ein Paket öffneten und darin ausschließlich alte Zähne und Prothesen fanden, dachten nicht weiter darüber nach; ihnen genügte, dass der Inhalt dem deklarierten Transportgut irgendwie ähnlich sah. So waren es wieder einmal nicht die staatlichen Kontrollen, die das Ganze auffliegen ließen, sondern ein heißer Insidertipp. »Als wir dann den Kram sahen, dachten wir nur: ›Das ist ja Dentalschrott, so ein Zeug können die nicht mal einem Ochsen einbauen‹«, erzählt Frank Wehrheim. Den Drahtziehern brachte die Angelegenheit zwei Jahre U-Haft und eine saftige Geldstrafe ein.

Manchmal hilft statt eines Insidertipps auch Bruder Zufall: Ein paar Jahre ist es her, als seine Fahndungskollegen und er gemeinsam zu einer Razzia in Lindau am Bodensee unterwegs waren. Nach getaner Arbeit versammelten sich die Männer, inklusive eines Staatsanwalts, in einer Kneipe. Bei Pizza und Bier wollte man den Abend ausklingen lassen. Da betrat ein älterer Herr im Khakianzug die Kneipe und fragte, ob er sich an den Tisch setzen dürfe.

Er durfte und stellte sich als einer der größten Goldhändler der Gegend vor. »Sie dürfen gern mal bei mir vorbeischauen, meine Herren, nur morgen nicht, da geht's rüber in die Schweiz. Muss mal wieder ein bisschen fürs Alter vorsorgen.« Dem Herrn Staatsanwalt fiel beinahe das Gesicht aus dem Kopf, erinnert sich Schmenger. Da war einer am falschen Tag am falschen Ort. Für die Fahnder hingegen nicht mehr als ein goldener Zufallstreffer.

Und weil wir schon beim Thema Goldschmuggel sind: Ein Ring von Goldschmugglern hielt die Frankfurter Fahnder sogar ein ganzes Jahrzehnt in Atem. Das waren keine abgebrühten Schwerverbrecher, sondern ganz normale Deutsche aus der Mitte der Gesellschaft. Weil in Luxemburg keine Mehrwertsteuer anfällt, kauften sie dort Gold ein. Das Gold schmuggelten sie dann nach Deutschland, was ihnen dank der laschen Grenzkontrollen auch nie zum Verhängnis wurde. In Deutschland schmolzen sie das Gold mit ein bisschen Silber und Kupfer zusammen und lieferten die Klumpen daraufhin ganz offiziell bei der Degussa zum Scheiden an. Von der Degussa erhielten sie dann eine Gutschrift über das separierte Gold, natürlich zuzüglich der deutschen Mehrwertsteuer. Gegenüber der Degussa traten natürlich nie sie selbst als Geschäftspartner auf, sondern heuerten dafür belgische Obdachlose an. Deren Lohn aus drei Flaschen Wermut bestand.

Um zu erklären, wie wichtig Steuerfahnder sind, kramt er eine Legende der Kriminalistik hervor: »Al Capone hat nie wegen seiner Gewalttaten, Raub oder Erpressung gesessen, man hat ihn nur wegen Steuerhinterziehung gekriegt.« Kein Schmuggel, kein Drogenkartell, keine Zwangsprostitution ohne Schwarzgeld, ohne Steuerhinterziehung. Hinter diesem Straftatbestand verbergen sich meist noch viele andere, die vor Gericht aber schwerer nachzuweisen sind.

Die falsche Reue der Reichen

Niemand hat so direkte Erfahrungen mit Steuerhinterziehern wie die Fahnder. Sie stellen die Täter zuerst persönlich zur Rede, beobachten ihre Reaktionen. In den Prozessen sind die meisten von ihnen dann längst weichgespült, zeigen falsche Reue oder schweigen. Rudolf Schmenger fand es immer spannend, wie sicher sich die Hinterzieher bei ihren Taten fühlten. »Oft war der Insiderkreis erstaunlich weit gespannt. Diese Offenheit und Naivität, oder sagen wir Skrupellosigkeit, hat mich am meisten gewundert.«

Apropos Naivität: Manchmal können selbst Fahnder eine gewisse Schadenfreude nicht verhehlen. Rudolf Schmenger kann sich heute noch kaputtlachen über die Ärzte, Rechtsanwälte und Professoren, die auf Schneeballsysteme hereinfallen. Solche »Anlagemöglichkeiten« dienen dazu, das eigene Schwarzgeld nicht nur in Umlauf zu bringen, sondern auch noch wundersam zu vermehren. Bei einem Facharzt für Orthopädie kam mal ein Mann vorbei, der ihm eine Anlage mit 20 Prozent Rendite anbot. Der Arzt war zunächst skeptisch. Doch als der Besucher vorschlug, es doch einfach mal mit einer kleinen Summe zu versuchen, kramte der Orthopäde einen 500-Euro-Schein hervor. Der Mann verschwand und kam eine Woche später mit 600 Euro zurück. Der Orthopäde leckte Blut, gab dem Mann 1 000 Euro und bekam acht Tage später 1 200 zurück. Beim nächsten Besuch winkte der wundersame Geldvermehrer jedoch auf einmal ab: »Im Moment ist es schwer mit kleinen Tranchen. Es geht nur ab 100 000 Euro aufwärts.« Mit 250 000 Euro Schwarzgeld verschwand der Mann – für immer. Schmengers Augen glänzen, als er die Geschichte erzählt. »Ziemliches Pech für den Mann, als wir dann auftauchten.« Das Schwarzgeld war weg und die fiktiven Zinsen musste er nachträglich versteuern. »Gier«, sagt Schmenger, »dabei dachte ich früher immer, Ärzte, Professoren und so weiter hätten mehr im Kopf.«

Wenn man Frank Wehrheim und Rudolf Schmenger fragt, warum Menschen, die finanziell eigentlich ausgesorgt haben, eine schwere Straftat wie Steuerhinterziehung begehen, antworten sie mit kargen Worten wie »Gier« und »Profitsucht«. Begriffe, die fundamental zu unserem Wirtschaftssystem gehören und lange Zeit als Wachstumsmotor und Erfolgsrezept galten. Und die meisten Steuerhinterzieher leugnen ihre Tat erst gar nicht, sondern schalten einfach ihren Anwalt ein, der dann ein großzügiges Angebot für ein Strafgeld macht. Juristisch ist die Sache damit meist erledigt. Andere wiederum fangen an zu lamentieren oder schwadronieren, sie hätten einfach keine Steuern für noch mehr Unsinn oder irgendwelche Nichtstuer bezahlen wollen. Wieder andere rechtfertigen ihre Steuerhinterziehung mit der Steuergeldverschwendung des Staates und geben ihrem kriminellen Handeln damit sogar noch den Nimbus einer politischen Aktion.

Wenn Schmenger und Wehrheim politisch etwas zu sagen hätten, würden sie zuerst die Selbstanzeige als juristischen Ablasshandel abschaffen. »Ich kenne keinen einzigen Fall, wo jemand nicht ohnehin schon unter enormem Druck stand«, erzählt Wehrheim, »es war immer fünf vor zwölf, und irgendwie hatten die Lunte gerochen. Die hätten wir sowieso bekommen.« Auch der Steuerhinterzieher Zumwinkel hätte kein Gerichtsverfahren bekommen, wenn er sich rechtzeitig selbst angezeigt hätte. Er wäre dann vermutlich finanziell genauso billig davongekommen und, und das ist wichtig in einem Rechtsstaat, nicht einmal vorbestraft gewesen.

Die Möglichkeit zur Selbstanzeige erfüllt also mitnichten den Zweck, Steuersünder zu bekehren oder zur Umkehr zu zwingen. So hatte Bundeskanzler Schröder bei der Verkündung der Steueramnestie 2004 davon gesprochen, dass bis zu 100 Milliarden Euro durch reuige Steuersünder freiwillig nachbezahlt werden würden.[46] 2005 musste das Bundesfinanzministerium einräumen, dass gerade mal eine Milliarde Euro in das Staatssäckel floss.[47]

Der Fall Commerzbank

Mitte der 1990er-Jahre gehörten Wehrheim und Schmenger zu den renommiertesten Steuerfahndern der Bundesrepublik. Damals nahm das Bankenverfahren gegen die Commerzbank, das den beiden Fahndern und einigen ihrer Kollegen letztlich den Kopf kosten sollte, ihren Anfang. Am Beginn stand jedoch, wie so oft, ein anderes Delikt: Erpressung. Und Bruder Zufall.

Zwei Staatsanwälte trafen sich in der Kantine des Frankfurter Justizzentrums und unterhielten sich, Staatsanwalt Horst Biener, zuständig für Erpressung, und Staatsanwalt Markus Weimann, zuständig für Wirtschaftskriminalität. Biener fragte Weimann, ob er sich mal etwas angucken könne und reichte ihm eine Akte. Weimann wiederum übergab sie den Fahndern.

Ein Computerspezialist[48] hatte Datenträger der Commerzbank-Tochter Commerzbank International S.A. Luxembourg, kurz CISAL, entwendet und die Bank mit den Daten von Tausenden Kunden erpresst, die mit Hilfe der Bank ihr Geld an der Steuer vorbei ins Ausland geschafft hatten. Grund genug für Wehrheim und Schmenger, dem inzwischen inhaftierten Mann einen Besuch abzustatten. Und der, in der Hoffnung auf Strafmilderung, half ihnen, die Länderschlüssel in den Unterlagen zu dekodieren, die für die Zuordnung der Konten wichtig waren.

Ein Jahrhundertfund für Steuerfahnder

Schmenger und Wehrheim waren in Hochstimmung, als sie das Gefängnis verließen. »Wenn das alles stimmt«, sagte Wehrheim, »ist das ein Jahrhundertfund, so etwas erleben die meisten Fahnder in ihrem ganzen Leben nicht.« Ihr Dienstvorgesetzter war von ihrem Fund allerdings alles andere als begeistert. Als die Fahnder mit den Papieren unterm Arm in seinem Büro standen und berichteten, was sie da entdeckt hatten, begann er wie ein Verrückter durch sein Büro zu hüpfen und alle Schubladen des Schreibtisches und Schranktüren aufzureißen. Er rief: »Was glauben Sie, habe ich hier irgendwo noch Fahnder versteckt?« Das war ein eindeutiges Signal: zu wenig Personal, wir lassen das Ganze besser sein. Er sagte auch: »Wollen Sie jetzt tatsächlich die großen Banken durchsuchen?« Ja, wollten sie, und so antwortete Wehrheim trocken: »Wir brauchen 200 Fahnder.« Die beiden verließen das Büro. »Wenn, dann werden wir das Verfahren versenken wie die Titanic«, sagte Wehrheim damals zu Schmenger. Sie setzten einen Bericht auf und forderten Personal. »Wenn unsere Forderung abgelehnt wird, schreiben wir, dass wir wegen Personalmangels nicht ermitteln können. Das ginge dann ans Ministerium und von dort in den Landtag.« Damit würde es zu einer politischen Angelegenheit. So lässt sich das Kalkül der Fahnder damals wohl skizzieren. Sie wären zu dieser Zeit nie an die Öffentlichkeit gegangen, waren loyale Beamte, die einfach gute Arbeit leisten wollten.

Jedenfalls gelang es Wehrheim, der damals uneingeschränkt als Kopf der Frankfurter Fahnder anerkannt war, am Ende doch, das nötige Personal für eine Durchsuchung zu erhalten. »Das war wie ein Feldzug, wie wir es organisiert haben: erst zwei, dann fünf, dann ein Sachgebiet mit 14 Leuten. Dann haben wir die Düsseldorfer Kollegen eingeladen, die schon Erfahrungen mit großen Banken hatten, die haben wir angezapft.« Und vor der Aktion haben sie alle verfügbaren Fahnder aus Hessen zusammengetrommelt. Es war der 27. Februar 1996. Doch bestimmt kein Zufall, dass an diesem Tag die Vorstände der Bank traditionsgemäß in Düsseldorf zusammentrafen und ihre Büros in Frankfurt verwaist waren? Wehrheim und Schmenger schmunzeln vielsagend. Jedenfalls war alles generalstabsmäßig vorbereitet, und den Fahndern war klar: Bis sie in den gesicherten Vorstandsbereich vordringen, kann alles Mögliche verschwinden. Also ein Glück, dass die Vorstände nicht in ihren Büros waren. »Wir haben die Bank dadurch eiskalt erwischt, sogar die Rechtsabteilung wusste von nichts.«

Einige Fahnder schwärmten in die Vorstandsetage aus, ein anderes Team ging direkt in die Buchhaltung und sicherte die Archive. Nach einer halben Stunde kam ein externer Anwalt der Bank angerauscht, konnte aber nicht mehr viel ausrichten. Dabei war die Commerzbank eigentlich vorbereitet, denn in vielen Schubladen fanden die Fahnder eine Anweisung für den Fall einer Razzia. »Da stand, welche Rechte man hat und was man nicht sagen soll. So ein Papier gab es aber in allen Banken«, erzählt Schmenger, »die haben einfach irgendwann mit uns gerechnet, und dann durften die Mitarbeiter natürlich nichts Falsches erzählen.«

Nicht alle Bankmitarbeiter waren vor Schock erstarrt. Ein Fahrstuhlführer sagte zu Schmenger: »Macht sie fertig, die Kerle!«

Welche Gründe der Mann hatte, weiß Schmenger bis heute nicht, er stand kurz vor der Rente und war glücklich, den Fahndern Tipps geben zu können, wo sie suchen mussten. Nach Bekanntwerden der Aktion herrschte eine ähnliche Stimmung in der Bevölkerung, und auch die Medien waren aufseiten der Fahnder. »Viele fanden das toll, endlich mal eine Truppe, die den Mut hatte, ganz oben anzufangen.«

Mit ihrer technischen Ausstattung mussten die ehrgeizigen Fahnder allerdings ganz unten anfangen. Es fehlte an allem. Da das Finanzamt nicht mal genug Aktenordner hatte, schnorrten die Fahnder bei ihren Kollegen aus der Konzernbetriebsprüfung. Denn die bekamen regelmäßig meterweise Akten von den Konzernen. »Die Ordner gaben sie nie zurück, also konnten wir sie haben.« Einen Kopierer gab es auch nicht, obwohl wichtige Dokumente zu kopieren waren. Da es Tausende von Daten zu überprüfen galt, beauftragten die Fahnder eine Firma, die Commerzbank-Mikrofilme mit den Kundendaten auf CD zu kopieren. Gleichzeitig entwickelte die Firma eine Software, die es ermöglichte, aus dem Datenwust die kritischen Faktoren herauszufiltern, Kontenbewegungen, die die Steuerhinterzieher letztendlich überführten. Angesichts von etwa 3,15 Millionen Belegen eine Mammutaufgabe. Manchmal waren es dann gerade kleine Hinweise, die weiterführten. »Zum Beispiel ein Beleg aus der Schweiz, dass ein Herr Müller seine Depotgebühr entrichtet hat«, erzählt Wehrheim.

David gegen Goliath

Ein paar Monate später fuhren Rudolf Schmenger und seine Kollegen mit einem brisanten Dokument bewaffnet wieder zur Commerzbank-Zentrale. Die Empfangsdamen staunten nicht schlecht über die Männer im »legeren Outfit«, wie sie sagten. »Ohne unsere Ausweise hätten sie uns wahrscheinlich für Terroristen gehalten«, sagt Schmenger. Der Fahrstuhl wurde entsperrt. In Begleitung eines Sicherheitsmannes fuhren die Fahnder hoch in die Vorstandsetage. Ein Vorstandsmitglied war sichtlich irritiert, als sie eintraten und ihm mitteilten, dass gegen ihn steuerstrafrechtlich ermittelt wird. Schmenger erinnert sich noch gut an die Reaktion des Bankmanagers: »Ich sehe heute Abend den Kanzler.« Der Fahnder antwortete emotionslos: »Dann grüßen Sie ihn von uns.«

Auch der damalige Vorstandssprecher, Martin Kohlhausen, suchte Schutz bei Politikern, wie aus einem internen Schreiben an alle Mitarbeiter hervorgeht: Der Einmarsch von 250 Steuerfahndern in die Bank sei eine »gezielte Aktion gegen unsere Bank gewesen. Offenbar handelt es sich um ein Ablenkungsmanöver, das die Banken – und zwar gezielt die privaten – angesichts einer unglücklichen Steuerpolitik zum Sündenbock machen soll. Ich bin über die Unverhältnismäßigkeit des Vorgehens in großer Sorge – Sorge um den Finanzplatz Deutschland und unsere gesamte Gesellschaft.« Und dann: »Die Bundesregierung und die hessische Landesregierung habe ich meine tiefen Bedenken schriftlich wissen lassen.«[49]

Dass seine Bank offensichtlich Beihilfe zur Steuerhinterziehung geleistet hatte, schien den Topmanager nicht zu interessieren.

Die Bank zog vor Gericht alle Rechtsmittel, um zu verhindern, dass die Dokumente des Bankenerpressers, die eigentlich nach Luxemburg gehörten, im Ermittlungsverfahren überhaupt benutzt werden konnten. Einige Wochen lang ruhten die Ermittlungen. Bis ein Gericht entschied, dass die Dokumente verwendet werden durften. Trotzdem war es ein Kampf David gegen Goliath. Zumal die CISAL die betroffenen Kunden in einem Brief über den Datendiebstahl und die Ermittlungen informiert hatte: »Im Rahmen strafrechtlicher Ermittlungen sind diese Daten, die aus Kontonummer, Kundenname und Festgeldbetrag bestehen, deutschen Behörden zur Kenntnis gelangt. Nach unserem Wissen sind auch auf Sie bezogene Angaben im geschilderten Umfang davon betroffen.«[50]

Währenddessen kämpften sich die Fahnder durch ihre Funde. In den Vermögensteuererklärungen suchten sie nach markanten Banknamen im Ausland und verglichen die Daten mit den Dokumenten des Bankenerpressers.

Am Ende freuten sich die Fahnder auch über den Druck der Medien auf die Steuerhinterzieher. Die Kundennamen seien jetzt bekannt, meldete zum Beispiel die *Tagesschau*. »Wir waren froh, dass uns so zumindest die Presse beistand, weil wir schon damals merkten, dass unser Verfahren intern nicht besonders beliebt war«, erinnert sich Schmenger. Erst als sich Hunderte von verschreckten Steuerhinterziehern selbst anzeigten, hatte die Staatsanwaltschaft eine Handhabe, um bei Gericht eine Großrazzia in der Commerzbank und in anderen Banken zu beantragen. Rudolf Schmenger ist heute noch zorniger auf die Banken als damals: »Die Banken, die heute laut nach staatlicher Milliardenhilfe schreien, leisteten damals Beihilfe zur Steuerflucht. Die sind nicht am Staat, sondern nur am eigenen Profit interessiert.« Dass Großbanken mit dieser Praxis heute fortfahren, werden wir in Kapitel 7 beschreiben.

Die Commerzbank gerät selbst ins Visier

Die Frankfurter Bankenverfahren der 1990er-Jahre waren die erfolgreichsten in der Geschichte der Bundesrepublik. Über eine dreiviertel Milliarde D-Mark, die Commerzbankkunden an der Steuer vorbei und mit Hilfe der Bank nach Liechtenstein, Luxemburg und in die Schweiz manövriert hatten, mussten nachträglich versteuert werden. Und bei den Durchsuchungen stießen die Fahnder überdies auf Steuerhinterziehungen durch die Commerzbank selbst, dank eines Papiers im Tresor eines Bankmanagers. Die Bank hatte Auslandsverluste in Deutschland steuermindernd geltend gemacht – rechtswidrig. Allein das brachte dem deutschen Staat eine viertel Milliarde D-Mark mehr an Steuern, die die Commerzbank nachzahlen musste. Mit der Rekonstruktion der bankeigenen Hinterziehung taten sich die Fahnder anfangs allerdings schwer. »Die Bank hatte Zweckgesellschaften gegründet, und wir diskutierten, ob das strafrechtlich überhaupt relevant ist, denn es war klar, dass diese Zweckgesellschaften politisch gewollt waren.« Wie auch immer, beim Wort Zweckgesellschaften klingelten den Fahndern die Ohren. Gut zehn Jahre, bevor diese dubiosen Gesellschaften dazu beitrugen, das gesamte westliche Bankensystem zu ruinieren.

Eine skandalöse Amtsverfügung bremst die Ermittlungen aus

Die Frankfurter Fahnder arbeiten unter Hochdruck weiter. Aber trotz – oder gerade wegen? – ihres Ermittlungserfolgs fallen sie bald in Ungnade. Noch im Jahr 2000 lobte die Oberfinanzdirektion die Arbeit der Fahnder gegenüber dem Finanzministerium. Am 29. März 2001 dann berichtet das Finanzamt Frankfurt am Main V, dem die Fahnder unterstellt sind, an die Oberfinanzdirektion und das Ministerium, es sei ein nicht mehr vertretbarer personeller Engpass erreicht. Ende August 2001 schließlich erhalten die Steuerfahnder in einem verschlossenen Umschlag eine Amtsverfügung des Finanzamtsleiters Jürgen Schneider-Ludorff.

In dem Schreiben wird ihnen klargemacht, dass sich »insbesondere für Bankenfälle, welchen Kapitaltransfers in das Ausland in den Jahren 1992/1993 bzw. 1994 zugrunde liegen und die strafrechtlich nicht mehr verfolgbar sind, nicht zwingend ein Anfangsverdacht für die sich unmittelbar anschließenden strafrechtlich noch nicht verjährten Folgejahre«[51] ergebe. Und die Verfügung setzt noch eins drauf: »Die zwangsläufige, d.h. automatische Annahme eines Anfangsverdachts zu den (strafrechtlich noch nicht verjährten) Folgejahren ist selbst dann nicht gerechtfertigt, wenn die in verjährten Jahren erzielten Kapitalerträge gegenüber der Finanzbehörde möglicherweise verschwiegen wurden.« Lediglich bei einem Transfervolumen von über 500 000 D-Mark sei ein Anfangsverdacht zulässig.

Ein Schlag für die gestandenen Fahnder, denn: Ohne Anfangsverdacht dürfen die Fahnder nicht ermitteln und in der Regel operieren Steuerhinterzieher immer mit kleineren Geldtransfers, um das ganze Ausmaß ihrer Straftaten zu verschleiern.

Wer aufmuckt, wird bestraft

Die Fahnder protestieren. Sie berufen sich auf ihren Diensteid und sehen in der Verfügung eine Aufforderung zur Strafvereitelung im Amt. In den folgenden Monaten wird ihnen vorgeführt, wie die Leitung des Finanzamts mit Beamten verfährt, die sich ihren kritischen Geist bewahrt haben. Es kommt zu zahlreichen Versetzungen und schlechteren Beurteilungen von Fahndern, die kurz zuvor noch gigantische Summen in die Kassen des Gemeinwohls zurückgeführt hatten. Eckard Pisch etwa hatte bereits 20 Jahre Erfahrung als Kripobeamter und Fahnder auf dem Buckel. Er war

Koordinator der Bankenverfahren. Auf elf Seiten protestierte er gegen die Verfügung, mit wohl abgewogenen Argumenten. Kurz darauf wird ihm mitgeteilt, dass er aus der Steuerfahndung Frankfurt in einen anderen Arbeitsbereich an das Finanzamt Darmstadt versetzt wird. Und Rudolf Schmenger erhält eine negative dienstliche Beurteilung: »Bei einem Besuch der Staatsanwaltschaft Bochum durch Amtsrat Schmenger gemeinsam mit Oberamtsrat Wehrheim zur Besprechung eines Stiftungsfalles wurden persönliche Absprachen getroffen. Die Belange der Dienststelle wurden – wie sich im Nachhinein herausstellte – nicht mit einbezogen.«[52] Gegen Behauptungen dieser Art legt Schmenger Widerspruch ein, nimmt sich einen Anwalt.

Im Oktober 2002 erklären Vertreter des hessischen Finanzministeriums den Sachgebietsleitern der Steuerfahndung Frankfurt, dass die Bankenverfahren aufgrund der Amtsverfügung 2001/18 gelöst und weitere Ermittlungen unerwünscht seien. Fälle, die noch ermittelt würden, sollten bis Ende des Jahres abgeschlossen sein. Die damalige Sachgebietsleiterin wirft Ende Oktober Schmenger vor, er habe zu viele offene Fälle. Der Druck auf den Beamten wird erhöht. Schmengers Vorgesetzte, so sein Eindruck, versuchen mit allen Mitteln, ihn zu mobben und kleinzukriegen. Einmal heißt es zum Beispiel, er habe sich der Dienstaufsicht entzogen. Ein Witz für einen Fahnder, der damals einen Staatsanwalt bei Durchsuchungsmaßnahmen in Bad Homburg unterstützte, der zudem so viele Überstunden macht, dass er sie nie im Leben abfeiern kann. Dann wieder soll er einen Bogen unleserlich ausgefüllt haben. Am schwerwiegendsten der Vorwurf, er habe die Ermittlungsakte eines Kollegen entwendet und mit dem Staatsanwalt dessen Fall besprochen. Allesamt haltlose Vorwürfe.

Die Schikanen hatten natürlich ihren Grund. Nach Ablösung von Eckard Pisch verdächtigte man wohl Schmenger, Rädelsführer der Kritiker zu sein. Das schlägt sich auch in einem Fax nieder, das der Finanzamtschef Schneider-Ludorff am 13. November 2002 an die Oberfinanzdirektion schreibt.[53] Darin mokiert er sich darüber, dass Schmenger einer Versetzung widerspreche und »nur in Ruhe« und »auf bekannt hohem Niveau« arbeiten wolle. Und fordert, dass die Personalangelegenheit Schmenger in einer Weise gelöst werden müsse, »die der engagierten und tatkräftigen Sachgebietsleiterin Steuerfahndung, dem Hauptsachgebietsleiter und mir (...) den Rücken stärkt«. Schneider-Ludorff argumentiert weiter: »Außerdem sollten die von einer zu findenden Lösung ausgehenden Signale in den Bereich der Fahnder/Innen nicht unterschätzt werden.« Frei übersetzt könnte man das Schreiben auch so deuten: Wenn wir dem Schmenger eins auf die Mütze geben, halten vielleicht auch endlich die anderen Kritiker die Klappe.

Anfang 2003 hätte es beinahe eine Lösung gegeben. Die Oberfinanzdirektion schlägt Rudolf Schmenger vor, eine halbjährige Fortbildung in einer Betriebsprüfungsstelle zu machen. Man könne dann anschließend testen, ob er als Sachgebietsleiter geeignet sei. Schmenger sagt unter einer Bedingung zu: Erst müssten die disziplinarrechtlichen Vorermittlungen gegen ihn eingestellt werden. Darauf lässt sich die Oberfinanzdirektion nicht ein. Am 31. März 2003 wird Schmenger gegen seinen Willen in die Großbetriebsprüfung versetzt. Seine Datenzugänge werden gekappt, seine Ermittlungsverfahren werden ihm aus den Händen genommen. In der Großbetriebsprüfung ist er für die Töchter eines Großkonzerns zuständig, wo nichts zu holen ist. Ein Abstellgleis, »denn hier wurden nur Miese gemacht, nach wenigen Tagen war mir klar, dass ich keine Mehrsteuern finden würde«.

Schnell merkt er, wie Banken und Konzerne tricksen. So verlangen sie zum Beispiel rechtsverbindliche Auskünfte zu bestimmten Fallkonstellationen. »Wir haben eine Tochter in Brasilien, die verwaltet Geld aus Mosambik und die Geschäftsführer sitzen in der Ukraine, wie können wir das sauber versteuern?« Mit solchen Fantasieanfragen legen die Großunternehmen die Prüfer für Wochen lahm. Prüfer, die ohnehin hoffnungslos überlastet sind. »Als wir 1995 das Bankenverfahren begannen, war der Betriebsprüfer noch bei Unterlagen, die viele Jahre zurücklagen.« In den Kellern der Banken gibt es Aktenstrecken von 25 oder 30 Kilometern. Die können die Betriebsprüfer, die man an einer Hand abzählen kann, unmöglich alle abschreiten. Und selbst wenn ihnen das einmal gelänge, gelesen oder gar geprüft hätten sie dadurch noch nichts.

Kampf mit harten Bandagen

Am 26. Juni 2003 passiert etwas wirklich Seltenes. 48 Beamte unterschreiben einen Brief an den hessischen CDU-Ministerpräsidenten Roland Koch und dessen Finanzminister Karlheinz Weimar: »Wir sind Steuerfahnder und Steuerfahndungshelfer des Finanzamts Frankfurt V und wenden uns an Sie, weil wir begründeten Anlass zu der Sorge haben, dass die Steuerfahndung Frankfurt am Main ihren Aufgaben nicht mehr gerecht werden kann, weil Steuerhinterzieher nicht in gebotenem Maße verfolgt werden können.«[54] Die Fahnder hoffen darauf, dass der Ministerpräsident, einmal im Bilde, sich zum Handeln gezwungen sähe. Leider sickert die Briefaktion zur Behördenleitung durch, so dass bis auf eine Handvoll Beamter alle ihre Unterschrift zurückziehen. Die einen verweisen auf ihre Kinder, die sie ernähren müssten, die anderen auf das schöne Einfamilienhaus, das noch abbezahlt werden müsste.

Zumindest vonseiten der Justiz bekommen die Kritiker Schützenhilfe. Der Frankfurter Staatsanwalt Markus Weimann, der für die Bankenverfahren zuständig ist, protestiert gegen das Vorgehen der Finanzbehörde und zieht die Rechtsstaatlichkeit der Amtsverfügung 2001/18 in Zweifel. Doch alles nützt nichts. Im Gegenteil. Ende 2003/Anfang 2004 steht fest: Alle Steuerfahnder, die ihre Unterschrift nicht zurückgezogen haben, müssen die Fahndung verlassen. Viele, wie Frank Wehrheim, werden in der neu geschaffenen »Servicestelle Recht« eingesetzt, angeblich eine notwendige Umstrukturierung, wie das Finanzministerium mitteilt. Unter den Beamten galt diese Stelle hingegen als »Archipel Gulag« der Behörde. Denn dort gab es wenig bis gar nichts zu tun. Wehrheim, der zuvor den Großbanken das Fürchten gelehrt hatte, hatte sich nun um strittige Kirchensteuerfälle von Arbeitnehmern und andere Lappalien zu kümmern.

Rudolf Schmenger schreibt mehrere Briefe an Finanzminister Weimar und Ministerpräsident Koch. Er will, dass diese Leute nie behaupten können, sie hätten von nichts gewusst. Doch über diese Jahre wird Schmenger krank, nierenkrank. Nach fünf aufreibenden Jahren erhält er am 17. Juli 2006 eine Weisung der Oberfinanzdirektion, sich im Versorgungsamt medizinisch begutachten zu lassen. Zwei Wochen später fährt er hin, in dem Glauben, auf seine Nierenkrankheit untersucht zu werden. »Ich hoffte ernsthaft, wieder als Fahnder anfangen zu können.« Aber auf Schmenger wartet kein Nierenfacharzt, sondern ein Psychiater. In seinem Gutachten stellt der fest, Schmenger leide unter einer »paranoid-querulatorischen« Entwicklung. Damit ist an eine Rückkehr in den Dienst nicht mehr zu denken. Zum 1. Januar 2007 wird Schmenger in den Ruhestand versetzt – mit 43 Jahren.

Für den Fahnder ein Vorgang, gegen den er sich noch immer wehrt. Bei der Steuerberaterkammer beantragt er die Bestellung zum Steuerberater. Die Zulassung erhält er am 9. November 2007. Schriftlich teilt die Kammer dem Finanzministerium Hessen mit, dass Schmenger untersucht worden sei und psychisch kerngesund ist. Das hessische Finanzministerium will diesen Vorgang nicht kommentieren. Der Pressesprecher erklärte nur knapp: »Herr Schmenger kann machen, was er will.«[55]

Parallel zeigt Schmenger den von der Oberfinanzdirektion bestellten Gutachter bei der Landesärztekammer an. Am 27. Februar 2008 erhält er vom Menschenrechtsbeauftragten der Kammer folgendes Schreiben: »Ich habe die Angelegenheit heute direkt an die Rechtsabteilung der Landesärztekammer Hessen weitergeleitet, da ich der Meinung bin, dass der Gutachter (...) die ärztliche Sorgfaltspflicht missachtet hat und ein hochgradiger Anfangsverdacht auf Gefälligkeitsbegutachtung besteht.«[56] Der Beauftragte weist auch darauf hin, dass es sich hier um Rechtsbruch handeln könne. Mittlerweile ermittelt die Landesärztekammer berufsrechtlich gegen den Psychiater. Ebenso hat die Staatsanwaltschaft Ermittlungen aufgenommen.

Das bittere Ende vom Lied

Ein Untersuchungsausschuss des hessischen Landtags zu den Vorgängen um die Frankfurter Fahnder brachte kaum Licht ins Dunkel. Der Ausschuss sollte klären, ob dem Land durch die Amtsverfügung ein Schaden entstanden sei und was aus den noch nicht bearbeiteten Bankenfällen geworden ist. Ein Fahndungskollege Schmengers konnte sich vor dem Ausschuss plötzlich an nichts mehr erinnern. Frank Wehrheim und Rudolf Schmenger sagen heute, dass ihr größter Fehler gewesen sei, auf eine Zeugenladung zu warten anstatt selbst eine Zeugenaussage über ihre Anwälte einzureichen. Während die CDU sämtliche Vorwürfe als ausgeräumt betrachtet, sagt der SPD-Obmann im Ausschuss, er habe das Gefühl gehabt, dass Zeugen unter Druck gesetzt worden seien.

Angeblich sind sämtliche noch offenen Fahndungsfälle unterdessen bearbeitet worden, auch die 326 Kisten und 357 Ordner, in denen sich unter anderem die Unterlagen zu illegalen Liechtenstein-Stiftungen befanden, die anderen Fahndern damals aus der Hand genommen worden waren. Der hessische Finanzminister Karlheinz Weimar lässt mitteilen, das Mehrergebnis aus diesen Fällen habe im Schnitt 208 Euro betragen. 208 Euro! Für Wehrheim und Schmenger der schlechteste Witz der letzten Jahre. Beide wissen, wie viele Millionen in solchen Fällen zusammenkommen. Eine Nachricht gibt ihnen Recht: Im Juli 2008 wird der erste Fall der vom BND angekauften CD mit Liechtensteiner Stiftungsdaten abgeurteilt. Ein Immobilienkaufmann wird wegen Steuerhinterziehung zu einer Strafe von 7,5 Millionen Euro und zwei Jahren auf Bewährung verurteilt. Der Mann lebt in Bad Homburg, dem einstigen Wirkungskreis der Frankfurter Fahnder.

Frank Wehrheim und sein Freund Schmenger sind noch heute betreten, wenn sie über diese Jahre sprechen. »Ich hätte so was in Deutschland nicht für möglich gehalten«, sagt Wehrheim, »das hat mein Weltbild erschüttert.«

Neben Schmenger und Wehrheim wurden weitere Steuerfahnder aus dem Verkehr gezogen. Für die meisten von ihnen ein traumatisches Erlebnis. Sie alle versuchten danach ein neues Leben zu beginnen. Exfahnder Heiko Feser schreibt ein Kinderbuch, seine Frau Tina studiert Malerei. Ein anderer hat die Fahrlehrerprüfung abgelegt und hilft in einer Fahrschule mit.

Bayern – ein Freistaat für Steuerhinterziehung

Die Geschichte der Frankfurter Fahnder ist leider kein Ausrutscher in der bundesrepublikanischen Geschichte. Fahnder leben überall unter extremem Druck und spüren nicht selten Gegenwind. Und nicht nur in Hessen wirkt es so, als ob die Politik das Personal in diesem Bereich bewusst knapp hält, um ihre Vermögenden zu schützen.

Als im Februar 2008 Steuerfahnder die Villa von Post-Chef Klaus Zumwinkel in Köln durchsuchten, versetzte das die Republik und die Politiker in helle Aufregung, und gemeinsam wetterten sie gegen reiche Steuerhinterzieher. Der damalige CSU-Chef und bayerische Finanzminister Erwin Huber posaunte medienwirksam, Steuerhinterziehung sei »Diebstahl am Gemeinwohl und durch nichts zu rechtfertigen« und rief nach »härteren Gesetzen für hochgradige Steuersünder«.[57] Durch die Steuerermittlungen gegen den Ex-Post-Chef Klaus Zumwinkel und die vielen Ermittlungsverfahren gegen Manager drohe »eine massive Vertrauenskrise« und »ein tiefer Riss« zwischen Gesellschaft und Wirtschaftsführern, warnte Huber. Es müsse schleunigst ein »Selbstreinigungsprozess« in der Wirtschaft einsetzen: »Jeder, der Geld in die Steueroasen geschafft hat, sollte für sich einen Schlussstrich ziehen und jetzt mit einer Selbstanzeige und Steuernachzahlung die Vergangenheit bereinigen.« Es sei ein »Skandal«, dass es mitten in Europa nach wie vor Steueroasen wie Liechtenstein gäbe. Hier müsse endlich der hinreichende politische Druck ausgeübt werden, damit diese mit den deutschen Behörden kooperierten. Gut gebrüllt, bayerischer Löwe!

In der Realität ist ausgerechnet München so etwas wie eine Steueroase für reiche Steuerhinterzieher. In einem vertraulichen Bericht des bayerischen Rechnungshofes[58], der uns zugespielt wurde, kommen die Prüfer zu dem Ergebnis, »dass die Steuerfahndungsstellen und hier vor allem München ihren Auftrag, Steuerstraftaten und Ordnungswidrigkeiten zu erforschen, hieraus resultierende Besteuerungsgrundlagen zu ermitteln sowie unbekannte Steuerfälle aufzudecken, nur noch in eingeschränktem Umfang erfüllen können«. Weiter ist zu lesen, wie knapp Bayern seine Fahnder personell hält: bei einem Bedarf von 485 Arbeitskräften waren zum 1. Januar 2007 nur 340 Prüfer eingesetzt. Das reiche Bayern leistet es sich damit, fast ein Drittel der notwendigen Stellen unbesetzt zu lassen! Dass die Personalknappheit nicht Geld spart, sondern kostet, ist längst erwiesen. Ein Steuerfahnder aus dem Amt München I erwirtschaftet genau 2 103 317 Euro im Jahr an steuerlichen Mehreinnahmen. Davon abgezogen sind schon das Gehalt und die Pensionszahlungen. So steht es ebenfalls in dem Bericht. Kaum ein Beamter rechnet sich für den Staat wohl so gut. Aber statt mehr Personal einzustellen, wurden in der Steuerverwaltung in Bayern allein von 2001 bis 2006 rund 750 Stellen abgebaut. Zum Personalmangel kommen, wie im übrigen Bundesgebiet, veraltete EDV, fehlende Vernetzung mit anderen Stellen im Haus, geschweige denn anderen Fahndungsstellen oder sonstigen Behörden. Freuen können sich darüber vor allem die in Bayern wohnenden Millionäre.

In seiner Wohnung treffen wir den Fahnder Heinz Ruben[59] aus der Steuerermittlungsbehörde München I, eben der Behörde, die von den Prüfern untersucht worden ist. Ruben ist ein erfahrener Fahnder, seit 20 Jahren im Dienst. Er weiß, was an Steuertricks unter Münchner Vermögenden »in« ist, zum Beispiel die Scheinvermietung. Nehmen wir einen erfundenen Millionär Meyer. Der vermietet seine neue Villa im noblen Vorort Starnberg an seine Freundin, zieht aber selbst mit ein. Gemeldet bleibt er jedoch in seiner kleinen Wohnung in München. Beim Finanzamt kann er durch diesen Trick die Bau- und Unterhaltungskosten der Villa von der Steuer absetzen. Recht beliebt ist auch der in Kapitel 3 beschriebene Umsatzsteuerbetrug.

Auf die Parolen von Politikern wie Huber ist der Fahnder Ruben gar nicht gut zu sprechen. »Im Fernsehen reden sie darüber, was Steuerhinterzieher für schlimme Finger seien, dabei werden die doch von denen gedeckt.« Zumwinkels gebe es viele in München, das wüssten auch die Politiker.

Laut dem internen Bericht waren in München 103 Steuerfahnder eingesetzt. Davon waren 80 mit Sonderaufgaben beschäftigt. »Für das sogenannte ›Tagesgeschäft‹, insbesondere die Abarbeitung des normalen Eingangs von Meldung und Anzeigen und die Prüfung daraus erwachsender Fälle verbleiben noch 23 Bearbeiter«, so das Fazit der Prüfer. Diese 23 Steuerfahnder sind für ganz München zuständig, samt Umland und Reichendomizil Starnberg. Ein Blick in die Akten des Bayerischen Landesamtes für Statistik zeigt: In München leben 453 Einkommensmillionäre, im Landkreis nochmal 160 und in Starnberg 124.

Tausende Anzeigen werden nicht bearbeitet – und damit auf Steuernachzahlungen in Millionenhöhe verzichtet

Heinz Ruben wirkt gehetzt, was uns nicht wundert. Denn ihm bleibt wenig Zeit, seinem eigentlichen Job vernünftig nachzugehen: Vermögende zu überprüfen. Die Steuermillionen lägen auf der Straße, sagt er, nur keiner treibe sie ein. In München sei die Situation besonders schlimm, erzählt er. »Um vernünftig arbeiten zu können, bräuchten wir mindestens 60 Steuerfahnder mehr.« Die

Stimmung unter den Kollegen schwanke zwischen Wut und Resignation. »Ich habe viele Fälle auf dem Schreibtisch, bei denen es offensichtlich ist, dass Millionen von Steuern hinterzogen wurden.« Nur nachgehen könne er diesen Fällen eben nicht. Steuerhinterzieher in München kommen oft straffrei davon. Und die Millionäre, die im Finanzamt I in München geführt werden, haben besonders wenig mit Kontrollen zu rechnen. »Das Finanzamt München I weist den höchsten Arbeitsvorrat aus«, heißt es in dem internen Bericht. Zum Zeitpunkt der Prüfung konnten allein in der Fahndungsstelle München I von Heinz Ruben 7 350 Meldungen und Anzeigen nicht bearbeitet werden.

»Im Jahr schaffen wir höchstens 600 Anzeigen abzuarbeiten, der Rest fällt unter den Tisch.« Und in jedem Jahr kämen rund 3 000 neue Anzeigen dazu. »Überlegen Sie mal, wie viel da nicht bearbeitet werden kann. Mindestens 2 400 Anzeigen und Meldungen jährlich.« Bei den meisten Anzeigen setzen sich Ruben und seine Kollegen an den PC und schreiben die immer gleiche Mitteilung an das für den Verdächtigen zuständige Finanzamt: dass sie der Sache nicht nachgehen können. Der Fall verschwindet dann auf Nimmerwiedersehen zwischen Aktendeckeln. »Wir nennen das Totmachen«, sagt uns der Steuerfahnder Heinz Ruben. Denn die Finanzbeamten haben gar nicht die Möglichkeit, die Angaben vor Ort zu überprüfen. Weder haben sie die gleichen rechtlichen Befugnisse wie die Steuerfahnder noch die entsprechende Ausbildung, und Zeit haben sie auch nicht. »Da hat der Steuersünder eben Glück.« Den ansonsten so cool aussehenden Fahnder regt das auf. Es kostet ihn Kraft, und ab und an überlegt er, ob er sein unstetes Leben mit Überstunden und Nachteinsätzen seiner Familie überhaupt weiter zumuten soll.

Was Ruben erzählt, ist Bayerns Politikern längst bekannt, denn in dem internen Bericht steht: »Rund 90 Prozent der Meldungen der eigenen und fremden Verwaltungen bzw. Anzeigen von Steuerpflichtigen führen in den Steuerfahndungsstellen nicht zu Prüfungen.« Und der Landesrechnungshof vermutet, dass allein durch das Nichtverfolgen von Anzeigen im Münchner Raum gut 24 Millionen Euro Steuern im Jahr verlorengingen. Hinzu kämen zehn Millionen Euro im übrigen Landesgebiet.

Selbst wenn der seltene Fall eintritt und Steuerfahnder in München vor der Tür eines vermögenden Steuerhinterziehers stehen, heißt das noch lange nicht, dass er auch zahlen muss, denn zehn Prozent der Fälle, so der interne Bericht, seien falsch oder unzureichend ermittelt worden, was wiederum einen Steuerausfall von 4,1 Millionen Euro ausmacht.

Und selbst wenn die Steuerfahnder erfolgreich gearbeitet und alles richtig gemacht haben, spült das nicht unbedingt Geld in die Staatskasse, denn, so der interne Bericht: »In den Kalenderjahren 2000 bis 2006 konnten insgesamt 707 Mio. Euro steuerlicher Ergebnisse aus Fahndungsprüfungen nicht eingetrieben werden.«

Wenn Heinz Ruben in seinem alten Benz durch München fährt, weiß er genau, wo es sich lohnen würde, mal genauer nachzuschauen. Bei den Gastwirten, den Taxifahrern und natürlich den Bordellen. Diese Gewerbe werden normalerweise von den Steuerfahndungen besonders unter die Lupe genommen. Nur in München ist das anders. Das wissen auch die Prüfer im Landesrechnungshof: »Mangels Personalkapazität sind bisher bei der Steuerfahndungsstelle München I grundsätzliche Erhebungen beispielsweise für den Gaststättenbereich und das Rotlichtmilieu oder das Taxigewerbe unterblieben.« Darauf angesprochen, gerät Ruben in Rage. »Wir werden doch nur als abschreckende Maßnahmen eingesetzt. Die Politiker sagen: ›Wir machen hier ein bisschen Steuerfahndung, das muss reichen zur Abschreckung.‹« Ein richtiges Durchgreifen sei von den Politikern gar nicht gewünscht. Er erzählt uns, wie sie das

Reinigungsgewerbe in München intensiv geprüft haben. Sie hatten dabei festgestellt, dass systematisch Millionen an Mehrwert- und Lohnsteuer hinterzogen wurden. Daraufhin gab es einen Gesetzesvorschlag mit einer einfachen Lösung, die es im Baugewerbe schon lange gibt: Die Auftraggeber der Reinigungsfirmen sollten die Umsatzsteuer, die von den Reinigungsfirmen in Rechnung gestellt wird, direkt an das Finanzamt abführen. Damit könne keine Umsatzsteuer mehr hinterzogen werden. »Wir haben uns gefreut, denn so hätten wir den ganzen Sumpf austrocknen können«, sagt der Steuerfahnder. Im letzten Moment sei das Gesetz aber gestoppt worden. »Die Politiker sind einfach vor der Lobby eingebrochen«, empört sich Ruben und schlägt mit der Hand auf den Tisch. »Da fragt man sich doch, in welchem Land wir eigentlich leben. Da gibt es ein einfaches Mittel, Steuerhinterziehung in Millionenhöhe zu unterbinden, und man wendet es einfach nicht an.« Heinz Ruben versteht die Welt nicht mehr.

»Steuergerechtigkeit ist doch hier nur ein Schlagwort. Die gibt es einfach nicht. Punkt«, sagt der Steuerfahnder. Auch er verfolgt in den Zeitungen, wie sich alle auf die Liechtensteinfälle stürzen. Das bringt Prestige – ändern tut sich dadurch nichts. »Die Medienaufmerksamkeit führt leider überhaupt nicht dazu, dass mehr gefahndet wird.«

Interview mit dem CSU-Finanzminister

Als wir den internen Bericht erhielten, machten wir uns auf, den zuständigen Politiker zu fragen. Im Münchner Maximilianeum, dem bayerischen Landtag, treffen wir den damaligen Finanzminister Erwin Huber zum Interview. Eines muss man ihm lassen:

Er steht zu seinen Interviewzusagen. Wir hatten den Termin eine Woche zuvor vereinbart, doch genau an diesem Tag setzt der bayerische Landtag einen Untersuchungsausschuss zur Krise der BayernLB ein. Die Landesbank hat den Abschreibungsbedarf aufgrund der Finanzkrise mit nun 4,3 Milliarden Euro mehr als verdoppelt. Eine mittlere Katastrophe für einen Finanzminister und immer ein guter Grund, Interviews abzusagen. Erwin Huber aber betritt den Landtag und verschwindet für einige Minuten in einem kleinen Raum am Ende des Treppenhauses. Kurze Besprechung. Endlich entsteigt sein Tross dem dunklen Gang. Drei Begleiter vorneweg, dann der bayerische Finanzminister. Huber sieht extrem mitgenommen aus. Fünf Minuten räumt er uns für das Interview ein. Der CSU-Politiker lächelt steif und spricht in gestelzten Sätzen, die nichts sagen. Dann unsere entscheidende Frage: »Denken Sie denn, alle neun Jahre die Millionäre zu überprüfen ist genug?« Energisch widerspricht der Finanzminister, das träfe nicht zu.

»Aber ihr eigener Landesrechnungshof kommt doch in einem internen Bericht an Sie zu dem Ergebnis, dass die Steuerfahndung ihrer Arbeit in Bayern nicht mehr richtig nachkommen kann.«

Jetzt wird Erwin Huber doch etwas ungehalten, und mit der ansonsten so großen Gastfreundschaft des Bayern ist es ganz schnell vorbei. Dass wir einen internen Bericht aus seinem eigenen Ministerium haben, damit hat der bayerische Finanzminister offenbar nicht gerechnet.

»Trifft auch nicht zu! Die Steuerfahndung arbeitet effektiv in Bayern.«

Als wir ihm den Bericht schwarz auf weiß unter die Nase halten, ist der Tag für Erwin Huber wohl gelaufen. Er steht auf und beendet das Interview wortlos. Mit seinen kurzen Beinen tippelt er Richtung Sitzungssaal. Noch einen Skandal kann er an dem heutigen Tag nicht gebrauchen. Und die Nachricht, dass die Christlich-Soziale Union die Münchner Schickeria in Watte packt, dürfte bei den meisten hart arbeitenden Bayern alles andere als gut ankommen. Also lieber schweigen und wegrennen.

Heinz Ruben ist amüsiert über den Auftritt seines ehemaligen Dienstherren. Aber es wundert ihn nicht, dass der Politiker vor dem Gutachten aus dem eigenen Haus wegrennt. Denn intern werde im Finanzministerium anders argumentiert. Wenn Millionen Euro an Steuern hinterzogen würden, würde ein Teil davon ja auch wieder ausgegeben und darauf dann Mehrwertsteuer gezahlt. Wenn ein Millionär also 100 000 Euro Steuern hinterzieht und sich davon dann einen Luxusschlitten kauft, bezahle er immerhin knapp 15 000 Euro Mehrwertsteuer. Das sei ja auch eine Steuerzahlung. Fahnder Heinz Ruben sieht in dieser verqueren Logik durchaus ein System: Spielraum für die Superreichen. Und ein Faustschlag ins Gesicht eines jeden Lohnsteuerzahlers. Er nennt das »Zwei-Klassen-Vollzug«. Aber jetzt hat es Ruben wirklich eilig und rennt die Treppe seiner Schwabinger Wohnung hinab.

Kapitel 6

Zöllner mit Grenzen

Wer mit dem Auto von Weil am Rhein Richtung Grenze fährt, erkennt bald die Gipfel des Schweizer Jura-Gebirges und davor die Hochhäuser von Basel. Diese Grenze – und die Zöllner – muss jeder passieren, der aus der Schweiz und Liechtenstein kommt.[60] Die Zöllner stehen im Schnee. Der Wind ist schneidend kalt und brennt auf der Haut. Die Männer in ihren dunkelgrünen Uniformen sagen Sätze wie: »Wir verteidigen Deutschland.« Nicht in Afghanistan, nein mitten in Europa. »Wir fahnden nach reichen Deutschen, die ihre Zinseinnahmen aus ihren Millionenvermögen nicht versteuern wollen. Dadurch gehen dem Staat Milliarden an Steuereinnahmen verloren, mit denen eigentlich Kitas, Schulen und Renten finanziert werden könnten«, erklärt ein Zöllner.

»Willkommen in der Schweiz«, jubelte die Bankenszene zwischen Basel und Genf über das deutsche Gesetz zur Förderung der Steuerehrlichkeit, das am 1. April 2005 in Kraft trat und das Schweizer Nationalheiligtum »Bankgeheimnis« noch attraktiver erscheinen ließ. Der Lockruf des Geldes und seiner Verwalter in Schweizer – und ebenso in Liechtensteiner – Banken ist seither ungebrochen. Auf Konten in Liechtenstein, Zürich und Basel haben deutsche Millionäre viel steuerfreies Vermögen deponiert. Über 300 Milliarden Euro sollen Deutsche auf den berüchtigten Nummernkonten im Ausland versteckt haben. Irgendwann wollen sie das Geld wieder zurück nach Deutschland bringen – alles oder einen Teil –, denn Geld hat nur dann Sinn, wenn man darüber verfügen kann. Weil aber Überweisungen Spuren hinterlassen und die Finanzämter Kontobewegungen in Deutschland jetzt besser beobachten können, bleibt nur der eigenhändige Rücktransport des Geldes per Flugzeug, Schiff oder Auto. Die Flugzeuge aus der Schweiz werden an den Flughäfen inzwischen streng kontrolliert. Der Transport des Geldes mit dem Schiff ist eher etwas für Insider, wie uns jemand am Abend in einer Hotelbar in der Nähe von Weil steckt: »Ich bin mit meinem Schiff auf dem Bodensee in 20 Jahren noch nie kontrolliert worden.« Was er so transportiert hat? Der Mann schweigt lieber und wechselt das Gesprächsthema. Aber wer hat schon eine Segeljacht auf dem Bodensee? Bleibt das Auto.

Die Autofahrer, die wir fragen, sind redseliger: »Ich fahre nie über die Bundesstraße in die Schweiz, wenn ich Geld dabeihabe«, sagt ein älterer Herr im Trenchcoat. Er zieht die Nebenstraßen vor, fährt über die kleinen, oft unbesetzten Grenzposten in die Schweiz und zurück. Zu seinem Glück erschwert der Grenzverlauf die lückenlose Überwachung. An einer Stelle soll die westliche Seitenlinie eines Fußballplatzes den Grenzverlauf markieren, sagt uns der Mann, manchmal sei der aber gar nicht zu erkennen. Keine leichte Gegend also für eine Überwachung rund um die Uhr. Ungefähr 20 Zollbeamte sichern die Schleichwege in die Schweiz. Nur sporadisch kontrollieren die Fahnder mit den zollgrünen VW-Bussen auch im Hinterland. Tatsächlich kennen die meisten Millionäre die Schleichwege gar nicht und müssen deshalb an den Zöllnern vorbei: »Guten Tag, Ihren Ausweis bitte!« Sie fahnden nach Bargeld im Wert von mehr als 10 000 Euro, das gemäß der EU-Verordnung 1889/2005 zu deklarieren ist. Wird das Geld verheimlicht, droht ein Bußgeldverfahren.

»Woher kommen Sie?«

»Ich habe zwei Wochen Urlaub in der Schweiz gemacht«, erklärt ein Mann Mitte 40.

Zwei Wochen Urlaub in der Schweiz, aber kein Gepäck, das ist verdächtig. Volle Kontrolle. Der Mann im feinen Zwirn muss seinen schwarzen Porsche Cayenne zwischen sechs rot-weißen Pilonen einparken. Ein Zöllner beobachtet ihn mit strengem Blick, ein anderer fordert ihn auf, aus dem Wagen zu steigen.

»Führen Sie Bargeld, Wertgegenstände oder Wertpapiere im Wert von 10 000 Euro oder mehr mit sich?«

»Nein.«

»Falls Sie unrichtige Angaben machen, handeln Sie ordnungswidrig, was eine Geldwäschebehandlung zur Folge haben kann. Deshalb frage ich Sie noch einmal: Führen Sie Bargeld, Wertgegenstände oder Wertpapiere im Wert von 10 000 Euro oder mehr mit sich?«

»Nein.«

10 000 Euro pro Person – das ist die magische Grenze. Ein nicht angemeldeter Euro mehr, und es besteht der »Verdacht auf Geldwäsche«. Allein die Zöllner vom Hauptzollamt Singen decken an ihrer 283 Kilometer langen Grenze täglich fünf Fälle von Geldschmuggel auf, Geld, das aus kriminellen Geschäften und Steuerhinterziehung stammt und über die Grenze geschafft werden soll. Nach Einschätzung von Sicherheitsexperten ist Deutschland die wichtigste Drehscheibe für den internationalen Bargeldschmuggel in Europa. Im Jahr 2005 stellte der Zoll 2 619 illegale Transporte in Höhe von insgesamt 149,7 Millionen Euro fest. In 162 Fällen handelte es sich um mutmaßliche Geldwäsche.

Den Begriff »Geldwäsche« hat übrigens kein Geringerer als der legendäre Gangsterboss Al Capone geprägt: Er investierte das durch illegale Geschäfte erworbene Geld tatsächlich in Waschsalons, um damit die wahre Herkunft zu verschleiern. Als diese

Praxis aufgedeckt wurde, musste Al Capone wegen Betrugs und Steuerhinterziehung hinter Schloss und Riegel.

Wie viel Schwarzgeld im Umlauf ist, weiß naturgemäß keiner so genau. Die letzten Schätzungen stammen vom Internationalen Währungsfonds aus dem Jahr 1999, liegen also weit zurück. Ihnen zufolge stammen mutmaßlich zwischen zwei und fünf Prozent des globalen Welt-Bruttoinlandprodukts aus illegalen Quellen.

60 000 Euro im Schminkkoffer mit doppeltem Boden

Doch zurück zu unseren Zöllnern an der Grenze. »Ich habe keine 10 000 Euro dabei«, behauptet der Fahrer des Porsche. Der Beamte von der Statur eines Charles Bronson beginnt mit seiner Arbeit – wie schon Hunderte Male zuvor. Zuerst nimmt er die Sitze von unten in Augenschein, dann Handschuhfach und Fußmatten. Nach Tausenden Tagen am Schlagbaum glauben die Beamten zu wissen, worauf sie achten müssen. Früher war ihre Aufgabe einfacher. Als die Kontrollen vor zehn Jahren begannen, fuhren Steuerflüchtige ganz unbekümmert vor, das Geld achtlos auf dem Vordersitz deponiert. Seit sich die Bargeldkontrollen herumgesprochen haben, ist es für die Zöllner schwieriger geworden. Heute werden Geldscheine mit Heftklammern an Slip und Unterhemd befestigt oder in Autofilter und Reserverad gebunkert. Beliebte Verstecke sind auch die Seitenverkleidung, Motorölflaschen oder sogar Babywindeln. »Erst gestern deponierte eine junge Dame 60 000 Euro in einem Schminkkoffer mit doppeltem Boden«, erzählt ein Zöllner. Oft stecken die Scheine aber auch in der Jackentasche, im Koffer oder unter der Fußmatte. Beim Feierabendbier ziehen die Zöllner, die so etwas tagaus, tagein erleben, ein Fazit: Erstens kann es mit der Finanzkrise nicht so schlimm sein, wenn immer noch so viele Leute mit irrsinnigen Bargeldbeträgen über die Grenze fahren. Und zweitens scheint es kaum noch Millionäre zu geben, die überhaupt Steuern zahlen wollen.

Der Zöllner durchwühlt schließlich die kleine Reisetasche des Mannes. Dort findet er neben der Wäsche nur eine Zahnbürste und ein Deo. Und das für zwei Wochen Urlaub in der Schweiz? Schließlich entdeckt er in der Beifahrertür ein Portemonnaie, das relativ üppig aussieht. Mit durchdringendem Blick fragt er:

»Wie viel Geld haben Sie hier drin?«

»Ungefähr 8 000 Euro!«

»8 000?«

»Ja.«

In druckfrischen 500-Euro-Scheinen liegen 8 000 Euro in der Geldbörse. Er habe das Geld aus Deutschland mitgebracht. Der Zollbeamte glaubt dem Mann nicht, aber er hat keine rechtliche Handhabe. 8 000 Euro sind zu wenig für eine Meldung. Der Mann steigt in seinen Porsche und braust davon. Die Zollbeamten bleiben frustriert in der Kälte zurück. »Egal ob in die Schweiz oder nach Lichtenstein – immer mehr Leute bringen ihr Geld ins Ausland. Und die Politiker machen nichts«, schimpft einer von ihnen.

Ein Kollege hat seine Mütze tief in sein kantiges, vernarbtes Gesicht gezogen. In seinem Halfter steckt eine schwarze Heckler & Koch P30. Je nachdem, wie der Schichtplan es vorgibt, wacht er hier morgens, nachmittags oder nachts. Bei Sonne, Regen oder eben Schnee, wie heute. Vom Unterstand des schlammbraunen Zollhauses aus beobachtet er die ankommenden Wagen. Die Autos passieren ihn links wie rechts. Es ist 17 Uhr. Berufsverkehr. Im Schnitt kommt alle fünf Sekunden ein Auto vorbei. In den meisten Fahrzeugen sitzen Berufspendler, die die Zöllner an den Kennzeichen Freiburg oder Lörrach erkennen. Sie sind uninteressant. Der

Zöllner winkt die meisten durch. Jetzt aber hebt er die Hände zum Stoppzeichen. Ein Ehepaar in einem VW Touareg hält an. Der Fahrer ist verdächtig. Der 1,90 Meter große Zöllner muss sich tief hinunterbeugen, um in das Gesicht des Fahrers schauen zu können. »Guten Tag, darf ich bitte Ihre Ausweispapiere sehen?« Dann: »Wir möchten Sie bitten anzumelden, wenn Sie etwas in der Schweiz eingekauft haben. Kaffee, Zigaretten, Alkohol, Kleidung, Schmuckwaren?«

»Nein, nur das hier«, sagt die Frau und zeigt auf einen neuen Lederkoffer.

»Bitte melden Sie jetzt auch noch an, wenn Sie Geld dabeihaben, und zwar mehr als 10 000 Euro.«

Die Scheine, die das Ehepaar bei sich trägt, stecken in Briefumschlägen: 7 000 Euro im ersten, 2 000 im zweiten Umschlag. Mit dem Geld, das er angeblich bar zu Hause gehabt hatte, habe man ein Auto kaufen wollen, behauptet der Mann. Der Beamte nimmt ihm das nicht ab: »Diese Umschläge stammen von einer Schweizer Bank«, hält er dem Mann entgegen. »Ich gehe davon aus, dass Sie das Geld soeben in der Schweiz abgehoben haben.« Das Ehepaar bleibt trotz allem ungeschoren. Sie haben sich an die Grenze von 10 000 Euro gehalten. Kein Verdacht auf Geldwäsche. »Es ist davon auszugehen, dass es sich um Schwarzgeld handelt. Das Geld ist gestückelt und bestimmt nicht für den täglichen Bedarf gedacht, außerdem kommt es aus der Schweiz. Doch ich kann nichts machen«, sagt der Zöllner. Und so geht das den ganzen Abend weiter: Im Halbstundentakt finden die Zöllner größere Bargeldbeträge, aber fast immer sind es weniger als 10 000 Euro. »Immer mehr Millionäre fahren mit dicken Autos und Geldbündeln mit knapp unter 10 000 Euro über die Grenze. Fahren sie sechsmal am Tag, macht das fast 60 000 Euro.« Deutschlands Schwarzgeldbesitzer haben dazugelernt: Die magische Grenze hat sich herumgesprochen. Deshalb werden die Zöllner bei der Bargeldkontrolle nicht sehr oft fündig. Gut für Millionäre, die Steuern hinterziehen, schlecht für den deutschen Staat.

Per Dienstanweisung wird eine erfolgreiche Methode gestoppt

Wenn es nur das Geld wäre. Bei ihren Kontrollen stoßen die Zöllner häufig auf andere interessante Funde: interne Papiere, Briefe, Kontoauszüge oder Visitenkarten von Schweizer oder Liechtensteiner Banken, die auf Steuerhinterziehung hinweisen. In einigen Fällen geht es sogar um Millionenbeträge. So hatte ein älteres Ehepaar Kontoauszüge über 28 Millionen Euro in der Jackentasche. Ein Geschäftsmann trug in seiner Hosentasche Auszüge von einem Schweizer Nummernkonto, auf dem 58 Millionen lagen. Zum Vergleich: Wer wie Ex-Post-Chef Klaus Zumwinkel zehn Millionen Euro auf einem Konto in Liechtenstein anlegt, kassiert bei üblicher Rendite allein 40 000 Euro Zinsen im Monat vor Steuern.

Bis vor ein paar Jahren meldeten die Zöllner den zuständigen Finanzämtern verdächtige Hinweise. »Das waren die besten Papiere, die besten Funde«, erinnert sich der ehemalige Steuerfahnder Rudolf Schmenger. »Da gab es Zöllner, die sich vom Kaffeeduft in einem Auto wie magisch angezogen fühlten, an den Päckchen herumfummelten und darin Nummernkonten mitsamt Namen fanden. Das hat uns jahrelang die größten Erfolge beschert.« Ein interner Bericht aus dem Hauptzollamt Singen an der Schweizer Grenze belegt, dass allein von Januar bis Dezember 2003 nicht weniger als 2 337 Kontrollmitteilungen an Finanzämter verschickt wurden. Fast 1,4 Milliarden Euro standen unter Verdacht, nicht versteuert worden zu sein. Und das waren nur die Kontrollmitteilungen aus *einem* Hauptzollamt.

Doch plötzlich war diese Erfolgsgeschichte zu Ende. »Uns wurde gesagt, wir dürften keine Informationen mehr an die Finanzämter weiterreichen«, so ein frustrierter Zöllner. »Wenn uns untersagt ist, etwas in Hinsicht auf Kontoauszüge zu unternehmen, sind uns die Hände gebunden. Das ist schon ziemlich ärgerlich.«

Was steckt hinter dieser Dienstanweisung? Während der Recherche zu diesem Thema wird uns ein interner vertraulicher Verwaltungserlass[61] zugespielt, der den Zöllnern untersagt, nach Unterlagen zu suchen, die auf Steuerhinterziehung schließen lassen. Diesem Erlass zufolge sei die Bekämpfung der Geldwäsche das ausschließliche Ziel der Bargeldkontrollen: »Daher haben Maßnahmen, die (...) allein darauf gerichtet sind, solche Unterlagen als Kontrollmaterial (...) zur Weiterleitung an die Landesfinanzbehörden zu finden, zu unterbleiben.«

Zu einem solchen Erlass kommt es, wenn sich jemand beschwert. Und in diesem Fall wird sich jemand beschwert haben, der sehr viel Geld in der Schweiz hat und möglicherweise bereits bei einer Bargeldkontrolle ertappt worden war oder Sorge hatte, bei künftigen Geldtransfers erwischt zu werden. Einflussreiche Millionäre fühlten sich von den Zollbeamten belästigt und waren genervt, auf so einfache Art gefilzt werden zu dürfen, so die Vermutung mancher Zollbeamter. »Wenn die Verwaltung auf eine Beschwerde mit einem solchen Erlass reagiert, dann ist das ein Skandal. So werden Steuerflüchtige geschont!«, sagt ein Beamter. Ein ziemlich mutiger. So mutig, gegen diese Anweisung zu handeln, ist dann aber doch keiner. Denn das könnte einen Haus und Hof kosten.

Der nächste Wagen wird herausgewunken. Ein Bentley mit Düsseldorfer Kennzeichen. Nur mal eben über die Grenze in die Schweiz gefahren, um ein bisschen spazieren zu gehen und einzukaufen? Den ganzen Weg aus Düsseldorf? Weil ihm die Geschichte mit dem Einkaufstrip unglaubwürdig vorkommt, bittet der Zöllner die beiden eleganten Mittfünfziger, mal kurz rechts ranzufahren. Mit einer Kollegin tastet er den Rücksitz ab. Er wühlt in edlen Einkaufstüten und greift in die weiße Lederhandtasche der zunehmend ungehaltenen Dame. Dem noch ungehalteneren Herrn stellt er Fragen. »Führen Sie Bargeld über 10 000 Euro mit sich?«

»Nein.«

»Wie viel Geld haben Sie dabei?«

»9 500 Euro.«

Die Zöllner finden eine noch verpackte Luxustasche und Kontoauszüge in Höhe von fünf Millionen Euro. Die Zöllner haben längst aufgegeben, in solchen Fällen die Nullen zu zählen, denn dem Finanzamt eine Kontrollmitteilung schicken dürfen sie ja nicht mehr. Bleibt nur die Tasche für knapp 400 Euro – nicht angemeldet, also Schmuggelgut: Macht 60 Euro Einfuhr-Umsatzsteuer, immerhin. Dass der Unternehmer mutmaßlich auch einen Teil seines Vermögens vor dem deutschen Fiskus versteckt, bleibt – dank der neuen Verfügung – hingegen ungeahndet.

Zuständig für die merkwürdige Verfügung der Oberfinanzdirektion ist das Bundesfinanzministerium. Dort bitten wir um ein Interview – vergebens. Das peinliche Thema passt offenbar nicht zum Image von Peer Steinbrück als Kämpfer gegen Steuerhinterzieher und maßlose Millionäre.

Sogar im Deutschen Bundestag war die Verfügung zum Zeitpunkt unserer Recherche weitgehend unbekannt. In ihrem Bundestagsbüro treffen wir die Finanzexpertin der Grünen, Christine Scheel. Sie war früher Vorsitzende des Finanzausschusses. Ihr berühmter Vater, Altbundespräsident Walter Scheel, führte eine Steuerkanzlei, in der sie schon als Schülerin jobbte und Erfahrung in Finanz- und Steuerfragen sammelte. In den Bundestag kam Christine Scheel 1994 über eine bayerische Landesliste von Bündnis 90/Die Grünen. Sie ist seit Jahren Mitglied im Finanzausschuss und wurde schließlich finanzpolitische Sprecherin der Grünen Fraktion. Die Bekämpfung von Steuerbetrug und Geldwäsche sowie die Einschränkung steuerlicher Gestaltungsmöglichkeiten großer Konzerne sind ihre Arbeitsschwerpunkte. Selbst Exkanzler Gerhard Schröder bescheinigte ihr erhebliche Kompetenzen in Steuerfragen. Christine Scheel liebt klare Worte: »Ich fordere schon seit langem, dass die Finanzbehörde eine Anweisung bekommt, diese Praxis zu ändern. So dass wieder vernünftig ermittelt werden kann, wie es zuvor ja auch möglich gewesen ist.«

Nochmals fragen wir schriftlich beim Bundesfinanzministerium an, warum die Zöllner an deutschen Grenzen Erkenntnisse aus Kontoauszügen oder anderen Bankunterlagen, die sie bei Kontrollen finden, nicht an die Steuerfahndung weitergeben dürfen. Uns antwortet die damals zuständige Staatssekretärin Barbara Hendricks mit einer erstaunlichen Argumentation. Sie schreibt: »Kontoauszüge, die nicht im Zusammenhang mit Geldwäsche stehen, dürfen aus Gründen des Datenschutzes vom Finanzamt nicht eingesehen werden.« Dies gelte selbst dann, wenn sie von steuerlicher Relevanz sein könnten. Von so einer Antwort können Millionen Sozialhilfeempfänger oder Hartz-IV-Bezieher nur träumen. Sie dürfen hemmungslos überwacht und gern auch mal von Behörden schikaniert werden. Für sie gilt kein Datenschutz: Der Informationsfluss zwischen Landesfinanzverwaltung und Sozialbehörden, Berufsgenossenschaften und anderen Institutionen darf ungehindert stattfinden, um Sozialmissbrauch abzuwenden. Informationen der Ermittlungsbehörden von Bund und Land über steuerlich erhebliche Tatbestände von Millionären dürfen hingegen nicht ausgetauscht werden. Das Wort vom Sozialmissbrauch bekommt so einen ganz neuen Klang.

Wir besuchen den Verwaltungsjuristen Professor Ulrich Battis in seinem Büro in der Berliner Humboldt-Universität und zeigen ihm den Erlass. Er wirft einen strengen Blick durch seine Brille auf das Papier. Die Dienstanweisung ist eindeutig rechtswidrig, und ihm entfährt der ironische Kommentar: »Wenn der konkrete Verdacht einer Straftat vorliegt, dann kann sich der Täter natürlich nicht auf den Datenschutz berufen. So weit sind wir noch nicht in Deutschland.« Steuerhinterziehung sei nun mal eine Straftat, nach der die Zöllner fahnden dürfen müssten. So stehe es im Gesetz.

Man muss sich die Dimensionen vor Augen halten. Etwa knapp 500 Milliarden Euro werden von Deutschen im Ausland gelagert. Das Geld wird hin und her transportiert, es bewegt sich und hinterlässt Spuren. Wenn man diese Spuren aufgreifen und verfolgen könnte! Das Finanzministerium in Stuttgart beklagt seit dem Erlass einen deutlichen Rückgang von strafbefreienden Selbstanzeigen ertappter »Steuersparer«. Die Beamten an der Basis können über die oberste Finanzbehörde nur den Kopf schütteln. »Erst heißt es, wir schnüffeln zu viel«, sagt ein Zöllner, »und jetzt jammert man, weil kein Geld mehr reinkommt. Typisch Politiker.«

Warum die Vermögenden das Risiko eingehen, Steuern zu hinterziehen und Geld über die Grenze zu schmuggeln, wollen wir von den Zöllnern wissen. Ein Beamter sieht das ganz pragmatisch: »Wie groß ist die Chance, dass man dabei erwischt wird? Nicht so groß.« Die Zollbeamten haben mittlerweile den Eindruck, dass der Bundesfinanzminister an der Ahndung von Steuerhinterziehung nicht wirklich interessiert ist. Ihre Proteste blieben jedenfalls ohne Wirkung – dabei war ihre Arbeit über viele Jahre doch so erfolgreich. Früher sind sie gern zur Grenzkontrolle gegangen, weil sie eine sinnvolle Arbeit taten: Sie sicherten Schwarzgeld für die Gesellschaft. Heute fragen sie sich, warum der Staat ausgerechnet die vielen Steuerhinterzieher schont. Und niemand gibt ihnen darauf eine Antwort. So stehen sie im kalten Wind und sinnieren über die fremde Welt der Reichen, denen sie täglich begegnen. Sie selbst verdienen gerade mal 2 600 Euro mit Zulagen für Nacht- und Spätschichten – brutto, also bevor der Staat ihnen die Steuern gleich vom Gehalt abzieht.

Kapitel 7

Wie skrupellose Banken mit der Steuerhinterziehung Milliarden verdienen

Jean Bieler[62] mag das Palavrion. Nur ein paar Schritte sind es von seinem Arbeitsplatz, einer Bank in der Züricher Innenstadt, hierher. Aber diese paar Schritte und der erste Cappuccino reichen ihm normalerweise, den Bürotag abzustreifen. Die Mädchen am Tresen tragen enge Jeans und T-Shirts. Und ab fünf, sechs Uhr gehen sogar die Banker in ihren weißen Hemden, dunklen Anzügen und gedeckten Krawatten zu Cocktails über. Bieler, dessen Krawatte sich über seinem kleinen Bierbauch wölbt, trägt seine knapp zwei Meter mit Eleganz. Seine rotblonden Haare sind zu einem strengen Rechtsscheitel frisiert, sein Gesicht käseweiß. Seiner extremen Blässe kann offenbar auch sein Arbeitsort nichts anhaben, an dem er sich normalerweise aufhält: Singapur. Dort arbeitet Bieler seit ein paar Jahren in der Zweigstelle einer Tochterfirma seiner Bank und berät Reiche, auch Deutsche, bei der Geldanlage. »Steuersparend«, wie er hervorhebt. Die Musik im Palavrion wird lauter, zu laut für das geplante Interview. Schwer genug, einen wie Bieler überhaupt aufzutreiben, einen Insider der Bankenbranche und im Geschäft mit der Steuerhinterziehung. Wir einigen uns auf einen schnellen Cocktail und wechseln dann das Lokal. Im Vis-à-Vis ist es ruhiger, zumal der Restaurantbetrieb erst drei Stunden später richtig losgeht. Und die roten Cocktailsessel sind sehr bequem.

An den 14. Februar 2008 erinnert sich Jean Bieler noch gut. Er hatte gerade seinen Urlaubsantrag nach Zürich gemailt, als er die Meldung im Internet sah: Der Post-AG-Chef Klaus Zumwinkel war um 8:40 Uhr deutscher Ortszeit in seiner Kölner Villa verhaftet worden. Gegen 16 Uhr Singapurer Zeit klingelte Bielers Handy. »Sie haben den Zumwinkel eingebuchtet. Bereite dich auf eine Menge Fragen vor. Wir arbeiten gerade an einem Kundenbrief, um die Leute zu beruhigen.« Ein Kollege war am Apparat, ein ziemlich aufgeregter Kollege. Der zahme Polizeieinsatz in der Villa des Post-Chefs hatte sich in Schweizer Bankenkreisen herumgesprochen wie ein Bombenanschlag auf eine große Filiale. Dabei sind die Eidgenossen ohnehin schon empfindlich: Die Kritik des Bundesfinanzministers Peer Steinbrück an der Steueroase Schweiz löste fast eine diplomatische Krise aus.

Bieler hat von der Verhaftung Zumwinkels profitiert; die Sache hat ihm neue Kunden beschert. »Nach seiner Verhaftung gab es bei uns einen Ansturm von Deutschen, die wissen wollten, ob in der Schweiz ihr Geld überhaupt noch sicher sei und ob sie sich nicht besser selbst anzeigen sollten.« Was Bieler dann, beim mittlerweile dritten Cocktail, zum Besten gibt, verschlägt uns den Atem: »Natürlich sagen wir den deutschen Kunden zunächst, dass die Schweiz für ihr Schwarzgeld nach wie vor sicher ist. Aber wenn der Kunde darauf drängt, sein Geld abzuziehen, um sich womöglich doch selbst anzuzeigen, versuchen wir ihn natürlich mit allen Mittel davon abzuhalten. Dazu gehört dann auch eine Empfehlung, und die lautet neuerdings: unsere Filiale in Singapur. Das machen alle Schweizer Banken so.«

Eine lange Tradition: Banken als Fluchthelfer

Geschätzte drei bis sechs Millionen Kunden haben ihr Schwarzgeld in der Schweiz, in Liechtenstein und Luxemburg gebunkert. Mehr als eine Billion Euro insgesamt. Ein großer Teil davon soll aus Deutschland kommen. Die Unternehmensberatung BBW kommt zu dem Ergebnis, dass deutsche Steuerflüchtige 175 Milliarden Euro in die Schweiz, 85 Milliarden nach Luxemburg, 70 nach Österreich und 155 Milliarden in weiter entfernte Steueroasen wie etwa die Kaimaninseln geschafft haben. Insgesamt wurden demnach geschätzte 330 Milliarden allein ins benachbarte Ausland geschafft.[63] Zu viel Geld für Kofferaktionen. Um das Geld auf die Konten ausländischer Banken zu schleusen, hatten die Steuersünder willige Helfer. Ausgerechnet die deutschen Banken, die heute mit Milliarden von Euro vom Steuerstaat profitieren, haben jahrelang Beihilfe zur Steuerhinterziehung geleistet, ja sogar dazu angestiftet.

Hanns-Eberhard Engel[64] war Anfang der 1990er-Jahre bei der Commerzbank angestellt, ein krisensicherer Job für den damals 35-jährigen Bankkaufmann. Vor ein paar Jahren hat er der Großbank den Rücken gekehrt und arbeitet mittlerweile als freier Vermögensberater in der Nähe von Frankfurt. Er hat es damit ziemlich weit gebracht. Darauf lassen nicht nur seine wohlgenährte Statur und der Armani-Mantel schließen. Nein, Engel hat – noch rechtzeitig vor der Wirtschaftskrise – ein eindrucksvolles Haus gebaut, mit kleinem Pool und Doppelcarport, und bald schon wird er seine neue Freundin heiraten. »Crisis? What Crisis?«, fragt er, als wir wissen wollen, wie man sich als Vermögensberater in diesen Zeiten über Wasser hält. Er lacht trocken, ohne die Haltung zu verlieren. Und über sein Geld rede er nur ungern. Ganz offen hingegen spricht er über das, was die Commerzbank Anfang der 1990er-Jahre mit dem Geld ihrer Kunden veranstaltet hat.

Das Problem begann mit diesem Minister, »dem mit den großen Augenbrauen, na, wie hieß er noch gleich – ach ja klar, Waigel«, Finanzminister Theo Waigel von der CSU. Im Juni 1991 hatte das Bundesverfassungsgericht die Regierung dazu verdonnert, endlich die harmlosen Vorschriften zur Besteuerung von Zinseinkünften durch wirksame Regeln zu ersetzen. Zum 1. Januar 1993 führte Theo Waigel dann die Zinsabschlagsteuer ein. Dieser Waigel habe wohl geglaubt, dass die Reichen das so ohne weiteres hinnehmen würden, fährt Engel fort. »Aber Waigel hat sich mit dieser Steuer total verkalkuliert. Mit ihrer Einführung ging ein regelrechter Run auf uns los.«

Selbstständige, mittelständische Unternehmer, reiche Witwen, sie alle rannten der Bank auf einmal die Bude ein, erinnert sich Engel. »Die Kunden fragten oft selbst nach Geldanlagen, die nicht unbedingt über die Bücher laufen sollten, und sie baten darum, ihren Namen dabei nicht erscheinen zu lassen.« Erstaunlicherweise brachten viele Kunden von sich aus das Großherzogtum Luxemburg ins Gespräch. »Es ist schon erstaunlich, womit sich diese reichen Leute so alles beschäftigen. Über Steuertricks sind sie auf jeden Fall gut informiert, und die heißen Tipps gehen rum wie Lauffeuer.«

Die meisten der vermögenden Bankkunden wollten plötzlich ihr Geld nach Luxemburg und in die Schweiz bringen, weil sie in diesen Ländern keine Steuern auf Zinsen zahlen mussten. Und das Bankgeheimnis wurde dort auch schon damals bestens behütet. »In der ersten Zeit haben wir das Geld vor allem nach Luxemburg transferiert. Ich schätze, dass allein dorthin im ersten Jahr ein zweistelliger Milliardenbetrag floss.«

Die Methode sei fast immer die gleiche gewesen. »Nehmen wir eine Filiale in Köln: Da hat jemand eine halbe Million liegen und sagt: ›Ich will dieses Geld in Luxemburg anlegen.‹ Dann gab es formell eine Barauszahlung, natürlich ist dieses Geld nicht wirklich über den Tresen gegangen. Das heißt, uns in der Zentrale wurde gesagt, der hebt jetzt 500 000 ab, bei uns war die Buchung dann raus, und die 500 000 sind auf ein Transferkonto unserer Tochterbank in Luxemburg bar wieder eingezahlt worden.« Genauer gesagt: Die halbe Million ging auf ein Verrechnungskonto der Commerzbank International S.A. Luxemburg, kurz CISAL. »Die CISAL hat unter anderem ein Konto bei der Commerzbank in Frankfurt. Wurde dort Geld ›bar‹ eingezahlt, haben wir immer nur eine Referenznummer notiert. Das Feld für den Einzahler ließen wir leer, die Filiale, in der das Geschäft abgewickelt wurde, trugen wir ein.« Für Außenstehende war so nicht mehr erkennbar, wer der Kunde ist. Wenn der Kunde das Geld von seinem Konto aus überwiesen hätte, wäre dies eine stinknormale Überweisung gewesen, also mit Namen und Kontonummer – und für Steuerbehörden somit nachvollziehbar.

So entwickelte die Commerzbank die Idee der »anonymen Bareinzahlung«. Die Spuren von und nach Deutschland wurden von der Bank systematisch verwischt. »Oft wussten die Kunden gar nicht, wie wir das Geld nach Luxemburg gebracht haben. Sie haben einfach ihr Bargeld oder ihre Schecks bei uns abgeliefert und mussten keinen einzigen Einzahlungsbeleg unterschreiben«, erinnert sich Engel. Für deutsche Großbanken war diese Beihilfe zur Steuerhinterziehung ein Riesengeschäft: »Da ging richtig fett was ab.«

In Luxemburg konnte der Kunde das Geld dann anlegen, wie er wollte, in Festgeld, Wertpapieren oder einen Fonds, selbstredend unter seinem Namen, weil sein Geld ja nun in Sicherheit war. »Interessant ist«, sagt Engel, »dass unsere Fonds in Luxemburg mit dem Schwarzgeld auch deutsche Anleihen kauften, vor allem Schuldscheine der öffentlichen Hand.« Was für ein Kreislauf: Millionäre nutzen ausgerechnet Schuldscheine des deutschen Staates, um ihr Schwarzgeld weiß zu waschen. Zugleich werden die Steuerbetrüger damit zu Gläubigern des Staates, den sie zuvor nach Herzenslust betrogen haben.

Eine kleine Hürde gab es in diesem ganzen Spiel aber doch. Seit September 1992 galt der neue Strafrechtsparagraf 261, der »Geldwäsche, Verschleierung unrechtmäßig erlangter Vermögenswerte« belangte. Banken durften danach nur noch Summen bis zu 30 000 Mark ohne Meldung ins Ausland transferieren. Die Bank reagierte aber wie immer schnell und kreativ auf die neue Gesetzeslage. »Wenn ein Kunde zum Beispiel 50 000 D-Mark ins Ausland schaffen wollte, haben wir einfach zwei Sendungen nach Luxemburg gemacht: mit je 25 000 D-Mark. So einfach war das.«

Eine Geschichte will Engel unbedingt noch loswerden. Denn über die sei nie berichtet worden, sagt er. Immer rede man über die deutschen Steuerhinterzieher. Dabei habe es auch den umgekehrten Weg gegeben. Österreicher beispielsweise mussten wie alle anderen Ausländer bis zur Einführung der EU-Zinsrichtlinie im Jahr 2005 keine Zinssteuer in Deutschland zahlen. Und so überwiesen sie ihr Geld einfach anonym nach Deutschland. Hanns-Eberhard Engel bringt es auf den Punkt: »Um es einmal platt zu sagen: Alle Länder, auch Deutschland, wetteiferten um die Schwarzgeldbesitzer und Steuerhinterzieher. Die Länder warben sich gegenseitig die Steuerflüchtigen ab.«

Wertpapiertransfer um fünf vor zwölf

Nicht nur für die Bareinlagen ihrer Kunden, auch für deren Wertpapiere dachte sich die Commerzbank ein sehr »kundenfreundliches« System aus. Das Gesetz zur Zinsabschlagsteuer wurde am 23. September 1992 verabschiedet und trat am 1. Januar 1993 in

Kraft. Und schon ab September wurden die Wertpapiere der Großkunden außer Landes transferiert. »Das Arbeitsvolumen der Abteilung, in der ich saß, stieg um 400 oder gar 500 Prozent«, so Hanns-Eberhard Engel. Am Anfang hatte die Abteilung gerade mal zehn Mitarbeiter, schnell verdoppelte die Bank sie auf 20. Aus anderen Abteilungen wurden Mitarbeiter kurzfristig zwangsverpflichtet, zum Teil meldeten sie sich sogar freiwillig, denn die Aktion war spannend und etwas Vergleichbares hatte es vorher noch nie gegeben. Schichtbetrieb wie in einer Fabrik wurde eingeführt. Immerhin galt es, in Windeseile Milliardenbeträge ins Ausland zu transferieren.

Engel erinnert sich noch gut an den Trick mit den Wertpapieren. Im Zentrum der Konstruktion stand ein anonymes Sammelkonto, das ADIG-Aufbaukonto. ADIG (Allgemeine Deutsche Investmentgesellschaft mbH) war eine Kapitalgesellschaft der Commerzbank, aus der später die Cominvest hervorging. Wenn Anleger ihre Wertpapiere nach Luxemburg oder in die Schweiz transferieren wollten, funktionierte das im Grunde wie bei den sonstigen Geldtransaktionen, die Kunden konnten sich also maximal geschützt fühlen: »Als Kunde bekamen Sie zum Beispiel als Referenz die Nummer 1. Wenn Ihre Wertpapiere nach Luxemburg verlagert wurden, gehörten sie zur Kundengruppe Nummer 1, und das waren Sie. Die in Luxemburg wussten natürlich, zu wem die Wertpapiere gehörten. Bis dahin war es ja nicht strafbar, Wertpapiere nach Luxemburg zu transferieren.« Dass die Transaktion anonym durchgeführt wurde, hatte einen einzigen Grund. »Es ging darum, dass die Finanzbehörden diesen Transfer nicht nachvollziehen können.«

Hanns-Eberhard Engel arbeitete zu dieser Zeit in einem Großraumbüro im siebten Stock des alten Verwaltungsgebäudes der Commerzbank an der Neuen Mainzer Straße. Hier war die »Zentrale Wertpapierabteilung« mit der Unterabteilung »Effektenkasse« untergebracht. Die Poststelle hatte damals alle Hände voll zu tun, denn hier gingen die Wertpapiere aus den Commerzbankfilialen der ganzen Republik ein. »Effektive Papiere, die Sie in die Hand nehmen können wie einen Geldschein. Die haben wir bearbeitet, also registriert und dann weitergeleitet nach Luxemburg.« Die Namen der Bankkunden waren auf den Papieren schon getilgt und die Filialen hatten die entsprechenden Nummern bereits direkt nach Luxemburg gemeldet. »Auf den Begleitschreiben stand also nicht ›Betreff: Herr Meyer‹ oder ›Herr Schmidt‹, sondern ›Betrifft ADIG-Aufbaukonto‹ und die entsprechende Nummer.« Wer glaubt, die Wertpapiere selbst wurden nach Luxemburg geschickt, irrt. Sie wurden im Tresor der Commerzbank in Frankfurt eingelagert und nur buchungstechnisch in das Depot in Luxemburg transferiert. Für die Kunden der Bank überaus praktisch. Niemand musste persönlich nach Luxemburg und somit keine lästigen Grenzkontrollen über sich ergehen lassen. Es reichte, die eigene Filiale aufzusuchen. Der Kundenberater erledigte dann alles Weitere.

Hanns-Eberhard Engel lächelt ein wenig überlegen. Das Lächeln eines Mannes, der damals an einem großen Rad mitdrehen durfte. Nein, als Kriminellen sehe er sich nicht, denn die Anweisungen, das System, sei seiner Ansicht nach von ganz oben gekommen.

»Was wussten denn die Bankvorstände von diesem System?«, fragen wir.

»Ich gehe davon aus, dass einzelne Vorstandsmitglieder von dem System wussten. Sie können doch nicht als kleiner Sachbearbeiter Milliardenbeträge nach Luxemburg transferieren, ohne dass der Vorstand davon etwas mitbekommt. Für das ADIG-Aufbaukonto gab es zum Beispiel in jeder Filiale Vordrucke und Formulare, die ausgefüllt werden mussten. So etwas kann nur von ganz oben angewiesen werden.«

Dass das gesamte Vorgehen illegal war, schlägt sich auch im Grad der Konspiration nieder. So wurden die Verabredungen mit den Kunden meist als mündlich geschlossene Verträge eingestuft. Wenn es um die anonymen Überweisungen und Wertpapiertransaktionen ging, hielten die Bankmitarbeiter das Ganze als telefonisch erteilten Auftrag fest, selbst wenn ihnen der Kunde leibhaftig gegenübersaß.

Zudem wurden die Mitarbeiter in den Filialen angewiesen, Beratungsgespräche immer zu zweit zu führen und auf schriftliche Aufzeichnungen, die eine Identifizierung des Kunden ermöglichen könnten, zu verzichten. Und auch in einem anderen Punkt ging es in der Bank zu wie bei der Mafia: Geschäfte dieser Art sollten die Bankmitarbeiter nur mit Kunden anleiern, die das Vertrauen der Bank besaßen.

Ein Erpresser ließ die Steuerhinterzieher und ihre Tricks auffliegen

Gaunereien fallen manchmal durch Gaunereien auf. Heinrich Kieber ist ein Gauner. In dem internationalen Haftbefehl, mit dem ihn die Staatsanwaltschaft der Liechtensteiner Hauptstadt Vaduz nun suchen lässt, wird er als »groß und kräftig« bezeichnet, vom Typ her als »kaukasisch«. Schnell denkt man da an einen robusten Russenmafioso, täuscht sich aber: Kieber ist ein schmaler Mann mit dezenter Brille und Halbglatze. Er wirkt auf den ersten Blick grundseriös, was er de facto aber nicht ist: Denn der ehemalige Mitarbeiter der Liechtensteiner Bank LGT klaute seinem Arbeitgeber zwischen April 2001 und November 2002 Tausende von Kundendaten deutscher Stiftungsinhaber. Er brannte sie auf eine CD und versuchte zunächst die Fürstenbank direkt zu erpressen. Als dies nicht gelang, wandte sich Kieber an den Bundesnachrichtendienst. Für 4,6 Millionen Euro verkaufte er dem Geheimdienst die Daten und wurde im Gegenzug mit einer neuen Identität ausgestattet, Aufenthaltsort unbekannt.

In Deutschland löste die CD eine Welle von Durchsuchungen bei vermögenden Steuerhinterziehern aus. Der prominenteste unter ihnen war Post-Chef Klaus Zumwinkel. Gute zehn Millionen hatte er in anonyme Stiftungen in Liechtenstein gesteckt und dadurch dem deutschen Staat rund 970 000 Euro Steuern hinterzogen. In einem sehr schnellen Verfahren wurde er zu einer zweijährigen Bewährungsstrafe verurteilt und zu einer Geldbuße von rund einer Million Euro. Wie wir wissen, hat er seine Villa in Köln mittlerweile geräumt und ist in seine Burg am beschaulichen Gardasee gezogen. Zumwinkel hat ausgesorgt: Sein Vermögen wird auf rund 13 Millionen Euro geschätzt.[65] Und kürzlich sorgte der Luxusrentner wieder für Negativschlagzeilen, als bekannt wurde, dass er sich eine satte Pension von 20 Millionen Euro von der Deutschen Post auf einen Schlag auszahlen lässt.

Insgesamt sind aus der CD aus Liechtenstein 700 Strafverfahren geworden, die die Bochumer Staatsanwaltschaft gegen Steuersünder führt. Dabei sind die Fahnder auf ganz unterschiedliche Methoden gestoßen: Tricks, die – so einfach wie genial – nur für Superreiche funktionieren.

Nehmen wir Karl Schick[66]. Der Architekt und Bauunternehmer hatte eine Stiftung in Liechtenstein gegründet. Deren Treuhänder gründete in Schicks Auftrag eine Firma in Liechtenstein – aus dem Kapital der Stiftung. Diese Firma schickte Schick nun regelmäßig Rechnungen über erfundene Leistungen. Und Schick zahlte, mehrere Hunderttausend Euro. Die nahm er aus seiner Schwarzgeldkasse und überwies sie getarnt als Honorare für Gutachten oder Studien nach Luxemburg. Die Rechnungen wiederum reichte er bei seinem Finanzamt ein und setzte sie als Kosten bei der Steuer ab. So gelang es ihm, sein Schwarzgeld auch noch steuersparend nach Liechtenstein zu bringen.

Ein anderer Steuerflüchtling gründete mit Hilfe einer Liechtensteiner Bank eine Stiftung in Luxemburg und gleichzeitig eine Briefkastenfirma auf den Kaimaninseln, der er sein Haus in Deutschland verkaufte. Die Mietzahlungen werden von Deutschland aus nun offiziell jeden Monat an die Briefkastenfirma überwiesen und von dort aus an die Luxemburger Stiftung. Dort kann sich das Geld steuerfrei vermehren.

Solche Tricks funktionieren nur, weil kein Finanzbeamter, Betriebsprüfer oder Steuerfahnder bei solchen Firmenkonstrukten und Transaktionen noch durchblickt.

Und immer wieder sind es Banken, die den Steuerhinterziehern bei ihrem kriminellen Treiben behilflich sind. Zum Beispiel mit einem besonderen Service für Schwarzgeldkunden, um den riskanten Transport von Bargeld über die Grenze zu vereinfachen. In einem Fall hatte sich ein Kunde an seinen Bankberater gewandt und durchblicken lassen, dass er sein Geld von Deutschland nach Luxemburg bringen will. Der Berater hatte eine Idee. Er schaute seine Datenbank durch und suchte einen Kunden, der gerade Geld von seinem Luxemburger Konto brauchte. Als er fündig wurde, riet er zu einer einfachen Transaktion: So überwies der eine Kunde, der Geld nach Luxemburg transferieren wollte, dieses Geld dem anderen Kunden, der Geld von seinem Luxemburger Konto brauchte. Im Gegenzug wurde Ersterem die innerhalb von Deutschland überwiesene Summe auf einem Luxemburger Konto gutgeschrieben.

Wie deutsche Großbanken heute Steuerhinterziehern helfen

Die Geschichte liegt nun schon einige Jahre zurück und eigentlich könnte man denken, dass Politik und Justiz solchen Praktiken längst einen Riegel vorgeschoben hätten. Doch weit gefehlt. Deutsche Banken helfen ihren vermögenden Kunden noch immer, Steuern zu hinterziehen. Unsere Kollegen Julia Beerhold und Jörg Heimbrecht vom ARD-Politikmagazin Panorama machten im November 2008 die Probe aufs Exempel.[67] Sie gaben sich als Kunsthändler Dr. Weinberger und Ehefrau aus, die 8,4 Millionen Euro geerbt hätten und die Erbschaftsteuer gern vermeiden würden. Mit dieser Geschichte suchten sie die Deutsche Bank und die Commerzbank in Wien auf, je 100-prozentige Töchter der Bankzentralen in Frankfurt.

Zuerst steuerten sie die Filiale der Deutschen Bank an. Die Summe von 8,4 Millionen Euro war interessant genug für die Bank, dass sie gleich einen Termin beim Direktor bekamen. Der gab schon im ersten Gespräch zum Besten, was er von der Steuerflucht hält: »Wir sind ja keine Steuerbehörde. Ob Sie Ihr Geld in Deutschland versteuern oder nicht, interessiert uns nicht.«[68]

»Also unser Geld, die 8,4 Millionen sind bisher nicht versteuert. Was würden Sie denn an unserer Stelle machen?«

»Sie könnten bei der Deutschen Bank ein Nummernkonto oder ein Anonymkonto einrichten. Es gäbe auch die Möglichkeit, in Österreich eine Stiftung zu gründen. Da könnten Sie dann die Begünstigten sein. Und nach zehn Jahren wäre Ihre Steuerschuld verjährt.«

Unsere Kollegen zogen weiter zur Filiale der Commerzbank – einer Bank, die sich heute nur noch dank vieler Steuermilliarden über Wasser hält. Auch hier war man den vermeintlichen Steuerhinterziehern gern behilflich. Nur zu Beginn spricht der Banker die möglichen Risiken solch einer Aktion kurz an: »Wenn Sie Ihr Geld in Deutschland ehrlich versteuern, können Sie sich viel Ärger ersparen. Ich kenne genug Leute, die sehr viel unversteuertes Geld, aber gerade deswegen auch sehr viele Sorgen haben.«

»Versteuern wollten wir das Geld eigentlich nicht, da bleibt ja dann kaum noch etwas für uns übrig.«

»Was Sie wollen, müssen Sie selber entscheiden. Wir bieten Ihnen natürlich viele Möglichkeiten zur Geldanlage – von hochweiß bis tiefschwarz, über alle Graustufen.«

»Das klingt gut. Was könnten Sie konkret für uns tun, um unser Steuerproblem zu lösen?«

»Ich kann Ihnen zum Beispiel anbieten, eine Lebensversicherung in der Schweiz abzuschließen. Damit würde unser Geschäftspartner Swiss Life Eigentümer des Geldes und die Steuerhinterziehung wäre nach zehn Jahren verjährt.«

»Wenn ich das richtig verstanden habe: Das Geld ist ja nicht versteuert, also schwarz – könnten wir das auf diese Art und Weise weißwaschen?«

»Ja klar. Ziel ist, das Schwarzgeld mit der Lebensversicherung weiß zu bekommen. Ich helfe Ihnen gern dabei, den Kontakt herzustellen.«

Nachher haben unsere Kollegen versucht, die Bankmitarbeiter mit ihren eigenen Aussagen zu konfrontieren – erfolglos. Die Commerzbank teilte der Panorama-Redaktion lediglich mit, sie habe aufgrund des Schwarzgeldes jede Geschäftsbeziehung mit den vermeintlichen Steuerflüchtlingen ausgeschlossen. Und die Deutsche Bank antwortete ganz pauschal, sie halte sich immer ans Gesetz.

Auch und ausgerechnet die Landesbanken umgehen die Steuer

Die staatlichen Landesbanken haben sich ebenfalls kräftig an der Steuerflucht beteiligt – zum eigenen Nutzen und dem ihrer Kunden.

Die bayerische Landesbank BayernLB hat in der US-Steueroase Delaware und auf der britischen Kanalinsel Jersey mit Zweckgesellschaften operiert. Dort wurden die hoch komplizierten Kreditpapiere gelagert, für die jetzt der deutsche Steuerzahler mit zehn Milliarden Euro einstehen muss. Die Bank räumt ein, den Standort Jersey unter anderem wegen der Steuervorteile genutzt zu haben. Auf den Kaimaninseln war die Staatsbank ebenfalls aktiv. 2007 organisierte die BayernLB für die frühere Karstadt-Hypothekenbank, die Valovis Bank AG, eine Verbriefungstransaktion: Auch dabei bündelte die BayernLB Kreditpapiere und gründete dazu die Zweckgesellschaft mit dem wilden Namen Zorro. Diese Zweckgesellschaft verkaufte die bestbewerteten Schuldscheine dann an andere Banken und die schlechten an eine Gesellschaft auf den Kaimaninseln: die Albis Special Finance.

Die Landesbank Hessen-Thüringen (Helaba) besitzt eine Tochterbank in Irland, die Helaba Dublin. Dort werden unterschiedliche Forderungen zu handelbaren Wertpapieren verbrieft. Der Vorteil: In Irland müssen keine Gewerbesteuern auf Zinseinnahmen bezahlt werden.

Die HSH Nordbank mit Hauptsitz in Hamburg ist weltweit mit 160 Tochterunternehmen in vielen Steuerparadiesen aktiv. Allein auf den Kaimaninseln existieren fast 20 Tochterunternehmen und unterhält die Bank eine Niederlassung. HSH-Sprecher Christian Buchholz räumt ein, dass dies eben aus steuerlichen Gründen attraktiv sei. Im Schleswig-Holstein Magazin des Norddeutschen

Rundfunks sagte die SPD-Politikerin und langjährige Ministerpräsidentin Heide Simonis: »Man geht auf die Kaimaninseln, um Steuern zu sparen. Da haben alle Finanzminister darauf geachtet, dass das nicht zu viel wurde.«[69] Eigentlich sollte man meinen, dass die Finanzminister des Landes, die ja im Aufsichtsrat der Bank sitzen, nicht nur darauf achten, dass »das nicht zu viel« wird, sondern dass sie es komplett unterbinden.

Damit nicht genug, helfen die staatlichen Landesbanken deutschen Schwarzgeldbesitzern, ihr Geld im Ausland anzulegen. So halten die Helaba und die BayernLB jeweils 50 Prozent Anteile an der LB Swiss Privatbank. Diese residiert am edlen Züricher Paradeplatz. Die LB Swiss warb bis vor kurzem mit einem ziemlich direkten Angebot um dubiose Kunden: »Beratung und Betreuung bei Gründung von Stiftungen und Anstalten – unter anderem nach liechtensteinischem Recht – oder Trusts und Offshoregesellschaften.« Für einen läppischen Jahresbetrag von 350 Schweizer Franken erhielten vermögende Steuerhinterzieher ein Nummernkonto und ein bankinternes Schließfach. Die weltweite Finanzkrise hinderte die Bank nicht daran, noch im Jahr 2007 das verwaltete Vermögen um satte 300 Millionen Schweizer Franken zu steigern.

Die westdeutsche Landesbank hat in Luxemburg ihre Tochter WestLB International. Noch 2007 warb der Geschäftsführer: »Ein breites Wissen um die jeweiligen steuerrechtlichen Rahmenbedingungen ermöglicht es den Banken, Privat-Banking-Kunden auch im Hinblick auf steuerliche Aspekte erstklassig zu beraten und gezielt maßgeschneiderte Produkte anzubieten.«[70]

Daniel Hechler vom Politikmagazin Report Mainz wollte es genau wissen.[71] Seine Anlaufstelle: die Dependancen der deutschen Landesbanken in Luxemburg. Daniel Hechler gibt sich als ein Unternehmer aus, der ein unversteuertes Vermögen von knapp

750 000 Euro geerbt hat, das derzeit in Liechtenstein deponiert ist. Dafür sucht er eine neue, ebenfalls sehr diskrete Anlageform in Luxemburg, die gleichzeitig bestmögliche Sicherheit vor dem deutschen Fiskus bieten soll. Denn er wolle auf keinen Fall das Geld versteuern, sondern weiterhin schwarz anlegen. Mit dieser Geschichte lässt er sich von der LBLux S.A., der NordLB Luxembourg S.A. und der LRI beraten.

Zuerst begibt sich Hechler in die Filiale der LBLux, eine Tochter der bayerischen Landesbank. Die Beraterin zaudert nicht lange und garantiert ganz unverblümt, dass die Bank höchstmögliche Sicherheitsstandards für diskrete Geldanlagen biete. »Sie haben auf jeden Fall immer die Möglichkeit, ein Nummernkonto zu eröffnen. Das heißt, dass auf den Belegen, Kaufbelegen, Devisengeschäften etc. nicht Ihr Namen, sondern eine Ihnen zugeteilte Nummer steht, die sonst niemand weiß.« Auch das EDV-System garantiere höchste Sicherheit – aus Deutschland sei ein Zugriff unmöglich.[72] Die patente Bankberaterin gibt dem vermeintlichen Steuerhinterzieher sogar praktische Tipps, wie er das Geld am besten steuerfrei nach Luxemburg bekommt: »Der anonymste Weg ist mit Sicherheit immer noch, das Geld persönlich herzubringen. Damit schließen Sie sämtliche Möglichkeiten aus, dass irgendwelche Belege irgendwann mal gefunden werden. Man hat natürlich letztlich das Transportrisiko als solches und ein gewisses Risiko, dass man an einer Grenze angehalten wird. Ich kriege halt ab und zu das Feedback: ›Es gab Grenzkontrollen, aber wir sind nicht erwischt worden.‹ Im Verhältnis ist das Risiko relativ gering.« Ist das Geld erst einmal in Luxemburg, kann der vermeintliche Steuerhinterzieher auf jeden Fall schon mal aufatmen. Doch das Geld nun mit vollen Händen in Deutschland ausgeben ist tabu, denn dafür muss das Schwarzgeld erst weißgewaschen werden. Über dieses Problem hat sich die Beraterin der BayernLB-Tochter schon

Gedanken gemacht und glänzt mit juristischen Überlegungen zur Verjährung. Vielleicht will sie aber auch nur eine Versicherung verkaufen: »Wenn Sie einen längerfristigen Fokus hätten, einen Fokus um die zwölf Jahre, dann könnte man das Ganze mit einem Versicherungsmantel umgeben. Und wenn das Ganze eine bestimmte Zeit läuft, haben Sie nach zehn, besser nach zwölf, 13 Jahren im Prinzip auch diese strafrechtliche Situation aus dem Weg geschafft.«

Als Nächstes sucht Daniel Hechler die Tochter der Norddeutschen Landesbank, die NordLB Luxemburg, auf. Der Berater verweist immerhin kurz auf die in Deutschland herrschende Steuerpflicht. Trotzdem kommt er bald zur Sache. Mit dem Schwarzgeld habe er grundsätzlich keine Probleme, gibt das Gedächtnisprotokoll des Journalisten wieder.

»Das wäre für Sie jetzt nichts, wo Sie sagen: Damit wollen wir nichts zu tun haben?«

»Nein, nein.«

»Und es ist durchaus so, dass das Thema für Sie nichts Neues ist und dass Sie positive Erfahrungswerte haben?«

»Ich denke schon, ja. Wir haben eine langjährige Expertise.«

Langjährige Expertise haben die Banken offenkundig auch in Sachen Schwarzgeldschmuggel. Der Berater nimmt seine Arbeit auf jeden Fall ernst und ist um praktische Tipps nicht verlegen, um es dem Steuerhinterzieher besonders bequem zu machen: »Es gibt auch die Möglichkeit eines Transfers aus Liechtenstein. Ganz regulär, von Konto zu Konto. Die deutschen Fahnder, wenn sie irgendwo verdeckte Transaktionen aufdecken möchten, müssen über deutsche Konten gehen. Die haben nur Zugriff auf den deutschen Bereich. Ins Ausland dürfen die nicht.« Die prekäre Lage der deutschen Steuerfahndung hat sich offenkundig längst auch in Bankerkreisen herumgesprochen. Unser Kollege jedenfalls wollte wissen, wie denn wohl die deutsche Konzernmutter, die NordLB, mit solchen Praktiken umgeht: »Da ist von der Mutter kein Sperrfeuer zu erwarten?«

»Nein, nein, ganz und gar nicht.«

Bei der LRI, einem Tochterunternehmen der Landesbank Baden-Württemberg, wird Daniel Hechler gleich von zwei Beratern erwartet. Sie empfehlen, zunächst das Vermögen nachzuversteuern, weil Schwarzgeld im Ausland immer ein Risiko sei. Aber dann erklären sie sich doch bereit, das Schwarzgeld anzulegen. Und sie lassen sich, laut Gedächtnisprotokoll des Kollegen, auf die üblichen »konspirativen« Spielregeln der Banken ein – Regeln zur Deckung krimineller Steuerhinterziehung: »Wenn der Kunde sagt: Ich möchte von euch keine Post bekommen, ich möchte von euch keine Werbung haben, ich möchte von euch nicht angerufen werden, dann sind das Dinge, die der Kunde mit uns vereinbart, und wir halten uns daran. Deshalb sind wir für diese Art der Kunden logischerweise auch eine seriöse und gut aufgestellte Bank.« Und sogar für das Schmuggeln des Schwarzgeldes nach Luxemburg hat einer der beiden Berater der Landesbank-Tochter einen guten Rat: »Ich würde mir und Ihnen keinen Gefallen tun, wenn ich sage: Bringen Sie das scheibchenweise rüber, weil das scheibchenweise Rüberbringen birgt jedes Mal eine Gefahr für Sie.«

Auch die Kollegen von Report Mainz haben im Nachhinein versucht, die Banken mit ihren dubiosen Praktiken zu konfrontieren. Die Bayern-Tochter LBLux teilte der Redaktion mit, dass es am Ende niemals zu einer Kontoeröffnung bei ihr gekommen wäre. Das Beratungsgespräch mit der Mitarbeiterin wäre demnach mehr oder weniger Zeitverschwendung gewesen.

Für reiche Steuerhinterzieher ist es offenkundig sehr einfach, ausgerechnet in landeseigenen Banken konspirative Hilfe für ihre Steuerhinterziehung zu finden. Für die Politiker in Bund und Ländern dürfte diese Geschichte sehr ärgerlich sein. Denn sie werden nicht müde, den Bürgern zu erzählen, wie notwendig die milliardenschweren Rettungsaktionen für die Banken und somit für unser Gemeinwohl waren und sind. Was sie dabei anscheinend oft vergessen: dass diese Milliarden hart verdientes Geld deutscher Steuerzahler sind. Und wer sich die Aufsichtsräte der öffentlich-rechtlichen Banken ansieht, trifft wiederum auf jede Menge Politiker. Politiker, die in Talkshows gern mal über Steuerhinterzieher herziehen und gegen ausländische Steueroasen wettern.

Singapur, die neue Fluchtburg für deutsches Schwarzgeld

Ein bisschen kauzig ist Jean Bieler schon, der Vermögensberater einer großen Schweizer Bank mit Arbeitsplatz in Singapur. Es ist spät geworden im Züricher Vis-à-Vis, und wir sind ein paar Drinks weiter. Trotzdem spricht Bieler plötzlich mit uns wie mit einem Kunden, so verbindlich, als wolle er uns eine steuerfreie Wertanlage in Fernost andrehen. »Ich nehme an, Sie gehören zu den Menschen, die gerade jetzt Risiken scheuen. Also, Singapur ist da wirklich sicher. Unsere Analysten sagen, Singapur wird als Erstes aus der Finanzkrise herauskommen.« Bieler zeigt nach draußen auf die vom Schnee überzuckerte Züricher Straße: »Wissen Sie, das hier ist nicht mehr das, was es mal war – die neue Schweiz heißt Singapur.«

Fast alle Schweizer und Liechtensteiner Banken haben Filialen in der Finanzmetropole Singapur, genauso die deutschen Banken. Als Steueroase spielt das Land inzwischen eine ganz große Rolle. Man kann es wirklich als die neue Schweiz in Asien bezeichnen, insbesondere für Privatkunden. Die Gründe dafür sind offensichtlich: Singapur kennt keine Zinssteuern, und das Bankgeheimnis ist dort weitaus strenger als in der Schweiz. Wer in Singapur gegen das Bankgeheimnis verstößt, dem drohen Jahre im Gefängnis. »Diskretion ist in Singapur oberstes Gebot. Es gibt keinerlei Kooperationen mit ausländischen Steuerbehörden. Deshalb ist der Stadtstaat gerade für Kunden mit Schwarzgeld so attraktiv«, sagt Bieler, ohne ein Blatt vor den Mund zu nehmen. Und fügt hinzu: »Ich würde Singapur als die neue Fluchtburg für Schwarzgeld aus Europa bezeichnen. Im letzten Jahr ist dort das angelegte Vermögen aus Europa um mehr als 20 Prozent gestiegen.«

»Haben Sie keine Angst, dass eines Tages auch Länder wie Singapur mit den deutschen Steuerbehörden kooperieren?«

Bieler schaut einen Moment nachdenklich vor sich hin. Dann richtet er sich in seinem Cocktailsessel auf und verschüttet beinahe seinen Gin Tonic. Vor Lachen.

Kapitel 8

Eine Reise durch ein gespaltenes Land

Der Jachthafen Port de Portals auf Mallorca. Wer hier vor Anker geht, hat es geschafft. Ein Platz für Reiche. An den Stegen schaukeln Hunderte von Jachten, und für kaum eine haben ihre Eigner weniger als eine Million Euro hingelegt. Die Liegeplätze gelten als die teuersten der Insel. Am Abend flanieren die Betuchten durch die wenigen, aber noblen Boutiquen. In den Auslagen funkeln Brillanten, und wer dringend eine goldene Rolex an Land ziehen will, ist in diesem Hafen auf jeden Fall goldrichtig. Wenn man durchs Schaufenster lugt, um sich nicht an einem der Wachmänner vorbeidrücken zu müssen, hält man allerdings vergeblich nach Preisschildern Ausschau. Gesehen, gefallen, gekauft. Alles andere fänden die Millionärsgattinnen ziemlich stillos. Nach dem Shopping geht man essen. Das Gläschen Wein, nicht mal besonders gut, kostet 20 Euro! Allein der Pata negra ist sein Geld wert, Schinken von den berühmten Freilandschweinen, die ihr Leben lang Eicheln fressen – eine hübsche Platte für 50 Euro. Ein Blick über die Tische ernüchtert und verlangt sofort nach einem kühlen Bier: Schmallippige, gelangweilt dreinschauende Damen sitzen ihren Skippermännern in weiß-blau geringelten Poloshirts gegenüber und üben sich in sehr sparsamer Konversation. Selbst der Pata negra macht sie nicht an, sollten sie überhaupt jemals von ihm gehört haben. Von einem anderen Thema haben an diesem exklusiven Hafen dagegen alle schon gehört: der Vermögensteuer.

In Mallorca schwimmt jede Menge deutsches Schwarzgeld

Am Morgen wagen wir einen Spaziergang über die Anleger, setzen darauf, dass die Leute gern über ihre Boote und was sie sonst noch so haben plaudern. Wir jedoch möchten mit den Menschen, die am meisten haben, über Steuern reden. Reimund Spieker[73] sitzt breitbeinig auf einem chromglänzenden Liegestuhl an Deck und lässt sich von seiner Frau einen Kaffee einschenken. Auf seiner grau behaarten Brust baumelt eine etwas überladene Goldkette mit Amulett. Der Mann betreibt eine Fabrik für Computerzubehör und hat einen Geschäftsführer daheim, der sich um alles Grobe kümmert. Wir fragen ganz direkt, was er von der deutschen Steuerpolitik hält. Und von einer Idee, die die Regierungspartei SPD zumindest noch in ihrem Programm stehen hat: der Wiedereinführung einer Vermögensteuer.

Spieker antwortet sanft wie die Brise: »Also, wir wären schon sehr enttäuscht, wenn sie eingeführt würde. Und wir halten es auch nicht für gerecht.«

»Würde denn Ihr Lebensstandard dadurch beeinträchtigt werden?«

»Keinesfalls.«

»Also so schlimm wäre es für Sie gar nicht?«

Anne Spieker: »So schlimm geht und ginge es uns nicht.«

Reimund Spieker ist mittlerweile aus seinem Liegestuhl aufgestanden und streckt die Brust heraus: »Wir werden hoch belastet, wir sind gute Steuerzahler und denken, dass das nicht in Ordnung wäre.«

Andere Bootsbesitzer reagieren weniger freundlich: »Schleicht euch, welches Finanzamt hat euch denn geschickt?«, poltert ein bärtiger, braungebrannter Typ offenkundig bayerischer Abstammung aus seinem Kapitänsstand. Es ist ein offenes Geheimnis auf der Insel, dass in den weißen Jachten, die hier dümpeln, jede Menge deutsches Schwarzgeld steckt.

Die Vermögensteuer – eine dunkle Wolke, die die Stimmung der Menschen auf der Sonnenseite des Lebens zu trüben scheint.

Dabei zahlen Reiche in Deutschland oft unproportional wenig Steuern. Das wissen viele nicht, aber Leute wie Hans Joachim Brandenburg dafür ganz genau. Er war Leiter der Steuerabteilung im Finanzministerium von Niedersachsen. Und er nimmt kein Blatt vor den Mund, was für deutsche Beamte nicht unbedingt zum guten Ton gehört: »Wir haben ganz viele Fälle, bei denen Einkommensmillionäre aufgrund der Abschreibungsmöglichkeiten kaum noch Steuern zahlen.« Namen dürfe er uns natürlich nicht nennen, sagt er, aber man kauft ihm ab, dass er genau das manchmal vielleicht schon ganz gern getan hätte. Doch das deutsche Steuergeheimnis sorgt dafür, dass die Vermögenslage und mögliche Steuerzahlungen der Öffentlichkeit verborgen bleiben. Brandenburg erzählt von einem Steuerbürger, dem es merkwürdig vorkam, wie wenig Steuern er zahlt. Der machte rund 30 Millionen Euro pro Jahr aus Kapitaleinkünften. »Er legte seinen Fall vor und meinte, das könne ja eigentlich nicht sein. Letztendlich betrug die steuerliche Belastung weniger als ein Prozent.« Ein seltener Fall, denn die meisten Gutverdienenden sind heilfroh, wenn sie nicht von der Steuer behelligt werden.

Der Staat verzichtet auf 100 Milliarden Euro Vermögensteuer ...

Werfen wir einen Blick auf die Zahlen. Rund zwei Drittel der Bevölkerung in Deutschland verfügten 2007 über kein oder nur ein sehr geringes Vermögen, im Schnitt etwa 15 000 Euro. Demgegenüber besitzt das reichste Zehntel der Bevölkerung fast zwei Drittel des Gesamtvermögens. Hinzu kommt: Die Reichen wurden im vergangenen Jahrzehnt noch reicher.

Kaum irgendwo in der Welt wächst die Zahl der Dollar-Millionäre so rasant wie in Deutschland. Im Jahr der beginnenden Finanzkrise 2007 kamen sogar noch 72 000 hinzu.[74] Damit ist die Zahl der Personen mit einem Vermögen von mehr als einer Million Dollar um 21 Prozent gestiegen, und zwar von 350 000 (2006) auf 422 000 (2007). Das gesamte Geldvermögen in der Bundesrepublik wuchs 2007 um 3,6 Prozent auf 4,8 Billionen Euro an. Nach den Vereinigten Staaten, Japan und Großbritannien leben die meisten Dollar-Millionäre inzwischen in Deutschland. Und das hat keineswegs damit zu tun, dass sie cleverer sind als anderswo. Sie hatten einfach Glück und die richtige Bundesregierung.

Zum Jahreswechsel 1996/97 knallten die Champagnerkorken bei den Wohlhabenden in Deutschland wahrscheinlich besonders laut: Denn seit dem 1. Januar 1997 müssen die Reichen keine Vermögensteuer mehr bezahlen. Die Steuer wurde zwar nicht abgeschafft, aber einfach nicht mehr erhoben. Grund genug, kräftig zu feiern. Denn damit schenkte man den Reichen geschätzte acht Milliarden Euro im Jahr. Wie konnte das passieren? Das Bundesverfassungsgericht hatte 1995 die Vermögensteuer für verfassungswidrig erklärt, weil Grund- und Geldvermögen unterschiedlich bewertet wurden: Das Grundvermögen wurde anhand eines alten Bewertungsverfahrens aus dem Jahr 1964 bewertet, während das Geldvermögen zum aktuellen Marktwert der Vermögensteuer unterworfen wurde. Wer also eine hübsche Villa mit großzügigem Grundstück oder Mietshäuser besaß, musste viel weniger Vermögensteuer zahlen als die Besitzer von Spareinlagen oder Wertpapieren. Ein Verstoß gegen den Gleichheitsgrundsatz. Statt aber das Grundvermögen ebenfalls zum aktuellen Marktwert der Vermögensteuer zu unterwerfen, ließ die Regierung unter Bundeskanzler Kohl die Frist des obersten Gerichts bis Ende 1996 einfach verstreichen. Seither wird die Vermögensteuer nicht mehr erhoben.

Unternehmen, Spitzenverdiener und vor allem Millionäre müssen in Deutschland seit Jahren immer weniger Steuern zahlen. Bis Jahresbeginn 2009 hatte der Staat vorsichtig geschätzt auf mindestens 100 Milliarden Euro Einnahmen aus der Vermögensteuer verzichtet.

Der weltweit seltene Verzicht auf diese Steuer ist aber nur ein Punkt auf der Liste der Steuergeschenke für Reiche von der Kohl-Ära über Rot-Grün bis heute: So hat die Bundesregierung seit 2001 die Aktiengesellschaften und die GmbHs mit über 30 Milliarden entlastet. Familien, die sich eine Haushaltshilfe leisten können, können die Kosten seit 2003 von der Steuer absetzen. Die Senkung des Spitzensteuersatzes von früher mal 53 auf heute 45 Prozent spart den Wohlhabenden pro Jahr etliche Milliarden Euro. Seit dem Wahljahr 2009 ist die Schieflage noch größer. Die Bundesregierung hat zum 1. Januar 2009 die Abgeltungsteuer eingeführt und damit den Steuersatz auf Kapitaleinkünfte von maximal 45 Prozent auf 25 Prozent fast halbiert.

... und schröpft dafür die breite Masse

Mit der schicken Parole »Steuervereinfachung« hat die Bundesregierung aber auch Steuersubventionen reduziert: so die steuerfreien Zuschläge für Nacht- und Schichtarbeiter. Im Unterschied zu den Wohlhabenden brummte man der breiten Masse eine riesige Lohneinbuße auf. Auch die Mehrwertsteuererhöhung um drei Prozentpunkte zum 1. Januar 2007 trifft vor allem diejenigen, die ohnehin rechnen müssen. Rolf Anders[75] hat die Faxen ziemlich dicke. Dass sein Lohn, wie der der meisten Arbeitnehmer, in den letzten zehn Jahren real gesunken ist, braucht er nicht lange durchzurechnen. Seit gut 20 Jahren malocht er an der Stahlpresse von Thyssen in Duisburg. Tag für Tag sitzt er auf einem Schalensitz in einer kleinen gläsernen Kabine direkt über der Presse. Vor ihm werden riesige glühende Stahlträger über ein Spezialfließband bugsiert. Anders behält die technischen Überwachungsmonitore und die Presse im Blick. Geht etwas schief, wird es teuer und gefährlich. Ab und an muss er in die Werkshalle, um nach dem Rechten zu sehen, und steigt über die mehrere Hundert Grad heißen Stahlblöcke. Eine schweißtreibende Knochenarbeit im Schichtdienst, denn die Öfen gehen nie aus. Rolf Anders hat seinen Lebensrhythmus dem angepasst. Und für diese Leistung wurde er jahrelang belohnt. Die steuerfreien Zuschläge für Nacht-, Sonntags- und Feiertagsarbeit machten fast 20 Prozent seines Gehalts aus. Seit Juli 2006 muss er auf einen Teil der Zuschläge Sozialversicherungsabgaben zahlen.

Wir wollen wissen, wie sich die Reformen für die Betroffenen auswirken. Im Wirtschafts- und Sozialwissenschaftlichen Institut der Hans-Böckler-Stiftung in Düsseldorf hilft man uns mit einer Modellrechnung. Familie Anders verliert allein durch die höhere Mehrwertsteuer 1 368 Euro im Jahr. Für Leute wie die Anders ist das viel Geld. Und dabei denken sie nicht mal an den entgangenen

Jahresurlaub auf den Kanaren – den konnten sie sich schon vorher nicht leisten, denn auch da hatten sie Einschnitte unter Rot-Grün hinnehmen müssen. »Ich weiß nicht mehr, wo das hinführen soll. Man kommt mit dem Geld eh nur knapp über die Runden«, sagt Rolf Anders. Auf der Strecke bleiben die kleinen Freuden seiner Kinder. Ob Kino mit oder ohne Popcorn, ein Besuch der Kirmes oder andere Dinge, die zu einer Kindheit gehören. Familie Anders muss genau überlegen, was geht und was nicht. »Und da reden die von einer familienfreundlicheren Politik. In Wirklichkeit ist das ein Schlag in den Nacken für uns, für alle Arbeiter.«

Arme werden ärmer, Reiche reicher

Frühstück bei Familie Rittie[76]: Auf dem Tisch vom Sperrmüll stehen etwas Toast und ein Marmeladenglas. Die Kinder trinken Tee, die Eltern löslichen Kaffee. Neue Armut in Deutschland heißt nicht hungern, aber rechnen. Das muss Rosi Rittie, die Mutter von vier Kindern, täglich. Und sparen. Das Badewasser wird für die Klospülung benutzt. Licht lassen sie immer nur in einem Zimmer brennen, und die Heizung stellen sie auf eine Raumtemperatur von maximal 16 Grad, erzählt die Hausfrau. Ihr Mann Andre verdient 1 200 Euro netto, hinzu kommt Kindergeld. Seit Jahren geht es bei dieser Familie bergab. »Wir bekommen zwar mehr Kindergeld, aber die Miet-, Strom- und Heizungskosten sind hoch. Obwohl es eine Sozialwohnung ist«, klagt Rosi Rittie. Diese Kosten würden das Kindergeld schon mehr als auffressen. Deshalb hätten sie insgesamt weniger Geld als früher.

Nur zehn Kilometer entfernt sitzt die Familie Schmidt beim Frühstück.[77] Seit wenigen Jahren geht es mit Sigrid und Stefan und ihren zwei Kindern bergauf. Sie haben Millionen geerbt. Die Eltern arbeiten, müssten es aber nicht. Wichtig ist ihnen vor allem, viel Zeit mit ihren Kindern zu verbringen. Reich sein heißt für sie, niemals rechnen zu müssen. »Ich bin heute in der glücklichen Lage, nicht sparen zu müssen. Was nicht heißt, dass ich das Geld mit vollen Händen ausgebe, aber wir müssen uns über Geld einfach keine Gedanken machen«, sagt Susanne Schmidt. Die Familie lässt es sich gutgehen. Zum Frühstück ein reich gedeckter Tisch, frische Wurst und Käse, dazu Obstsalat und rund zehn verschiedene Marmeladensorten. Alles aus dem Bioladen. Allein das tägliche Weißbrot zum Frühstück kostet zwölf Euro. Das ist mehr, als Familie Ritti am Tag für alle Mahlzeiten zusammen ausgeben kann.

Die Schere zwischen Arm und Reich geht in Deutschland immer weiter auseinander. Das belegt der *Datenreport 2008*[78]. Die ärmsten 20 Prozent der Bevölkerung verfügten im Jahr 2006 über einen Anteil von 9,3 Prozent am monatlichen Gesamteinkommen der privaten Haushalte. 1997 betrug der Anteil noch 10,1 Prozent. Zur gleichen Zeit ist der Anteil der reichsten 20 Prozent am Gesamteinkommen gewachsen. Man kann den Blick in unterschiedliche Studien werfen, sie alle belegen dasselbe: Die Vermögensungleichheit hat noch stärker zugenommen. Die Lohneinkommen haben mit den Betriebsvermögen und den Kapitaleinkünften nicht Schritt halten können. Es gibt mehr Arme, aber auch mehr Reiche. Jeder zehnte Deutsche erhält Sozialleistungen. Dazu zählen Arbeitslosengeld II, Hartz IV, Sozialhilfe und Grundsicherung im Alter. Und leider gibt es immer mehr Menschen mit einem Job, der sie allein nicht ernähren kann. Auch sie kassieren aufstockende Sozialleistungen.

Arm und Reich driften auseinander, weil deutsche Steuerpolitik vor allem die Wohlhabenden schont, während sich die Belastungen für Verbraucher und Lohnsteuerzahler erhöhen.

Inzwischen ist es 13 Uhr, Andre und Rosi Ritti sind zur Reutlinger Tafel gefahren: Die Kirche sammelt Lebensmittelspenden, die kurz vor dem Verfallsdatum stehen. Lebensmittel, die Menschen wie die Rittis hier für ein paar Cents kaufen können. Ihr maximales Budget ist zehn Euro pro Tag. Den Luxus, auszuwählen und vielleicht gesündere Lebensmittel zu kaufen, können sich die beiden nicht leisten. »Du musst da draußen anstehen, und dann denkst du, die Leute gucken dich ja schon ganz schief an und hoffentlich sieht mich niemand von der Nachbarschaft«, murmelt Rosi Ritti. Am Anfang sei es ihr schwergefallen, damit leben zu müssen. Auch damit, dass die Lebensmittel, die sie hier bekommt, für die Gesundheit ihrer Kinder sicher nicht das Beste sind.

Neue Armut in Deutschland heißt, sich mit Minderwertigem und Resten zufriedenzugeben. Und das hat Langzeitfolgen: Menschen mit sehr geringem Einkommen sind häufiger krank als der Durchschnitt. Das liegt daran, dass ihre Ernährung mangelhaft ist und sie stärker unter Stress stehen. Besonders Kinder werden sozial ausgegrenzt, wenn sie aus armen Haushalten kommen. Arm zu sein wirkt sich massiv auf ihr Selbstbewusstsein aus, mangelndes Selbstbewusstsein wiederum auf ihre Gesundheit. Das Ergebnis: Arme sterben in Deutschland fünf Jahre früher als der Durchschnitt.

»Die Kinder von den Besseren, die spielen nicht mit unseren Kindern«, erzählt Rosi Ritti. Kinder können grausam sein. Sind ihre Kinder nicht trendig genug angezogen oder haben schlechte Noten, wird schon mal gemobbt. Rosi Ritti würde ihrer Tochter, die die Hauptschule besucht, gern bessere Chancen ermöglichen, aber den Förderunterricht kann sie nicht bezahlen. Sie muss sogar an den Heften und Stiften sparen. »Wenn eine Klassenfahrt oder irgendwas Größeres ansteht, muss ich meist sagen: ›Nee, das geht einfach nicht …‹ Die Kinder fühlen sich dann zurückgestellt, und die Klasse merkt so was natürlich auch«, so Rosi Ritti. Ihren Kindern tut das weh, aber nach außen lassen sie sich nichts anmerken. Benjamin besuchte früher das Gymnasium, wurde von seinen finanziell besser gestellten Mitschülern aber ausgegrenzt. Die Noten sackten ab, und er musste auf die Realschule wechseln.

Susanne Schmidt ist es möglich, für die Bildung ihrer Kinder mehr zu tun. Sie kauft viele Bücher, eine ganze Bibliothek. Die Kinder haben sogar ein eigenes Musikzimmer. Schwächeln sie in der Schule, gibt es professionelle Hilfe. Christine besucht selbstverständlich das Gymnasium. Das können ärmere Kinder nur selten. Nur drei Prozent von ihnen schaffen den Sprung auf das Gymnasium. PISA hat gezeigt, dass das deutsche Bildungssystem vor allem eines ist: Weltmeister in der sozialen Ausgrenzung. Das zeigt sich unter anderem darin, dass Kinder aus sozial schwächeren Schichten häufig später schulreif werden, häufiger sitzenbleiben und – last, but not least – meist einen schlechteren Schulabschluss erzielen als Kinder aus Mittel- und Oberschichten. Armut und schlechte Bildung werden weitervererbt.

Eigentum verpflichtet, steht im Grundgesetz. Das gerät heute in Vergessenheit, kritisiert Susanne Schmidt. Die Großzügigkeit gegenüber den Reichen ist ihr unangenehm. »Die Vermögensteuer hätte durchaus beibehalten werden können, auch die Höhe des Spitzensteuersatzes wäre in Ordnung gewesen«, das Geld hätte vor allem kinderreichen und ärmeren Familien zugutekommen sollen. Dadurch würde etwas mehr soziale Gerechtigkeit geschaffen, und auf etwas verzichten müssen hätte sie deswegen nicht. »Alle müssten die gleichen Chancen haben«, ergänzt sie. Rosi Ritti verbindet mit Begriffen wie Chancengleichheit für sich sehr einfache Dinge. »Wir träumen schon lange davon, mal eine Woche Urlaub an der Nordsee zu machen, mehr Zeit für die Kinder zu haben und das erste Mal in unserem Leben am Strand zu liegen.«

Der Armuts- und Reichtumsbericht 2008

Diese Entwicklung – dass die Reichen immer reicher und die Armen immer ärmer werden – setzt sich auch unter der Großen Koalition fort. Alles andere als schmeichelhaft für eine Regierung. Beim jüngsten Armutsbericht der Bundesregierung gab es daher sogar ziemlichen Krach. Als der Arbeits- und Sozialminister Olaf Scholz (SPD) im Mai 2008 den Entwurf des Berichts in Teilen vorstellte, erregte sich insbesondere der ehemalige Wirtschaftsminister Michael Glos, der Bericht »zeichne ein zu düsteres Bild« – so heißt es in einem internen Papier des Wirtschaftsministeriums[79]. Die Errungenschaften des Sozialstaats würden nicht offensiv genug erklärt. So eine verzerrte Diskussion vermittle den Menschen das Gefühl, »Deutschland würde verarmen«. Das Wirtschaftsministerium überarbeitete daraufhin den umstrittenen Entwurf. So steht in einem weiteren internen Papier[80] aus dem Wirtschaftsministerium: »Zahlreiche tendenziöse Passagen wurden gestrichen oder umformuliert«, zum Beispiel beim Thema Mindestlohn, beim Vorschlag eines gesetzlichen Anspruchs auf Förderung eines Hauptschulabschlusses oder zum Thema Zeitarbeit. Die jetzige Version des Armutsberichts sei nun »deutlich verbessert«, aber im Ergebnis immer noch »nicht zufriedenstellend«.

Am 25. Juni 2008 verabschiedete das Bundeskabinett den jüngsten *Armuts- und Reichtumsbericht.*[81] Was die Autoren darin schreiben, ist kein Kompliment für die Regierung. »Seit dem Jahr 2000 ist es zu einer dramatischen Zunahme des Armutsrisikos gekommen«, heißt es da. Der Anteil der von Armut Bedrohten an der Gesamtbevölkerung sei um mehr als die Hälfte gestiegen. »Im Jahre 2006 lebten damit rund 14,9 Millionen Menschen unterhalb der Armutsrisikoschwelle.« Das ist beinahe jeder fünfte Bundesbürger! Pikant ist an den Zahlen: Seit dem letzten Bericht aus dem

Jahr 2005 ist die Armutsschwelle radikal abgesenkt worden. Früher galt ein Deutscher als arm, wenn ihm weniger als 939 Euro netto zur Verfügung standen, heute ist man »erst« ab 781 Euro netto im Monat arm. Lediglich mit Hilfe staatlicher Transferleistungen wie Arbeitslosen- oder Kindergeld konnte die Armutsquote von 26 auf 13 Prozent halbiert werden. Auch über Gehälter, Gewinne und die wachsende Ungleichheit liest man in dem Bericht viel: »Die Lohnquote, also der Anteil der Löhne und Gehälter am Volkseinkommen, sank von 71,6 Prozent auf 67,0 Prozent.«

Im Gegenzug sind die Einkommen aus Unternehmertätigkeit und Vermögen gestiegen. »Dies war – historisch gesehen – eine außerordentlich starke Veränderung.« Wer genau davon profitiert, lässt sich im *Armuts- und Reichtumsbericht* ebenfalls nachlesen: »Während die obersten zehn Prozent zwischen 2003 und 2006 als einzige Gruppe einen Einkommenszuwachs von 4,2 Prozent verzeichnen konnten, haben alle anderen Einkommensgruppen real Einkommen eingebüßt.« Dabei gelte: Je niedriger die Einkommen, desto größer das Problem; bei den untersten zehn Prozent »lag der Verlust bei zwölf Prozent«.

Allein zwischen 2003 und 2006 sei die Zahl der Reichen um einen Prozentpunkt gestiegen. Noch stärker wachse die Zahl derjenigen, die das Dreifache des mittleren Einkommens verdienten, was die Autoren unter die Kategorie »ausgeprägter Reichtum« fassen: Im Jahr 1998 waren dies noch 650 000 Menschen, 2006 bereits 1,9 Millionen – eine Verdreifachung. Den Grund dafür gibt der Bericht nicht an. Aber ein wesentlicher ist: Von den wiederholten Steuersenkungen haben fast ausschließlich die Wohlhabenden in Deutschland profitiert. Die breite Masse der Bevölkerung erlitt dagegen im Zeitraum 2003 bis 2009 reale Nettoeinkommensverluste.

Merkel will die Reichen nicht vertreiben

Die Große Koalition unter Angela Merkel macht Politik für Reiche – da unterscheidet sie sich nicht von Rot-Grün. Und Merkel ist sich dabei in gewisser Weise persönlich treu geblieben: Bereits im Vorwahljahr 2004 ließ sie einen ziemlich zynischen Spruch verlauten: »Ja, liebe Freunde, wenn wir alle Reichen vertrieben haben, dann sind die Armen ärmer, auf diesen Pfad möchte ich mich nicht begeben mit einer verantwortungsvollen Politik in diesem Lande.«[82]

Damit setzt die Bundeskanzlerin auch weltweit einen zweifelhaften Standard. Die Besteuerung von Eigentum liegt in Deutschland mit 0,9 Prozent des Bruttoinlandsproduktes weit unter dem Durchschnitt vergleichbarer Länder: in den USA sind es 3,1 Prozent, in Großbritannien sogar 3,9. Die BRD verzichtet ganz auf die Erhebung der Vermögensteuer, und die Erbschaftsteuerreform kann sich getrost in die Liste der Steuergeschenke für Reiche einreihen lassen, wie wir in Kapitel 9 zeigen werden.

Unterm Strich tragen die Besserverdienenden und Millionäre immer weniger zur Finanzierung von öffentlichen Aufgaben bei.

Wie ticken diese Millionäre? Wir besuchen einen, der ganz offen mit seinem Millionärsdasein kokettiert.

Der Millionär Barski steht zu seinem Reichtum

Königstein im Taunus, am Ende einer langen kurvenreichen Straße. Hier liegt das Anwesen von Multimillionär Klaus Barski. Ein kleines Klingelschild weist auf den Besitzer der riesigen, 400 Quadratmeter umfassenden Villa hin: »Barski« steht dort in

Schreibschrift. Klaus Barski öffnet mit einem freundlichen Lächeln und sorgt sich sogleich um das Schicksal unseres Wagens. »Den parken Sie besser bei mir vor der Garage, da drüben könnte es teuer werden«, sagt er und wartet an der Haustür. Recht hat er vermutlich, so ein alter Ford ist ein wenig fremd in dieser Gegend, in der laut Barski »Mercedes der Volkswagen ist. Hier gibt es im Umkreis von 30 Villen vier Rolls-Royce und mindestens vier Ferraris«, erzählt er stolz, und es klingt, als seien diese Nobelkarossen alle seine eigenen.

Barski tritt auf die Terrasse und deutet ins Tal: »Das ist meine kleine Parklandschaft mit künstlichem Bach, das ist selbst in Königstein Luxus.« Bevor wir uns seinen Besitztümern zuwenden, stellt er uns seine Nachbarn vor: Schräg gegenüber wohne eine Milliardärsfamilie, zur Linken kein Geringerer als der Sohn eines Bundeskanzlers, hinter den Bäumen eine Fabrikantenfamilie, der Erbe einer Großbank und so weiter, und sofort. Es seien vor allem Erben, deren Eltern in den ersten Jahrzehnten der Bundesrepublik ihre Industrieimperien aufgebaut haben. »Erbenkonglomerate, richtig großes Geld, das eigentlich mehr im Verborgenen existiert und von denen nicht so nach außen getragen wird«, sagt Barski in einer Sprache, der man immer noch seine Herkunft aus einem Bremer Arbeitervorort anmerkt. Beinahe hätten wir es vergessen: Auch der Immobilienpleitier Schneider, einst milliardenschwer, hatte drei Grundstücke weiter eine Villa. Klaus Barski legt Wert darauf, dass Besucher dies erfahren. Vielleicht auch, weil das sein eigenes Grundstück aufwertet. »Das habe ich 2002 zum Schnäppchenpreis gekauft für gerade mal 1,47 Millionen D-Mark, also gut 700 000 Euro, vor kurzem haben sie hier ein ähnliches Grundstück für 2,5 Millionen Euro verkauft, das ist mein Lebensprinzip: Ich kaufe immer unter Wert, um dann teurer zu verkaufen.«

Aber all der Protz sei nicht der Grund, warum die Barskis nach

Königstein gezogen sind. »Ich bin ein Einzelgänger und achte auf mein Privatleben, wir haben das Haus als Wertanlage gekauft, denn mein Privatleben muss einen gewissen Level haben, ich habe immer große Villen, teure Autos und Antiquitäten gehabt.« Barskis Gesicht strahlt vor Zufriedenheit mit sich und seinem Schicksal. Der Hausherr empfängt uns in legerer Kleidung, das einzige Markenzeichen eines Millionärs ist die Rolex, um deren Zifferblatt sich fast zwei Dutzend Brillanten reihen. »Die kostet im Laden 35 000 Euro, aber ich fliege einfach nach Singapur, da gibt's die billiger.« In solchen Fällen schnappt er sich seine Frau Bonnie und drei leere Koffer und fliegt los. In Singapur kauft Barski dann seine Rolex Day-Date, allerdings nur mit Lederarmband, Stückpreis: 10 000 Euro. Das eigentlich zur Uhr gehörige Goldarmband kauft er dann nach, so spart er satte 20 000 Euro. Die Barskis, Schnäppchenjäger der Luxusklasse.

In ihrem Haus hängen jede Menge teure alte Gemälde. Eines der Bilder hat er für ein paar Hundert Euro gekauft; das Holz, auf dem es gemalt war, war vollkommen zerstört. Aber kaum hatte Barski seine Auktionskarte ergattert, bemerkte er: niederländisch, um 1600. Und es war »dieses Rot«, das ihm klarmachte: Rubensschule. Die großformatige Vorlage hängt im Prado in Madrid, eine zweite Kopie aus der Rubensschule gehörte dem Herzog von Alba. »Der hatte auch fünf Kopien, die sind verschollen, gut möglich, dass eine jetzt an unserer Wand hängt.« Ein schöner Vermögenswert – denn so, wie es jetzt im Wohnzimmer der Barskis hängt, ist das Bild locker mehrere Zehntausend Euro wert. Ebenso das handsignierte Gemälde von Georges Harquette und zwei andere 500 Jahre alte Renaissancegemälde, die eine reiche Patrizierfamilie zeigen. »Ein alter Aufreißer«, sei er nun mal, sagt Barski und lächelt stolz wie ein Junge, der gerade ein Tor geschossen hat. Er liebt es, reich zu sein, und steht dazu. Teure alte Gemälde, eine 500

Jahre alte Tresortruhe und ein ziemlich beeindruckender Goldschatz gehören zur Ausstattung der auf drei Etagen vollgestopften Villa. Und natürlich gibt es etwas im Leben der Reichen, das ihnen die Freude ein bisschen verhagelt: die Angst davor, den Reichtum wieder zu verlieren. So fällt abends bei Barskis ein massives Metallgitter vor der Verandatür ins Schloss. Und an jeder Fensterscheibe klebt mindestens ein Alarmmelder. »Bei meinem Nachbarn schräg gegenüber geht das Ding am Tag zwei- bis dreimal los«, erzählt der Hausherr. »Meist Fehlalarm – das kostet schon Nerven.«

Die Angst des Mittelstands

Doch Eigentum, so lesen wir im Grundgesetz, verpflichtet. Zum Beispiel zu sozialverträglichem Verhalten. Manch ein Beobachter glaubt, sozialschädliches Verhalten würde wieder geächtet angesichts des Kollaps im weltweiten Finanzkasino. Und dass man zurückkehre zu den Säulen unserer Gesellschaft: den Menschen, die Unternehmergeist mit ihrer eigenen Arbeit verbinden. Zu Leuten, die man traditionell als Mittelstand bezeichnet. In diesem Zusammenhang sprach der Soziologe Helmut Schelsky in den 1950er-Jahren – also zu Zeiten des zweiten deutschen Wirtschaftswunders – von einer die sozialen Unterschiede ausgleichenden, das heißt »nivellierten Mittelstandsgesellschaft«. Noch Anfang der 1990er-Jahre waren die Einkommen hierzulande so gleichmäßig verteilt wie sonst nur in den skandinavischen Wohlfahrtsstaaten. Armut – höchstens eine Erscheinung am Rande der Gesellschaft und nie in deren Mitte. Damit ist es längst vorbei: Die Armut ist in die Vorgärten der Mittelschicht eingerückt. Das Leben an der

Armutsgrenze, das wissen wir inzwischen, trifft Friseure, Floristen, Fleischer, aber auch Freiberufler: Anwälte, Architekten, Ingenieure, Handwerker oder Journalisten, und das ist neu. Die Angst vor dem sozialen Abstieg geht um.

Berlin. Kreuzberg. Wrangelkiez. Keine Gegend für Reiche, aber auch eine der Mittelschicht. Ein Blick durch das Fenster der Tischlerei Janssen lädt zum Verweilen ein. Kunstvoll gedrechselte Stühle unterschiedlicher Stile. An der Wand hängen Fotos von Berliner Prominenten, die hier ihr Mobiliar auffrischen ließen. Bernt Janssen und seine Frau würden sich als erfolgreich bezeichnen, sie führen auch ohne Villa ein schönes Leben[83]. Trotzdem – unter der Oberfläche gärt es. Bernt Janssen, ein ausgewachsener Optimist, freundlich und seriös, hat immer häufiger düstere Gedanken, wenn er mit seinen Angestellten Fenster durch den beschaulichen Berliner Innenhof zum Lieferwagen schleppt. Der Familienbetrieb steht seit Jahren ordentlich unter Druck. Nicht nur wegen der Billigkonkurrenz aus dem Ausland. Der Staat stelle immer neue bürokratische Hürden. Und vor allem die Steuer. »Die Großkonzerne können sich da entziehen, ganz zu schweigen von den Banken. Nicht aber die Kleinbetriebe«, erzählt Janssen. »Man kann durchaus sagen, dass sich unser Einkommen als Handwerker in den letzten zehn Jahren halbiert hat, vielleicht ist es sogar noch weniger geworden.« Und das sei natürlich spürbar. Die Familie verzichtet seit Jahren auf Urlaub und kauft nur noch in Discountern ein. Der Abstieg der Janssens zieht sich schon über viele Jahre. Früher beschäftigte der Tischlermeister 17 Mitarbeiter. Heute sind es nur noch fünf.

Früher hatte Janssen noch das Gefühl, dass im Staat alles im Lot ist. Dass die Regierung für Leute wie ihn sorgt und er mit seinen Steuern selbstverständlich etwas zurückgibt. Heute denkt er manchmal, dass ihn der Staat nur noch schröpft. »Grundsätzlich zahle ich gern Steuern, aber mit zunehmendem Maße eigentlich nicht mehr. Wenn ich die Schulen meiner Kinder oder den Straßenzustand in Berlin sehe, bin ich eigentlich frustriert«, sagt Bernt Janssen.

Steuern zahlen sei eine Bürgerpflicht, denkt der Tischlermeister, sonst ginge doch das Gemeinwesen vor die Hunde. Aber die Verhältnisse seien inzwischen zu ungerecht. Die Reichen zahlen keine Vermögensteuer, weil sie nicht müssen, die Armen keine Lohnsteuer, weil sie zu arm sind. Rund 23 Millionen Deutsche sind nicht steuerpflichtig, weil sie Niedriglöhne oder Renten unter dem Eingangssteuersatz beziehen. Und so nimmt bei vielen Handwerkern die Lust ab, ihre Steuern ordnungsgemäß zu entrichten. Janssen macht diese Beobachtung fast täglich.

Sparpolitik und Dumpinglöhne der öffentlichen Hand

Rathaus Berlin-Reinickendorf. Eines der vielen schönen Bezirksrathäuser der Hauptstadt. Steinerne Figuren zieren das Gebäude, an der Ostseite sind zwei Sprüche in Stein gemeißelt: »Arbeit ist des Bürgers Zierde« und »Segen ist der Mühe Preis«. Eine Losung, die den Menschen wohl seit 100 Jahren Hoffnung machen soll. Oder sie davon abhält, die Flinte ins Korn zu werfen. Falls die Menschen die Inschriften überhaupt noch bemerken. Unauffällig betreten wir das Rathaus und suchen den Flur mit der Putzkolonne. Ein stämmiger Mann im roten Overall steigt gerade auf eine klapprige Leiter und beginnt das Fensterglas einzuseifen. Dicke Schweißflecken unter den Achseln. Acht Stunden putzen, die Arme immer über Kopf gestreckt. Das geht aufs Kreuz – und bei dem Lohn auf die Nerven.[84]

»Eine Frage. Werden Sie nach Tarif bezahlt?«

Der Mann dreht sich um und sieht genervt aus.

»Frage ich Sie nach Ihrem Lohn? Er ist miserabel, weiter sage ich nichts.«

Draußen treffen wir auf Hermann Schneider. Auch sein Lohn ist niedrig. Sehr niedrig. Hermann Schneider[85] arbeitet für einen Wachdienst im Auftrag des Bezirksamtes. Pro Stunde erhält er 5,25 Euro brutto. Insgesamt kaum mehr als Hartz IV. Er ist aufgeschlossen und spricht mit uns: »Der Anreiz fehlt natürlich, ist doch klar, wenn man arbeiten geht und weniger hat, als wenn man zu Hause bleibt.« Schneider arbeitet im Schichtdienst. Die Sonntage sind natürlich am schönsten, weil da nichts los ist im Rathaus. Ab und an zieht er eine Runde gemeinsam mit seiner Kollegin. Ihr wichtigster Job: Sie sitzen im Empfang des Rathauses, müssen die Bürger hierhin und dorthin schicken. Dabei sind sie freundlich und halten auch gern mal ein Schwätzchen mit einer alten Dame, die sich nach der Stelle für die Hundesteuer erkundigt. Sie sind das Aushängeschild der Verwaltung. Muffigkeit käme schlecht an. Trotzdem erhalten sie Hungerlöhne. Brutto hat Schneider um die 1 100 Euro, mal ein bisschen mehr, mal weniger, je nach Schicht und Überstunden. Davon zahlt der Single gute 100 Euro Steuern. 440 Euro gehen für die Wohnung drauf. Abzüglich der Sozialabgaben bleiben ihm kaum 500 Euro zum Leben.

»Wann sind Sie zum letzten Mal in Urlaub gefahren?«

Schneider überlegt ein paar Sekunden.

»Das war 2002, da hatte ich noch einen anderen Job, da war ich am Bodensee in einer Ferienwohnung. Mit dem Auto, die Bahn wäre zu teuer gewesen.«

Damals arbeitete Schneider für einen Büroartikelhersteller, ein Traditionsunternehmen. Aber was heißt schon Tradition? Eines Tages kam ein Gruppenführer, eine Liste in der Hand. »Wer hier draufsteht, kann gehen«, sagte er. Ein Teil der Leute konnte bleiben, allerdings als Leiharbeiter auf dem eigenen Arbeitsplatz mit einem Drittel weniger Lohn. Schneider blieb eine läppische Abfindung in Höhe von 5 400 Euro.

Sein Weltbild hat sich seither gewandelt. »Diese Firmen sparen Steuern, kriegen fette Subventionen vom Staat, und dann setzen sie die Leute raus.« Ja, das Kapital bestimme doch, was eine Regierung macht. Wenn die Regierung Dummheiten macht, zum Beispiel eine Vermögensteuer einführt oder so was, würde sie von den Vermögenden doch einfach ganz schnell wieder abgewählt, sagt Schneider.

Es ist morgens um sechs. Berlin Gleisdreieck. Eine ungemütliche Gegend. Wir gehen vorbei an einer Sperre. Über den Betriebsrat bekamen wir den Tipp, wo sich die Kontrolleure morgens sammeln: in dem mickrigen, muffigen Büro des kleinen Sicherheitsunternehmens, das die Kontrolleure im Auftrag der Berliner Verkehrsbetriebe (BVG) – Europas größtem Nahverkehrsunternehmen – beschäftigt. Dutzende von Kontrolleuren kommen uns entgegen. Sie treten einen Dienst an, der ziemlich unangenehm ist. Nicht selten kommt es sogar zu körperlichen Übergriffen.

»Sie sind wahrscheinlich Fahrgastkontrolleure. Was verdienen Sie da für einen Stundenlohn?«, fragen wir.

Eine junge Frau bleibt stehen: »Da möchte ich mich eigentlich nicht zu äußern. Haben Sie mal mit dem Chef geredet?«

»Ja.«

»Und was sagt der?«

»6,15 Euro.«

»Na, wenn er das sagt, wird's schon stimmen.«

6,15 Euro brutto, um sich anpöbeln oder gar bedrohen zu lassen. 6,15 Euro, um dann noch besonnen und freundlich zu reagieren. Im Monitor der U-Bahn-Linie 2 läuft ein Werbefilm der BVG, der den Job des Kontrolleurs zum Traumjob stilisiert – angesichts der Hungerlöhne ein Hohn. Vor kurzem erst hat die BVG einen neuen Wachdienst mit den Kontrollen beauftragt. Die Löhne blieben. Wir fahren zur Zentrale der BVG und treffen eine Frau, die schon lange hier arbeitet. Petra Reetz ist Pressesprecherin, und ihr ist die Angelegenheit sichtlich peinlich.

»Wie die ihre Leute bezahlen, so leid es uns tut, geht uns eigentlich nicht wirklich etwas an. Es gibt für diese Berufsbranche in Berlin kein Tariftreuegesetz«, erzählt sie. Gäbe es ein solches Gesetz, dürften öffentliche Aufträge nur an Unternehmen vergeben werden, die ihren Beschäftigten die vor Ort gültigen Tariflöhne zahlen. Und: Würde man in Berlin auf höhere Löhne bestehen, wäre das zurzeit sogar rechtlich angreifbar. Die Konkurrenzunternehmen, die den Auftrag nicht bekommen haben, könnten klagen.

Das stimmt, aber wenn die Politiker das Berliner Vergabegesetz ändern würden, könnten öffentliche Auftraggeber auf Mindestlöhnen bestehen. So sieht es zumindest ein Mann, der sich auskennt. Professor Jürgen Keßler kommt viel herum in der Welt. Man kann schon fast von Glück reden, wenn man den quirligen älteren Herrn mit der druckreifen Sprache ausnahmsweise mal in Berlin antrifft. Er hält weltweit Vorträge zum Wirtschaftsrecht. Im Fall der Dumpinglöhne gäbe es unterschiedliche Rechtsprechungen in Europa. Trotzdem: »Die neue europäische Vergaberichtlinie lässt ausdrücklich soziale Vergabekriterien zu. Der Europäische Gerichtshof hat das in mittlerweile vier Entscheidungen bestätigt. Und wenn wir zu unseren Nachbarn nach Frankreich, England oder Italien schauen, sehen wir, wie soziale Kriterien für die Vergabe instrumentalisiert werden.«

Das heißt, wenn der Berliner Senat Firmen beauftragt, könnte er ihnen Lohnauflagen machen. Das würde dann aber auch dem klammen Land Berlin mehr Geld kosten. Merkwürdig ist, dass die deutsche Hauptstadt von zwei Parteien regiert wird, die einen gesetzlichen Mindestlohn von 7,50 Euro fordern – wenig genug –, und die Stadt als größter Arbeitgeber mit gutem Beispiel vorangehen könnte. Der Sozialdemokrat und Regierende Bürgermeister Klaus Wowereit erklärte vollmundig: »Wir wollen eine richtige Lösung haben mit Mindestlöhnen für alle. Und das ist unser Ziel.« Und sein Wirtschaftssenator Harald Wolf von der Linken sekundierte: »Entscheidend ist jetzt, überhaupt erstmal eine Diskussion darüber in Gang zu setzen, dass wir einen solchen gesetzlichen Mindestlohnstandard brauchen.« Trotzdem macht der Senat nicht mehr Geld locker für die Firmen, die er beauftragt.

Das Abgeordnetenhaus von Berlin. Ein paar Tage vor unserem Besuch wurde das Thema Mindestlöhne debattiert. Zwei Etagen tiefer ist die Kantine. Hinter der Essensausgabe ist die Küche. Harry Lorenz[86] hat einen eintönigen Job. Er stellt das Geschirr in die Palette und schiebt es durch die Maschine. Er hat so viel Maschinendampf wie Stress um die Ohren und ist froh, in zwei Jahren in Rente zu gehen. 62 Jahre ist er alt und verdient am Ende seiner Berufskarriere 6,50 Euro die Stunde. Sprechen möchte er mit uns nicht, ihm ist das wohl etwas peinlich. Der Kantinenpächter arbeitet im Auftrag der Abgeordnetenhausverwaltung. Die Einhaltung von Tarifen war ursprünglich sogar Bedingung für den Pachtvertrag. Hans-Jürgen Schreiber vom Kantinen- und Konferenzservice gibt zu, dass die Tarife über die Jahre zwar gestiegen seien, er sie heute aber nicht mehr zahlen könne: »Wir haben einen Pachtvertrag unterschrieben, der uns Kosten auferlegt für Energie, Servierausstattung und Heizung, die von uns Pächtern normalerweise gar nicht zu tragen wären.« Die Berliner Sparpolitik halt. »Deshalb haben wir einen sehr geringen wirtschaftlichen Spielraum, der Gehaltserhöhungen oder Anpassungen an den gültigen Gaststättentarif nicht zulässt.« Das Essen in der Kantine ist überdurchschnittlich gut, muss dabei aber billig bleiben. Denn der Kantinenchef darf die Preise nicht erhöhen. Existieren kann er nur wegen der niedrigen Löhne. Oben im Abgeordnetenhaus weiß man nicht, wie niedrig die Löhne der Küchenmitarbeiter unten sind, sie wurden jahrelang nicht kontrolliert. Leider gewährt uns der Präsident des Hauses kein Interview: Walter Momper, ein Sozialdemokrat. Nach unserem Besuch erfahren wir, dass unsere Fragen nicht viel bewirkt haben. Außer, dass der Kantinenwirt gigantischen Ärger bekam. Anstatt seine Offenheit als Anlass zu nehmen, über die eigene Sparpolitik nachzudenken, strafen ihn die Politiker auch noch ab.

Vielleicht sollten die Verfechter des Mindestlohnes, Wowereit und Wolf, mal ihren Kollegen Thilo Sarrazin, den ehemaligen Berliner Finanzsenator, oder seinen frischgebackenen Nachfolger, Ulrich Nussbaum, fragen, warum er nicht deutlich mehr Betriebsprüfer einsetzt und rechtzeitig für den entsprechenden Nachwuchs gesorgt hat. Diese würden durch ihre Arbeit die Steuereinnahmen erhöhen, und das Land wäre so vielleicht in der Lage, mehr für Löhne ausgeben zu können. Vielleicht sollten die beiden eine interne Berechnung zur Kenntnis nehmen: Laut der Personalbedarfsberechnung[87] des Senats müsste es in Berlin 802 Betriebsprüfer geben. Im Haushalt sind immerhin 725 angesetzt. Tatsächlich arbeiten Anfang 2008 dort aber nur 663 Prüfer. Jeder von ihnen holt Steuern in Höhe von durchschnittlich 627 000 Euro ein. Jährlich lässt sich das Land also rund 87 Millionen Euro allein in diesem Bereich entgehen, dazu rund 14 Millionen durch fehlende Umsatzsteuer-Sonderprüfer. Hier beißt sich der Hund in den Schwanz: Der Staat verzichtet auf Steuereinnahmen, und die Politiker beklagen sich über zu knappe Kassen.

Die Steuerpolitik könnte der Armut begegnen

Der Anteil der Geringverdiener an der Gesamtheit aller Beschäftigten hat sich innerhalb von elf Jahren von 15 auf 22 Prozent erhöht, wie Wissenschaftler der Universität Duisburg-Essen im Herbst 2008 alarmiert bekanntgaben. In einer Studie des WSI-Instituts der Hans-Böckler-Stiftung haben sie ermittelt, dass sich die realen Bruttolöhne im untersten Viertel der Einkommensstatistik um fast 14 Prozent verringert haben. Dagegen nahmen sie in der besser verdienenden Hälfte zu: um rund fünf Prozent im zweithöchsten und um 3,5 Prozent im höchsten Viertel.

Steuern kommt auch von »steuern« – oder »gegensteuern«. Verzichtet der Staat auf Instrumente wie eine bessere Ausstattung der Finanzämter, höhere Spitzensteuersätze und Kapitalertragsteuern oder die Vermögensteuer, lässt er sehenden Auges zu, dass ganze Bevölkerungsgruppen verarmen.

Bestimmte Gruppen sind von Armut deutlich stärker betroffen als andere. Laut OECD-Studie hat sich das Armutsrisiko in den vergangenen 20 Jahren generell von den Älteren auf die Jüngeren verlagert. In Deutschland ist dieser Trend besonders ausgeprägt. So ist die Armutsquote bei Menschen über 65 in der Zeit von 1995 bis 2005 mit rund neun Prozent zwar stabil geblieben und liegt damit deutlich unter dem OECD-Durchschnitt von 13 Prozent, bei Kindern hingegen ist sie im gleichen Zeitraum von elf auf 16 Prozent nach oben geschnellt. Betroffen sind vor allem Kinder von Alleinerziehenden. Hier weist Deutschland nach Japan, Irland, den USA, Kanada und Polen die höchste Armutsquote auf.

Von Erbschaft- oder Vermögensteuer will Millionär Barski nichts hören

Durchbeißen. Das kennt auch Millionär Klaus Barski. Er hat nichts geerbt, ist in Bremen-Nord aufgewachsen. Alle seine Kumpel waren Hilfsarbeiter auf der Vulkanwerft. Barski hatte darauf keine Lust, machte nach dem Volksschulabschluss eine Lehre zum Druckereikaufmann. »Ich habe immer davon geträumt, Journalist zu werden, aber mit dem Abschluss war das nicht möglich.« Also versuchte er es in der Werbung. Ein paar Mal fiel er auf die Nase, und irgendwann gab er es ganz auf. Seither betreibt er Immobilienspekulation. Gern erzählt er, wie er mit seiner Frau in der Bankenmetropole Frankfurt gestrandet sei: »Wir waren arme Hunde, die von Sozialfürsorge lebten und immer wieder Rückschläge erlitten.« Dass die Sozialfürsorge aus Steuergeldern bezahlt wurde, ist nicht so sein Thema. Man habe sich hochgearbeitet, eine Menge erwirtschaftet und dann »immer brav Steuern bezahlt«, darauf legt Barski wert. Und er erzählt von vielen Millionärsbekannten, die genau das nicht tun. Und anderen, die das Land längst verlassen haben. »Fahren wir doch mal nach Cannes und setzen uns im Hotel an den Pool, da können Sie ja mal mit Steffi Graf über ihre Steuer reden.«

Themen wie Erbschaft- oder Vermögensteuer sind für Leute wie Barski rote Tücher. »Erbschaftsteuer ist eine linke Geschichte, sie ist ungerecht«, sagt Barski empört. »Wenn ich jetzt abkratze, muss meine Frau auf 50 Prozent der Sachen Steuern zahlen, im Alter muss sie dann Häuser verkaufen, bloß um die Erbschaftsteuer zu zahlen, das Haus hier ist zwar steuerfrei, aber die anderen sind ein Millionenvermögen.« Es sei doch klar, dass das Kapital fliehe, wenn sich in diesem Land de facto nichts damit verdienen lässt. »Der Grund, in Deutschland zu investieren, fällt flach, wenn man den Leuten die Kohle so abnimmt.« Es ist ihm wichtig zu betonen, dass das Eigentum, das er selbst erworben habe, ihm und seiner Frau gehöre. Und damit basta!

Warum gründet er dann keine Firma, schließlich sind Betriebsvermögen ja seit der Erbschaftsteuerreform steuerfrei – sofern sie zehn Jahre gehalten werden. Doch Barski will sich gar nicht erst einlassen auf den Gedanken: »Eine Firma gründen? Ich bin doch nicht verrückt. Da würde ich ja überhaupt nicht mehr durchblicken …«

Und die Vermögensteuer? Barski sieht bei der Frage ein bisschen so aus, als denke er dabei an Ufos: Die Vermögensteuer ist ein unvorstellbares Ding für ihn. »Warum soll ich mich jetzt schon verrückt machen. Wenn das kommt und die fangen an, meine Häuser zu versteuern, werde ich den ganzen Ramsch verkaufen, das nächste Flugzeug nehmen und mein Geld in die USA schaffen.« Problemlos könne er die amerikanische Staatsbürgerschaft annehmen, seine Frau ist ja Amerikanerin. Beide haben 16 Jahre lang in Florida gelebt: »Auf 65 000 Quadratmetern, mit eigenem Sandstrand.« Ein kleines Detail spielt bei den wütenden Überlegungen des Multimillionärs keine Rolle: dass die USA längst eine Steuer auf Eigentum erheben. Die macht sogar 3,6 Prozent des Bruttoinlandsproduktes aus, also eine stattliche Summe Geld, die das Mutterland des Kapitalismus seinen Reichen abverlangt. Ganz im Unterschied zu Deutschland.

Zahlen, die selbst einigen Reichen peinlich sind

Während die einen am unteren Rand der Gesellschaft immer weniger haben, konnten die Oberen netto lange Zeit kräftig draufsatteln. Zum Beispiel die Vorstände der 30 deutschen DAX-Unternehmen. Die haben ihre Einkünfte 2007 noch kräftig gesteigert.[88]

Durchschnittlich wurde die Vergütung für die Konzernvorstände pro Mitglied um 11,88 Prozent erhöht und liegt jetzt bei 2,9 Millionen Euro. Nähme man die Banker heraus, die 2007 schon unter der sogenannten Subprime-Krise litten, wären die Bezüge um über 15 Prozent gestiegen. Netto gab es für die Oberen sogar Wachstumsraten im zweistelligen Bereich, hat der Finanzwissenschaftler Giacomo Corneo von der FU Berlin festgestellt.[89] 2008 machte sich zwar die weltweite Finanz- und Wirtschaftskrise auch bei den Vorständen der DAX-Unternehmen bemerkbar, aber eine Finanzkrise in ihrer Privatschatulle brauchen sie deswegen, anders als so mancher Arbeitnehmer, nicht zu fürchten. Am meisten verdiente Siemens-Chef Peter Löscher, dessen Einkommen fast zehn Millionen betrug. Der Linde-Chef Wolfgang Reitzle kam auf acht Millionen Euro. Daimler-Chef Zetsche und E.ON-Chef Wulf Bernotat nahmen je fünf Millionen Euro ein.

Solche Zahlen sind offenkundig selbst einigen Millionären peinlich. In Hamburg treffen wir den Steuerberater Reiner Menter in seiner über 200 Quadratmeter großen Wohnung. Wer durch die Tür tritt, sieht: Hier wohnt jemand, der sich ums Geld keine Sorgen machen muss. In der Wohnung wirkt einfach nichts billig, weder die schwarze Ledergarnitur noch die Gemälde an den Wänden oder die Skulpturen. Menter sieht auch nicht ein, warum er seinen Status verstecken sollte. Was ihn wurmt, ist ein weit verbreitetes Vorurteil über die Reichen. Dass sie *alle* keine Steuern zahlen wollen. Mit 14 gleichgesinnten Millionären unternahm er einen ungewöhnlichen Schritt und wandte sich an die Öffentlichkeit: »Wir sind eine Gruppe vermögender Menschen. Es beschämt uns, wenn der Eindruck entsteht, wir Vermögenden sähen uns wegen unseres Reichtums von der Übernahme gesellschaftlicher Verantwortung ausgenommen.« Das Gegenteil sei der Fall: Für sie gelte, wer mehr hat, kann und sollte auch mehr geben, erklärt Menter, der es sich mittlerweile inmitten weißer Kissen auf seinem Sofa bequem gemacht hat. »Wir hoffen, dass die Bundesregierung die Vermögensteuer wieder erhebt.« Und er versuchte, andere Millionäre für die Initiative »Millionäre für die Vermögensteuer zu gewinnen«. Mit Erfolg.

Einer von ihnen ist Thorsten Schiefer[90]. Der 25-jährige Medizinstudent erbte ein Millionenvermögen. In seiner rund 300 Quadratmeter großen Altbauwohnung steht ein schwarzer Flügel. Das Badezimmer ist 50 Quadratmeter groß und damit allein schon größer als viele Wohnungen seiner Mitstudenten. Die Fliesen sind aus schwarzem Marmor, es gibt Fußbodenheizung und natürlich eine runde Badewanne. Die Einbauküche ist zwar luxuriös, aber es herrscht ziemliche Unordnung: Leere Dosen und Flaschen stapeln sich, das Geschirr ist nicht abgeräumt, und man mag nicht so genau hinsehen, ob darauf schon was schimmelt. Eigentlich sieht es so aus wie bei den meisten Studenten, nur eben alles viel, viel teurer. Thorsten ist das eher unangenehm, nicht die Unordnung, nein, der Reichtum. Er bittet uns, den anderen Studenten nichts davon zu erzählen. Zwar trägt er eine teure Lederjacke zu seinen Jeans, ansonsten versucht er, seinen Reichtum nach außen zu verbergen. Das viele Geld ist ihm schon fast peinlich. »Die Vermögensteuer nicht zu erheben halte ich für ein falsches Zeichen an die Gesellschaft.« Millionäre sollten nach seiner Auffassung genauso wie Lohnsteuerzahler ihren Beitrag leisten, damit die Gesellschaft sozial und gerechter werde, vor allem leistungsfähig. Er würde das Geld dort investieren, wo er den Mangel tagtäglich erlebt: an den Universitäten. Geld für Bildung, das hier dringend benötigt wird. Wir fahren mit Thorsten zur Medizinischen Hochschule Hannover, ein funktionaler Kasten mit viel zu vielen Studenten. Dort treffen wir Katrin Otto[91]. Sie studiert mit Thorsten Schiefer Medizin. Die junge Frau mit den welligen blonden Haaren muss jobben, um ihr

Studium zu finanzieren. Die beiden zeigen uns die Bibliothek: ein medizinisches Fachbuch für 20 Studierende. Und wer einen Blick in den einen oder anderen Schmöker wagt, kann über das Erscheinungsdatum nur staunen: Nicht selten ist die Fachliteratur zehn Jahre alt. So ist es an vielen Hochschulen. Für Thorsten Schiefer ist das kein Problem. Er kauft sich die teuren Lehrbücher einfach. Was bei ihm im Regal steht, ist alles auf dem neuesten Stand. Er muss sich nicht mit anderen Studenten um die wenigen Exemplare anstellen. Wir gehen mit den beiden in einen der überfüllten Hörsäle: Viele Studenten müssen auf dem Boden sitzen, die Tische und Bänke sind vergammelt.

Der Staat lässt Bildung und Wissenschaft verarmen. Mangel an Lehrmitteln, überfüllte Hörsäle, zu wenig Lehrkräfte, das erleben Thorsten und Katrin tagtäglich. Und sie finden es empörend. Thorsten wäre bereit, etwas dagegen zu tun. »Ich denke, man investiert am besten in die Bildung, weil Bildung einfach das Mittel ist, um einigermaßen Chancengleichheit herzustellen.«

Vermögensteuer als Konjunkturprogramm in der Krise und Mittel gegen die Steuerflucht

Das deutsche Institut für Wirtschaftsforschung in Berlin hat für die Gewerkschaft ver.di einmal errechnet, wie viel die Wiedereinführung der Vermögensteuer in das Steuersäckel fließen lassen würde. Das Institut schlägt für eine vierköpfige Familie oder ein Rentnerpaar einen Freibetrag in Höhe von 500 000 Euro vor und einen Steuersatz von gerade mal einem (1!) Prozent. Trotzdem ergäbe dies jährlich den stattlichen Betrag von 20 Milliarden Euro. Die Vermögensteuer müsste bundesweit erhoben und verteilt werden.

So würden nicht nur die Städte und Gemeinden mit Millionären von der Steuer profitieren, sondern würde das Geld gerecht auf die Bundesländer verteilt. Nordrhein-Westfalen bekäme beispielsweise 4,3 Milliarden, Baden-Württemberg 2,7 Milliarden, Hamburg 0,6 Milliarden. Und das klamme Berlin immerhin eine Milliarde Euro.[92]

Für Harald Jordan[93], Steuerfahnder in einem großen deutschen Ballungszentrum, ist die Vermögensteuer mehr als eine Gerechtigkeitsfrage. Zu Zeiten der Vermögensteuer mussten Reiche ihr Weltvermögen darlegen, ganz offiziell in einer Steuererklärung: Kontostände, Kontonummern und sämtliche Immobilien. »Mit der Abschaffung der Vermögensteuer wurden die Ermittlungen der Steuerfahndung erheblich erschwert«, erklärt uns Jordan, weil die Vermögenswerte im Ausland in den Erklärungen nicht mehr auftauchen. »Hat jemand früher nur ›Schweiz‹ geschrieben, reichte das nicht, und wenn neben dem angegebenen Konto ein anderes auftauchte, war er fällig, da gab es einen guten Grund für ein Ermittlungsverfahren.« Wenn ein Wohlhabender heute eine Million versteuert, kommt kaum ein Prüfer auf die Idee, dass da noch mehr sein könnte. Ganz verheerend wirkt sich der Wegfall der Vermögensteuer für die Fahnder bei der Ermittlung von Erbschaftsteuerfällen aus. »Bei einem Todesfall gab es früher eine Vermögensteuerakte; was dort drinstand, musste als Erbschaft angegeben und versteuert werden. Wenn die Erbschaft auf einmal aus weniger Vermögen bestand, wurde ein Steuerstrafverfahren eingeleitet.« Doch diese wichtigen und einfachen Ermittlungsansätze hat die Politik den Fahndern genommen.

Kapitel 9

Wie der Staat reichen Erben ihre Trauer vergoldet

Mattentwiete Nr. 1. Ein funktionaler Bau aus beigen Klinkern inmitten der Hamburger Speicherstadt. Ein Fahrstuhl Baujahr 1956 führt in die vierte Etage. Hier residiert das Unternehmen von Peter Krämer. Ein kantiges Gesicht und eine dunkle Stimme könnten von vielen Tagen rauer Seemannserfahrung erzählen. Tun sie aber nicht. Peter Krämer ist zwar Reeder und besitzt 33 große Tank- und Frachtschiffe, die rund um den Globus unterwegs sind, aber zur See gefahren ist er nie. Er empfängt uns in schwarzem Anzug und Rollkragenpullover, nur bei geschäftlichen Anlässen trägt er blaue Hemden mit den eingestickten Initialen PK. Stolz zeigt er uns den zwei mal zwei Meter großen Flatscreen, auf dem eine virtuelle Weltkugel leuchtet. Per Mausklick kann Krämer den Globus drehen und wenden und sich so jederzeit einen Überblick verschaffen, wo seine Schiffe unterwegs sind. In den schmalen Gängen seines Firmenimperiums stehen diverse Schiffsmodelle, ansonsten entspricht der bescheidene Auftritt der Marine Service Gruppe dem Hamburger Understatement.

Wenn man ihn nach seinen Millionärskollegen fragt, nach denen, die ihren Reichtum ohne Hemmungen zur Schau tragen, lächelt Krämer erstaunlich milde. »Wissen Sie, zu denen hat es mich noch nie gezogen.« Empfänge langweilen ihn, er möchte die Zeit sinnvoll nutzen. Und auf Statussymbole pfeift er. Vor der Tür seines Bürogebäudes steht sein Wagen, ein silbergrauer Mercedes 420 SEL mit lederbezogenem Lenkrad, 22 Jahre alt. Er hat es von seinem Vater übernommen. Heute ist dieses wunderschöne Auto vielleicht noch 10 000 Euro wert. Vor ein paar Wochen wollte ein Mercedes-Händler Peter Krämer in Versuchung führen. Er stellte ihm ein funkelnagelneues Modell der S-Klasse vor die Tür, zum kostenlosen Probefahren. Getönte Sichtscheiben, GPS, alles, was man ganz dringend braucht, nur: »Ich konnte kaum durch die Scheibe gucken vor lauter Technik«, erzählt Krämer leicht belustigt. Er hätte das alte Auto ohnehin nie abgegeben. »Was ich immer und überall brauche, ist ein Stück Vertrautheit, die gibt mir Sicherheit.«

Welche Werte der Firmeninhaber anhäufen kann, lässt sich besser in seinem Privathaus am Rande der Stadt begutachten. Peter Krämer sammelt Bilder aus der klassischen Moderne. Und Weine. Zu welchem Anlass er denn die Cheval-Blanc-Magnumflasche von 1921 köpfen würde, fragen wir. »Ich glaube, wenn ich mit an Sicherheit grenzender Wahrscheinlichkeit sagen kann, dass meine Firma auch in fünf Jahren noch existiert.«

Peter Krämer kennt sich aus in der Wirtschaft. Er beobachtet die fallenden Produktionszahlen der chinesischen Stahlproduktion, liest täglich angelsächsische Finanzblätter. »Goldman Sachs hat jetzt einen Verlust von 7,8 Prozent für den schlechtesten Fall prognostiziert, das hat man in keiner deutschen Zeitung gelesen. Wissen Sie, was das heißt: Die letzten verbleibenden US-Banken straucheln auch, dies ist alles kein Spaß mehr.«

Krämer macht sich große Sorgen, um seine Schiffe und deren Besatzungen, auch um sein Vermögen, vor allem aber um die Spaltung der Gesellschaft. »Laut dem letzten OECD-Bericht ist die Schere zwischen Arm und Reich in Deutschland fünfmal so groß wie im Rest Europas. Wie anhaltend die Geduld von 90 bis 95 Prozent der Bevölkerung währt, sich das weiter gefallen zu lassen, weiß ich nicht.« Aus diesem Grund hat Krämer etwas getan, was viele seiner Millionärskollegen die Nase rümpfen ließ. Er setzte sich öffentlich dafür ein, dass Vermögende in Deutschland höher besteuert werden. In einem offenen Brief schrieb er Bundeskanzlerin Angela Merkel, es ginge doch nicht an, die Mehrwertsteuer zur Sanierung des Haushaltes zu erhöhen und gleichzeitig die Vermögenden in Ruhe zu lassen. »Mit einer angemessenen Vermögen- und Erbschaftsteuer könnten gute 30 Milliarden Euro jährlich mehr Steuern eingenommen werden«, sagt er.

Dass der Millionär Krämer ziemlich linke Ansichten vertritt, hat sicher auch mit seiner Herkunft zu tun. Sein Vater kaufte 1950 für 50 000 Mark ein Haus im beschaulichen Hamburger Stadtteil Volksdorf – gleich an der Grenze zu Ahrensburg in Schleswig-Holstein. Auf 200 Quadratmetern lebten Peter Krämer, seine Geschwister, seine Eltern, Großeltern und eine Tante mit drei Kindern. »Mit all den Kindern war es paradiesisch für uns.« Der Vater war häufig unterwegs, und aus den USA brachte er stets die neuesten Spielzeugerfindungen mit. Kein Wunder, dass die Freunde der Kinder gern ins Haus der Krämers kamen, wo es die erste Carrera-Bahn oder das erste Tischfußballspiel zu bestaunen und bespielen gab. Selbstverständlich reiste die Familie mindestens einmal im Jahr nach Riccione an der Adria oder nach Forte del Marmi an der Riviera. Die meisten von Peter Krämers Mitschülern kamen ebenfalls aus begütertem Haus, und doch spürte er, dass nicht die ganze Welt reich war. »Wir hatten ein einziges Ausländerkind in der Klasse, einen Griechen. Irgendwann starb seine Mutter, und er musste die Schule verlassen, um seinem Vater im Getränkegroßhandel zu helfen. Mir stellte sich sofort die Frage: Wieso dürfen wir alle bleiben, und er, der einzige Ausländer, muss jetzt die Schule verlassen?« Ein anderes Mal lehnte ein Mitschüler, Sohn eines Kapitäns, eine Einladung zum Geburtstag ab. Seine Eltern, so ließ er wissen, hätten ihm verboten zu kommen, »weil sie nicht so eine Geburtstagsfeier ausrichten können wie deine Eltern«. Bei den Krämer-Kindern wurde zum Geburtstag einmal ein Zauberer engagiert und ein anderes Mal ein Puppenspieler. »Das war damals schon mehr, als sich der Durchschnittsverdiener leisten konnte.«

Mit 16 distanzierte sich Peter Krämer mehr und mehr von der heilen Welt der Wohlhabenden. Besonders zu Weihnachten konnte er es nicht ertragen, wie sich die Tische bogen vor Geschenken. So tat er sich mit fünf Freunden zusammen und sammelte vor Kirchen Geld für Überschwemmungsopfer im damaligen Biafra. Sie bekamen je 500 bis 1 000 Mark, viel Geld zu jener Zeit.

Peter Krämer will die Klassengegensätze sozial abfedern, die mit dem Kapitalismus natürlich verbunden sind. Er spricht ganz offen davon, ein Träumer zu sein, »der schon immer eine Schwäche für die Schwachen hatte«. Doch er träumt nicht nur, er handelt auch: So gründete er mit Millionen aus seinem Privatvermögen die »Hamburger Gesellschaft zur Förderung der Demokratie und des Völkerrechts«. Mit seiner Organisation und gemeinsam mit der Nelson Mandela Stiftung und Unicef International baute Krämer eine der weltweit größten privaten Bildungsinitiativen auf: »Schulen für Afrika«. Mit ihrer Hilfe wurden mehr als 650 Schulen neu eröffnet oder instand gesetzt: in Südafrika, Angola, Malawi, Mosambik, Ruanda und Simbabwe. Wer durch die Welt der Reichen reist, trifft immer häufiger auf dieses Phänomen: Millionäre, die gar nicht glauben können, dass ihnen der Staat so wenig Geld abnimmt, versuchen auf eigene Faust Gutes zu tun.

»Ich habe vielleicht so viel für schwache Menschen übrig, weil ich selbst so viele Schwächen habe.« Das Stottern zum Beispiel, das ihm über die ganze Schulzeit hinweg das Leben ziemlich schwermachte. Und Höhenangst. Als ein Kamerateam des NDR ihn vor ein paar Jahren auf eines seiner Schiffe lotste, musste er diese schwindelerregende Treppe hoch. »70 Zentimeter breit, am höchsten Punkt 22 Meter über dem Elbspiegel.« In dem Film sieht man Krämer flink die Treppen steigen, den Blick stur nach oben gerichtet, bloß nicht nach unten gucken!

Peter Krämer ärgert sich nicht nur über reiche Steuerhinterzieher, sondern auch über deren Einstellung, Steuern per se als Zumutung zu sehen. »Ich vermute, dass diese Menschen direkt nach Gründung der Bundesrepublik eine Ideologie gepflegt haben, die sich allein auf die Stärke des Einzelnen besinnt. Der Einzelne, wenn er denn tüchtig ist, schafft es doch!« Der Staat sei da eher eine Art Anhängsel, nur merkwürdig, dass gerade Reiche gleichzeitig auch immer einen starken Staat wollten, sagt Krämer: »Machen Sie mal eine Umfrage unter Wohlhabenden, wie wichtig denen Sicherheit sei, die steht ganz, ganz oben. Wer nicht zu beklauen ist, weil er nichts hat, der denkt beim Thema Sicherheit vor allem an die körperliche Unversehrtheit. Für Vermögende ist das anders: Polizeiliche Sicherheit fordern vor allem diejenigen, die Vermögen haben, ein Haus, eine oder mehrere Villen.«

Wenn es einen Satz gibt, den Peter Krämer nicht mag, ist es der vom Kapital, dem scheuen Reh, das automatisch aus dem Land flüchte, wenn Steuern erhöht oder eingeführt werden. Deutsche Reiche seien genauso große oder kleine Patrioten wie die Wohlhabenden anderer Länder. Wer keine Steuern zahlen wolle, sei ohnehin längst aus dem Land. Die Liste solcher Steuerexilanten ist lang und strotzt nur so vor bekannten Namen: Boris Becker, Michael Schumacher oder Franz Beckenbauer. Geachtete Deutsche. Erstaunlicherweise.

Als sein Vater starb, erbte Peter Krämer nicht nur das Haus, sondern auch die Reederei samt der Schiffe. Steuern zahlte er darauf so gut wie keine. Das findet er zwar politisch nicht in Ordnung, böse ist er darüber aber nicht. Was seine Lust angeht, Steuern zu zahlen, unterscheidet Peter Krämer sich nicht von anderen Menschen. »Niemand zahlt gern Steuern, auch ich nicht. Aber letztlich ist es eine Frage der Gerechtigkeit: Wollen wir die Spaltung der Gesellschaft vertiefen oder nicht?« Immerhin werden in jedem Jahr weit über 100 Milliarden Euro vererbt. 80 Prozent der vererbten Vermögen sind Privatvermögen, nur 20 Prozent gehören zum Betriebsvermögen. Und genau mit diesen 20 Prozent Betriebserbschaften haben die Millionenerben erfolgreich argumentiert und eine umfassende Erbschaftsteuer verhindert, weil angeblich ganze Betriebe durch die Steuer in Gefahr geraten. Dabei kann jeder, der ab und an im *manager magazin* oder in *Forbes* blättert, nachlesen, wie viel privates Geld die Damen und Herren Unternehmer ganz unabhängig von ihrem betrieblichen Vermögen auf die Seite geschafft haben: Unbestritten die reichsten Deutschen sind die Brüder Theo und Karl Albrecht, Inhaber der Aldi-Discounter. Zusammengenommen besitzen sie etwa 34,7 Milliarden Euro. *Der Spiegel* rechnete einmal aus, dass diese Summe reiche, um 116 Fußballplätze mit 500-Euro-Scheinen zuzupflastern.[94] Zum Normalverhalten der Multimilliardäre und -millionäre gehört es, über ihre Reichtümer zu schweigen, so können sie nur geschätzt werden. Die ersten Plätze der Rangliste belegen: Karl Albrecht (Aldi Süd): 17,6 Milliarden Euro, Theodor Albrecht (Aldi Nord): 17,1 Milliarden Euro, Familie Porsche: 15,5 Milliarden Euro, Dieter Schwarz (Lidl- und Kaufland-Filialen): 10,3 Milliarden Euro.[95] Und wer weiß schon, ob nicht noch die eine oder andere Vermögensmillion jenseits der besteuerten Zonen unseres Landes schlummert?

»Der Erben Tränen sind oft ein verstecktes Lachen«, sagt ein Sprichwort

Wenn in Deutschland demnächst wieder reiche Firmenpatriarchen sterben, können die trauernden Erben Milliarden sparen.[96] Zwar werden jetzt Häuser, Grundstücke und Betriebe höher als bisher bewertet, dafür sind aber die Freibeträge für die engsten Familienangehörigen wie Kinder oder Partner massiv angehoben worden: für Ehegatten zum Beispiel von bisher 307 000 auf 500 000 Euro, für Kinder von 205 000 auf 400 000 Euro, für Enkel von 51 200 auf 200 000 Euro. Die Steuersätze ändern sich trotz ihrer geerbten Vermögen für sie nicht. Und auf die gewohnte Umgebung muss auch niemand verzichten. So erben Ehefrau oder Kinder die Villa steuerfrei, wenn sie zehn Jahre dort wohnen bleiben. Danach können sie sie gewinnbringend verscherbeln. Eine Einschränkung wollen wir den Lesern nicht vorenthalten: Kinder erben nur dann steuerfrei, wenn der von ihnen genutzte Wohnraum nicht größer als 200 Quadratmeter ist – auf so einer Fläche werden nach dem Sozialgesetzbuch mal locker drei Hartz-IV-Familien untergebracht.

Auch in Cash ausgedrückt ist die Reform der Großen Koalition ein schönes Geschenk an die Reichen. Musste eine Witwe für ein Haus im Wert von einer Million Euro im Erbfall bislang etwa 100 000 Euro Steuern berappen, zahlt sie jetzt nichts. Und Firmenerben müssen nun nur etwas Geduld aufbringen, um ihr neues Vermögen an der Steuer vorbeizulenken. Versilbern sie das Betriebsvermögen nach sieben Jahren, müssen sie nur 15 Prozent davon versteuern. Harren sie zehn Jahre aus, fällt gar keine Steuer an. Um trotzdem auf die besonders von der SPD geforderte Summe von vier Milliarden Euro Erbschaftsteuereinnahmen im Jahr zu kommen, setzte die Regierung den vielen Wohltaten einige Abstriche entgegen: So werden Geschwister, Neffen und Nichten künftig nicht mehr als engste Verwandte akzeptiert. Wer das Glück eines reichen Bruders oder Onkels ohne eigene Nachkommen oder Ehefrau hat, wird künftig mehr Steuern zahlen: je nach Erbvermögen zwischen 30 und 50 Prozent. Warum sich die Bundesregierung mit Steuereinnahmen von vier Milliarden Euro aus Erbschaften zufriedengibt, ist eine interessante Frage, die im Fall der Union viel mit Klientelpolitik zu tun hat. Aber wie kam es überhaupt zu dieser »Reform«?

Das Märchen vom Firmenruin durch Erbschaftsteuer

Im Jahr 2002 übergaben die Richter des höchsten deutschen Finanzgerichts ein Verfahren an das Bundesverfassungsgericht. Sie rügten, dass die Erbschaftsteuer Immobilien und Betriebsvermögen nur zu einem Bruchteil ihres Marktwerts erfasste – mit 55 bis 70 Prozent. Wer einen Betrieb oder Immobilien erbte, hatte also Glück – Pech dagegen für den Sohn oder die Tochter eines Angestellten, der Wertpapiere oder schlicht bares Geld hinterließ. Das wurde zu 100 Prozent erfasst. Die Richter des Bundesfinanzhofes hielten das für verfassungswidrig. Fünf Jahre lang brüteten nun die Bundesverfassungsrichter in Karlsruhe über der Angelegenheit und bestätigten Anfang 2007: Das bisherige Erbschaftsteuerrecht ist tatsächlich verfassungswidrig. Große Teile mussten daher vom Gesetzgeber überarbeitet und den Vorgaben des Gerichts angepasst werden – und zwar bis spätestens Ende 2008. Während der fünf Jahre seit 2002 befassten sich nicht nur Juristen mit der Reform der Erbschaftsteuer, sondern auch Heerscharen von Lobbyisten des Unternehmerlagers.

Die hohe Erbschaftsteuer sei ein Jobkiller, gefährde den Fortbestand Hunderter von Familienbetrieben, besonders im Mittelstand. Mit solch düsteren Parolen zogen die Verbandssprecher jahrelang durch die Lande. Etwa der Präsident des Deutschen Industrie- und Handelskammertages, Ludwig Georg Braun: »Ohne Zweifel ist es wichtig, dass das Erbschaftsteuerrecht modernisiert wird, um Arbeitsplätze in unserem Land zu erhalten.« Ins gleiche Horn stieß Hanns-Eberhard Schleyer, Generalsekretär vom Zentralverband Deutsches Handwerk: »Gerade für die Erben von kleinen und mittleren Handwerksbetrieben kann es zum finanziellen Problem werden, die Erbschaftsteuerschuld leisten zu müssen.« Auch der damalige Hauptgeschäftsführer vom Bundesverband der Deutschen Industrie, Ludolf von Wartenberg, wollte nicht fehlen: »Ich habe von Fällen gehört, in denen die finanziellen Mittel nicht ausgereicht haben, die Erbschaftsteuer zu bezahlen.«

Aber konnten die Erben das Geld tatsächlich nicht aufbringen, mussten kleine und mittlere Betriebe dichtmachen? Im Bundesfinanzministerium haben die Beamten das Argument überprüft. Sie erkundigten sich bei Wirtschaftsverbänden nach Beispielen und recherchierten bundesweit in Statistiken. Gefunden haben sie nichts. Nur veröffentlichen durften sie ihr verblüffendes Ergebnis nicht. Uns wurde von einem Beamten aus dem Bundesfinanzministerium ein interner Vermerk[97] zugespielt. Dort heißt es eindeutig: »Die immer wieder vorgetragene Behauptung, die Erbschaftsteuer gefährde den Fortbestand mittelständischer Familienunternehmen, ist bisher durch keinen konkreten Fall belegt.« Was hat es also mit dem Argument des Firmensterbens auf sich?

Wir haken bei den Lobbyvertretern nach, die öffentlich behauptet hatten, die Erbschaftsteuer brächte viele Betriebe in Bedrängnis. »Kennen Sie konkrete Beispiele von Unternehmen, die durch die Erbschaftsteuer in Schwierigkeiten geraten sind?«, fragen wir Ludwig Georg Braun. Der DIHK-Präsident reagiert überrascht: »Ich persönlich nicht, aber ich kenne viele Betriebsberater des Handwerks, die Ihnen solche Fälle nennen könnten.« Spätestens Hanns-Eberhard Schleyer müsste dann aber eigentlich wissen, was im Handwerk los ist. Er ist schließlich der Generalsekretär vom Zentralverband des Deutschen Handwerks. Auf unsere Frage entgegnet Schleyer knapp: »Es hat keinen Fall einer Insolvenz gegeben.« Konkret auf die Lobbythesen angesprochen, druckst der BDI-Hauptgeschäftsführer Ludolf von Wartenberg plötzlich herum: »Man kann so was schlecht sagen, aber Firmenpleiten allein aufgrund der Erbschaftsteuer? Das glaube ich nicht.«

Das Argument vom Ruin Hunderter, gar Tausender von Unternehmen durch die Erbschaftsteuer wirkt für uns auf einmal eher wie eine rundum gelungene PR-Kampagne. Tatsache ist: Nachweislich gab es nicht einen derartigen Fall. Dennoch reagierten die Politiker der Koalitionsfraktionen wie bei einer Übeltat ertappte Kinder und reformierten die Erbschaftsteuer letztlich im Sinne der Reichen im Land. Auch das Argument Nummer zwei, die Erbschaftsteuer sei zu hoch, hält Peter Krämer für an den Haaren herbeigezogen. »Eine Erbschaft sei doch reiner Zufall. Purer Zufall, ob man nun Erbe reicher oder armer Eltern ist«, sagt der Millionenerbe. Eine Erbschaft sei wie ein Geschenk. Daher müsse das Erbe genauso wie eine Schenkung angemessen besteuert werden. »Deutschland hat im internationalen Vergleich wirklich extrem niedrige Erbschaftsteuern«, fügt er hinzu. Und das stimmt: Peter Krämer musste als Erbe nur wenige Prozent seines Betriebsvermögens abführen. Das Bundesfinanzministerium hat einmal ausrechnen lassen, wie hoch die Belastung im internationalen Vergleich ausfällt, bezogen auf einen mittelständischen Durchschnittsbetrieb. Mit 3,77 Prozent liegt Deutschland vergleichsweise niedrig. In Frankreich sind es 15,5 Prozent, in den Niederlanden 24,96 und in Amerika sogar stolze

35,91 Prozent. Auch bei den Einnahmen durch die Erbschaftsteuer liegt Deutschland im internationalen Vergleich am unteren Ende: Insgesamt betragen die Einnahmen aus Erbschaft- und Vermögensteuern im OECD-Durchschnitt 3,6 Prozent des Bruttoinlandsprodukts, in Deutschland lagen sie bereits vor der Reform bei lediglich 0,9 Prozent.

Noch deutlicher wird dieses Ungleichgewicht, wenn man die steuerliche Belastung ins Verhältnis zur Erbmasse setzt: Im Jahr 2005 wurden 200 Milliarden Euro in Deutschland vererbt. Darauf wurden nur drei Milliarden Euro Steuern gezahlt. Das entspricht einer Quote von 1,5 Prozent. Für die Erben, die für diese riesigen Geldbeträge wahrscheinlich keinen Finger krumm gemacht haben, dürften 1,5 Prozent Peanuts sein. Aber 1,5 Prozent haben oder nicht haben, mit diesem Denken wird man wohl erst Millionär.

Warum dieses Steuergeschenk an die Reichen? Wir bitten im Bundesfinanzministerium um ein Interview mit dem Finanzminister – und wieder einmal wird es abgelehnt. Stattdessen schickt man Barbara Hendricks, die bis Ende 2007 parlamentarische Staatssekretärin war.

»Warum diese Reform?«

»Um Arbeitsplätze zu sichern im Fall des Betriebsübergangs.«

»Aber die sind ja gar nicht gefährdet.«

»Das behaupten Sie. Aber es gibt sicherlich eine ganze Menge Unternehmen, die einfach nicht fortgeführt werden, auch wenn sie nicht in die Insolvenz gehen.«

»Ja, aber Ihr eigenes Ministerium kommt zu dem Ergebnis, dass die These, Betriebe müssten aufgrund der Erbschaftsteuer aufgegeben werden, nicht belegbar ist.«

»Es ist jedenfalls so, dass aufgrund der Erbschaftsteuer ein Liquiditätsverlust zu Lasten des Unternehmens eintritt, der sich negativ auf Arbeitsplätze auswirken kann.«

Es ist schon erstaunlich, wie sozialdemokratische Spitzenpolitiker die falschen Weisheiten aus dem Unternehmerlager mit Löffeln fressen. So ein Liquiditätsverlust mag in der Tat schmerzhaft sein, wenn die Erbschaftsteuer auf einen Schlag bezahlt werden muss. Aber: Eigentlich auch dies kein großes Problem, fanden die Beamten aus Barbara Hendricks eigenem Ministerium heraus. In einem internen Vermerk[98] weisen sie darauf hin, in so einem Fall könne »die Steuer auf bis zu zehn Jahre gestundet werden, im Erbfall zinslos. Von dieser Möglichkeit wird in der Praxis kaum Gebrauch gemacht.«

Über die Erbschaftsteuerreform können sich vor allem superreiche Familienunternehmer und Aktionäre freuen – beziehungsweise deren Erben. Und die Besitzer milliardenschwerer Betriebsvermögen, deren Erben nun solch großzügige Begünstigungen bekommen, werden alles daransetzen, auch ihr Privatvermögen als Betriebsvermögen zu deklarieren.

Durch die Erbschaftsteuerreform verzichtet die Bundesregierung in den nächsten 30 Jahren auf mindestens 50 Milliarden Euro Steuereinnahmen. Die Erbschaftsteuerreform schont die Reichsten in unserer Gesellschaft und entbindet sie auch ihrer gesellschaftlichen Verantwortung. Angesichts des 500-Milliarden-Pakets zur Rettung der Banken für den Rest der Bürger schlichtweg ein Hohn.

Auf dass sich Leistung nicht mehr lohnt

In dieser Debatte geht es nicht um Neid, auch nicht allein um mangelnde Gerechtigkeit, sondern vor allem um wirtschaftliche Vernunft. Es waren die großen Ökonomen der vergangenen Jahrhunderte, die bereits formulierten, worin Vorteile und Effizienz des

Kapitalismus liegen: in der persönlichen Leistungsbereitschaft und Risikofreude von Unternehmern. Und so beschäftigten sich schon die Klassiker der Wirtschaftstheorie von Adam Smith über John Stuart Mill bis hin zu John Maynard Keynes mit dem Thema Erbschaft – als Bremsklotz der Volkswirtschaft. Mill kritisierte bereits im Jahr 1848 die »Zufälligkeiten der Geburt«. Dass reiche Erben die Zeit totschlagen mussten, indem sie sich auf das Gedichteschreiben verlegten oder auf das Sammeln von Schmetterlingen, während andere wiederum zu Salonlöwen wurden, versetzte ihn in Alarmstimmung. Eine Gesellschaft der Lebemänner könne ökonomisch, politisch und militärisch nur auf die Nase fallen.

Der Soziologe Jens Beckert, Direktor am Max-Planck-Institut für Gesellschaftsforschung in Köln, hat sich das Phänomen reicher Erben genauer angesehen – insbesondere im Hinblick auf die Frage, wie eine dynastische Vermehrung von Reichtum die Gesellschaft beeinflusst. Dass eine ganze Generation quasi nur übers Erben zu Vermögen gelangt, widerspreche »prinzipiell jeder leistungsethisch orientierten Gesellschaft«[99], da sich eben nicht mehr Leistung lohnt, sondern die Abstammung. Im Fall der Erbschaftsteuer will die Unternehmerpartei FDP natürlich nicht auf ihr berühmtes Motto »Dass sich Leistung wieder lohnt« verweisen und unterstützt die Gegner der Erbschaftsteuer. Vielleicht sollten sich die Anhänger der dynastischen Vermögensvermehrung lieber ein Beispiel an einem der bekanntesten globalen Kapitalisten nehmen. Der Microsoft-Gründer Bill Gates will den Löwenanteil seines Vermögens seinen Kindern vorenthalten und steckte 25 Milliarden in eine von ihm gegründete Stiftung. Er wolle verhindern, dass bei seinen Kindern vorzeitig der Elan erschlaffe, selbst etwas auf die Beine zu stellen.

»Vom Tellerwäscher zum Millionär«-Legenden sind in Deutschland mittlerweile kaum mehr denkbar. Dafür wird ein steigender

Anteil junger Menschen quasi per Abstammung zum Millionär. Jahr für Jahr sterben etwa 830 000 Deutsche, unter ihnen viele, die zur erfolgreichen Gründergeneration der Bundesrepublik gehören. Das vererbte Vermögen wächst entsprechend. In den vergangenen 15 Jahren hat sich der durchschnittliche Wert einer Erbschaft mehr als verdoppelt.[100] Betrug er 1990 etwa 102 000 Euro, lag er 1996 schon bei 129 700 Euro, derzeit rechnet man mit 241 800 Euro. Gut eine Billion Euro werden den Töchtern und Söhnen dieser Generation bis 2012 zufallen, egal, ob sie selbst etwas dafür getan haben oder nicht. Zum Vergleich: Diese Summe ist ungefähr viermal so hoch wie der laufende Bundeshaushalt. Doch das Finanzamt bekommt von 90 Prozent der Erbfälle in Deutschland nicht mal etwas mit – da sie nicht steuerpflichtig sind. Auch in Sachen Erbschaftsteuer ist Deutschland ein Eldorado für Vermögende.

»Alles Müller ... oder was?«

Nicht nur dieser Werbeslogan hat den schwäbischen Molkereiunternehmer Theo Müller berühmt gemacht, sondern auch seine medienwirksame Flucht vor einer angeblich zu hohen Erbschaftsteuer ins Exil an den Zürichsee. Seinen Umzug propagierte er im November 2003 mit markigen Sprüchen, wie sie sich seine PR-Strategen nicht hätten besser ausdenken können. Der Mann mit den stahlblauen Augen und dem Haarkranz schimpfte über die »existenzgefährdende, wahnsinnige und dumme Erbschaftsteuer«. Er fühle sich vom deutschen Staat durch die Erbschaftsteuer enteignet, klagte Müller, und dass er nicht akzeptieren könne, dass es diese Steuer in Deutschland gibt. Deutscher Patriot und Schwabe sei er und seine Heimat liebe er natürlich, aber sein Unternehmen gehe nun mal vor. Sein Molkereikonzern mit 4 500 Beschäftigten und 1,9 Milliarden Euro Umsatz macht einen geschätzten jährlichen Gewinn von 100 Millionen Euro. Theo Müller rechnete vor, sein Betrieb sei rund 500 Millionen Euro wert. Deshalb müssten seine neun Kinder bei seinem Tod rund 200 Millionen Euro Erbschaftsteuer auf das Betriebsvermögen an den deutschen Fiskus überweisen. Das Geld müssten sich seine Kinder von Banken leihen oder dem Geschäft entnehmen. Dann hätten sie kein Geld mehr für Investitionen. Deshalb ziehe er in den Kanton Zürich um, wo direkte Nachkommen gar keine Erbschaftsteuer zahlen müssen.

Theo Müller wurde der Vorwurf der kapitalistischen Republikflucht gemacht. »Unpatriotisch«, schimpfte der damalige Kanzler Gerhard Schröder, und der Grünen-Chef Reinhard Bütikofer machte tatsächlich den Vorschlag, Steuerpflicht statt mit dem Wohnsitz mit dem Pass eines Menschen zu verknüpfen. Der damalige Bundesfinanzminister Eichel, der das neue Erbschaftsteuerrecht zu verantworten hat, nannte Müllers Verhalten »asozial«, weil er zwar 50 Millionen an staatlichen Subventionen für sein Unternehmen kassiert habe, aber seinen steuerlichen Verpflichtungen nicht nachkommen wolle. Aber wie viel Steuern hätten Müllers Erben gemäß damaliger Rechtslage tatsächlich bezahlt? Machen wir eine Rechnung: Für Unternehmen galt ein gesonderter Freibetrag in Höhe von 256 000 Euro. Hätte Theo Müller sein Betrieb an seine neun Kinder vererbt, hätten sie jeweils zusätzlich einen persönlichen Freibetrag von 205 000 Euro geltend machen können, außerdem einen Bewertungsabschlag von 40 Prozent auf den Wert des Unternehmens, wenn sie das erworbene Betriebsvermögen mindestens fünf Jahre halten. Und das plante und plant die Familie Müller ja. Insgesamt hätten die Kinder also Freibeträge von vier Millionen Euro gehabt. Zudem hätten sie wegen des Bewertungsabschlags für nur knapp 300 Millionen Euro Erbschaftsteuer bezahlen müssen. Hätte für die neun Erben insgesamt eine Erbschaftsteuer von 90 Millionen Euro gemacht. Bei einem geschätzten Gewinn von jährlich 100 Millionen vielleicht doch nicht so viel? Hätten die Müller-Kinder die 90 Millionen Euro trotzdem nicht direkt zahlen können, hätten sie die Zahlung stunden lassen können, zinslos. Wären die Müller-Kinder damit zu bedauern gewesen? Wohl kaum. Und wie groß ist das Steuergeschenk für Müllers Kinder nach der Erbschaftsteuerreform? Bleiben alle Kinder bei dem Geschäft mit Joghurt & Co., jedenfalls für zehn Jahre, können sie ihr mehrere Hundert Millionen Euro schweres Erbvermögen komplett an der Steuer vorbeibugsieren.

Es ist also nicht erstaunlich, dass Theo Müller nun die Erbschaftsteuerreform von seinem Exil aus über den grünen Klee lobt. Der gescholtene Molkereiunternehmer nimmt für sich in Anspruch, mit seiner Flucht ins Steuerexil »einen nicht unerheblichen Beitrag« zum politischen Gesinnungswandel und damit zu diesem Steuergeschenk geleistet zu haben. Wenn bei der Übergabe eines Betriebes an Nachkommen die Erbschaftsteuer nach zehn Jahren ganz erlassen werde, stärke dies die Familienunternehmen und stabilisiere den Standort Deutschland, behauptet Müller der *Süddeutschen Zeitung* gegenüber.

Nebenbei bemerkt: Mit seinem Vermögen steht Theo Müller immerhin auf Platz 131 der reichsten Deutschen. Und der Firmenpatriarch mit gehöriger Portion Sendungsbewusstsein verknüpft in seinen Werbekampagnen gern Profit mit Politikverdrossenheit. Jeden Tag soll er mehr als eine Viertelmillion Euro für Werbung ausgeben. Geistesgrößen wie Gerd Müller, Daniel Küblböck und Dieter Bohlen werben für ihn. Bohlen wurde sogar Vorsitzender

der »Müller-Partei«. Motto: Politiker sind schlecht, aber »Alles wird becher.«

Und während der Staat es Theo Müller und seinen Erben ermöglicht, sich aus der Affäre zu ziehen, finanzieren die Lohnabhängigen zum weitaus größten Teil das, was das Leben in diesem Land lebenswert macht: Schulen, eine noch erschwingliche Gesundheitsversorgung, ein soziales Auffangnetz für alle und sogar einen staatlich subventionierten Kulturbetrieb.

Kapitel 10

Welch unglaubliche Möglichkeiten der Steuerhinterziehung es gibt

Falko Heineken[101] ist müde. Die letzte Nacht war lang. Dazu dieser verflixte Schampus. Die Hefe hat er noch nie vertragen. Die schädelt. Heineken hat ein ziemlich rotes Gesicht, und so erinnert sein runder Kopf mit dem grauen Haarkranz ein wenig an eine Glühbirne.

Als Eigentümer des Chez Nous in St. Moritz muss er da hin und wieder mal durch. Manchmal wollen die betuchten Gäste mit dem Chef persönlich saufen. Und das hat sich auch schon öfters ausgezahlt. Heineken ist nämlich immer offen für neue Anregungen. So eine Art Steuertüftler ist er. Was er schon alles auf die Beine gestellt hat in Sachen Steuerhinterziehung, sucht seinesgleichen. Selbstverständlich hat er das nie allein hingekriegt. Er brauchte Partner, Anwälte, Notare, Immobilienhändler. Und seine Frau Sybille. Sybille ist gefühlte zwei Köpfe größer als er, eine schöne Frau. Dummerweise hat er sie am Ende betrogen, so dass sie nicht mehr mitspielt in seinem Steuermonopoly. Und jetzt hat er Staatsanwälte und Steuerfahnder auf dem Hals.

Das ist auch der Grund, warum Heineken nun eine luxuriöse Einliegerwohnung in seiner Nobelherberge in der Schweiz bewohnt: In Deutschland darf er sich zurzeit nicht blicken lassen.

Eine lukrative Begegnung

September 1997 in Kampen auf Sylt. An der langgezogenen Bar des Nobelrestaurants Sturmhaube kommt Heineken mit einem Mann von stattlicher Figur, braungebrannt, mit lockigen grauen Haaren, ins Gespräch. Bei Bier und Ginfizz reden sie über dies und das. Heineken erzählt von seinem Unternehmen mit einem Namen, der noch aus DDR-Zeiten stammt: RZG (Rechnungszentrum Geldwirtschaft), und dass er grübelt, was er damit anfangen soll. Es an die Börse bringen? Verkaufen? Ulf Piepenbrink, Rechtsanwalt und Steuerberater, hat Ideen. Sie verabreden sich. Noch im gleichen Jahr werden erste Überlegungen über die steuerlich günstigste Methode ausgetauscht, das Unternehmen RZG zu verkaufen. 1998 treffen sich Falko Heineken und sein neuer Berater immer öfter, und dabei erklärt Piepenbrink dem Unternehmer seine Konstruktion eines Steuersparmodells. Dieses »Steuermodell« nutzt vor allem den desolaten Zustand der deutschen Steuerbehörden aus, das fehlende Zusammenspiel der Finanzämter und die Personalnot in der Steuerfahndung. Beim Entwerfen des Modells hat Berater Piepenbrink sogar beim Bundesfinanzministerium angerufen und sich zu einem Experten durchstellen lassen, um sicherzugehen, dass die von ihm angedachte Struktur auch greifen würde. Heineken vertraut auf den Erfolg der Vorschläge seines neuen Partners Piepenbrink, der damit prahlt, wie erfolgreich er selbst damit schon verfahren sei.

Es ist ein geniales System, das mit allen Vorschriften des Steuerrechts kurzen Prozess macht und Zutaten eines guten Krimis aufweist, mit Scheinadressen und -firmen. Zum guten Schluss hat es den Vorteil, dass der Steuerhinterzieher das hinterzogene Geld auch fleißig ausgeben kann. Und für Piepenbrink ist das Ganze ein Supergeschäft, denn er erhält von Heineken ein Beraterhonorar von vier Millionen D-Mark.

London, Brüssel, Schweiz, Italien – Scheinadressen, um die Steuerfahndung zu täuschen

Zunächst ist wichtig, dass der Unternehmer Heineken zum Zeitpunkt des Verkaufs des Unternehmens seinen Lebensmittelpunkt nicht in Deutschland hat, sonst müsste er den Gewinn mit 30 bis 40 Prozent versteuern. Das wären in seinem Fall bis zu 20 Millionen D-Mark. Wohin aber soll Heineken ziehen? Der Rechtsanwalt und Steuerberater Piepenbrink ist wie immer gut vorbereitet. Er kramt einen ganzen Katalog von Adressen hervor, die Heinekens künftige Wohnorte sein könnten. Sie überlegen, ob eine Abmeldung auf die Kaimaninseln, die Bahamas oder Florida infrage kommt, also in die klassischen Steueroasen. Doch sie entscheiden sich dagegen, denn bis zum Verkauf seines Unternehmens muss Falko Heineken die Geschäftsführung der RZG weiterbetreiben, und dafür muss er sich einige Tage pro Woche in Deutschland aufhalten. Er muss also in der Nähe bleiben. Er selbst würde gern in die Schweiz ziehen, doch die zählt zu den Niedrigsteuerländern und hat mit Deutschland ein Doppelbesteuerungsabkommen. Heineken müsste sein Geld dort noch weitere zehn Jahre nach deutschem Recht versteuern. Das will er natürlich nicht. Deshalb plädiert Piepenbrink für die Hauptstadt des EU-Landes Großbritannien. Großbritannien hat den Vorteil, dass sich Bürger den mühsamen Gang zu einem Einwohnermeldeamt sparen können, weil es keine Meldepflicht gibt, also genau das Richtige für einen deutschen Steuerflüchtling.

In London beziehen die Heinekens eine luxuriöse Wohnung am Chester Square 18 – zumindest offiziell. Das Wohnviertel mit seinen strahlend weißen Villen und teuren Boutiquen im Stadtteil Belgravia erscheint dem Millionär Heineken angemessen. Damit er das monatliche Gehalt aus seinem Unternehmen überwiesen bekommen kann, braucht Heineken ein Konto. Ein solches Konto kann in Großbritannien nur mit einer Bürgschaft eingerichtet werden, unter Angabe der Wohnadresse. Kein Problem, schließlich hat Heineken ja jetzt seinen Wohnsitz in London, auch wenn er nie wirklich dort wohnt. Ulf Piepenbrink erledigt das alles mit großem Elan, das hübsche Beraterhonorar in Millionenhöhe beflügelt ihn. Seine Sekretärin Frau Rochus, erhält die Anweisung, Post und Telefonate für Heineken »mit zu erledigen«. Und Heinekens Frau Sybille brieft Piepenbrink, sie solle aufpassen, dass ihr Mann nicht mehr als die maximal zulässigen 179 Tage in Deutschland verbringe.

Auch Piepenbrink hat übrigens seinen Wohnsitz offiziell in London, ist aber selten dort, da seine Frau mit dem Sohn in Düsseldorf wohnt. Und ganz zufällig gehört ihm das Luxusappartement am Chester Square.

Während Sybille Heineken das Ganze schon damals ein wenig nervös machte, hatte ihr Mann eine kindische Freude an dem Versteckspiel. Zumal Piepenbrink immer ganz großmännisch als Beruhiger auftrat. Mit seiner sonoren Stimme betonte er, dass die Steuerbehörden sowieso immer zuerst längst Vergangenes prüften, dabei zudem extrem schwerfällig seien. Kurz und gut: »Dicht auf den Fersen sind die euch nie!« Selbstverständlich würde der Wohnsitz von London nach einer gewissen Zeit »anderswohin« verlegt – wenn die aktuelle Situation oder eine Veränderung der Rechtslage das verlange. Insgesamt hielt sich Falko Heineken nur wenige Tage in London auf, meist auf der Durchreise nach Florida.

Wie auch immer. Im Oktober 1998 packen die Heinekens die notwendigsten Sachen in ihr Auto und machen sich von Kampen auf in die Schweiz. In Ronco sopra Ascona im Kanton Tessin beziehen sie – inoffiziell – eine möbliert gemietete Luxusvilla. Der malerische Ort am Lago Maggiore gefällt ihnen gut. Denn wer die Uferstraße von Ascona nach Brissago entlangkurvt, passiert Dutzende teurer Villen. Reiche aus der Schweiz und aus Deutschland haben an den Berghängen ihr Quartier aufgeschlagen. Von ihren großzügigen Terrassen aus haben sie – an einigen Palmen vorbei – einen großartigen Blick auf den tiefblauen See. Sie können sich zurücklehnen und daran erfreuen, in einer wahren Oase angekommen zu sein. In jeder Hinsicht, wie wir noch sehen werden. Die Heinekens fühlen sich hier unter ihresgleichen. Eigentlich könnte jetzt alles seinen ruhigen Gang nehmen.

Doch Anfang 2000 ist plötzlich Ulf Piepenbrink an der Strippe und verlangt einen vermeintlichen Umzug von London nach Belgien. Der Verkauf der RZG steht nun kurz bevor, und so möchte er mit seiner Verschleierungstaktik auf Nummer sicher gehen. In Belgien wird unter Piepenbrinks Anleitung ein scheinbar weiterer Lebensmittelpunkt für die Heinekens geschaffen. Damit sei man »den Finanzämtern im Falle eines Falles immer einen Schritt voraus. Die Verlagerung des Wohnsitzes in ein anderes Land ist fast schon hinreichend, um die Finanzämter zur Kapitulation zu zwingen«, teilt ihnen der Rechtsanwalt mit.

Falko und Sybille Heineken wohnen nun offiziell im Haus Nr. 466 am Square du bois, dem vom Volksmund sogenannten »Platz der Millionäre« – eine 250 Meter lange Privatstraße, abgesperrt durch ein schmiedeeisernes Tor, mitten in Brüssel. Piepenbrink hat die Wohnung aus seinem Katalog internationaler Zufluchtsorte gefischt. Das Paar solle immer mal wieder in Haus Nr. 466 wohnen, so der Berater, und Sybille Heineken solle sich bei diesen Gelegenheiten möglichst auffällig verhalten, damit die Nachbarn im Falle von Überprüfungen bestätigen können, dass die Heinekens auch wirklich dort wohnen. Falko Heineken und seine Ehefrau halten sich zwischen Oktober 2000 und Juli 2002 insgesamt etwa 60 Tage in der Wohnung in Brüssel auf. Von einem echten Lebensmittelpunkt kann also nicht die Rede sein.

Tatsächlich wohnt das Ehepaar Heineken zu der Zeit in Italien, im Ort Cima am Luganer See. Wieder ein Ort mit Palmen an einem blauen See. Gemeldet sind sie überhaupt nirgendwo – weder in Großbritannien oder Belgien noch in der Schweiz oder Italien. Soweit läuft die Verschleierungstaktik wie am Schnürchen.

Die Villa in Italien – auch hier lassen sich Steuern hinterziehen

Es war ein schöner Ostertag 1999 in Cima am Luganer See. Falko und Sybille Heineken wollen gerade einen Ausflug im Cabrio unternehmen, um den See fahren und irgendwo gut essen, da klingelt es an der Haustür. Der Vermieter und Eigentümer der Luxusvilla kommt auf Heineken zu und fragt, ob er das Haus nicht kaufen wolle. Aus gesundheitlichen Gründen wolle er das Anwesen aufgeben und deswegen den Mietvertrag kündigen. Berater und Rechtsanwalt Piepenbrink vermittelt den Kontakt zu dem Immobilienmakler Kai Fischer. Heineken entscheidet sich zum Kauf. Als Käufer solle aber seine Schweizer Firma, die er bereits 1999 gegründet hatte, auftreten, nicht er selbst als Privatperson, damit nicht bekannt würde, dass die Villa nun sein Eigentum sei. Bloß keine Werte in Privathand, da zahlt man zu viele Steuern! So sein Credo.

Auch bei diesem Verkauf wurde steuerlich getrickst. Dem alten Eigentümer der Villa überreicht er den schönen Batzen von 800 000 D-Mark in bar – Schwarzgeld. Im Februar 2000 soll der offizielle Kaufvertrag in Mailand beurkundet werden. Pech nur, dass Heineken und Piepenbrink eines diesmal nicht bedacht hatten: Schweizer Gesellschaften dürfen keine Immobilien in Italien erwerben. Flugs wird in Liechtenstein die Gesellschaft Mare s.A. gegründet. Am 16. März 2000 fährt Heineken dann zur Beurkundung des Kaufvertrags wieder nach Mailand. Eine Aktion, die den notorischen Steuerschwindler in Hochstimmung versetzt. Gemeinsam mit seinem Freund und Berater Piepenbrink und dem Eigentümer der Villa betritt er das große helle Büro des italienischen Notars Emilio Zapatoni. Auf dessen riesigem Mahagonischreibtisch steht eine goldene Justitia. Zapatoni steht auf, begrüßt die Herren und öffnet seinen Humidor. Er entnimmt vier Mareva Montecristo No. 4, ein echter Schmaus für Rauchergaumen. Auch Heineken, der Nichtraucher ist, zündet sich eine an. Bald sitzen die Herren selbstzufrieden in einer dichten Dunstwolke. Die Kaufsumme, die Zapatoni kurz zuvor mit blauer Tinte zu Papier brachte, beträgt 750 000 D-Mark. Die 800 000 D-Mark Schwarzgeld, die der Verkäufer bereits erhalten hat, finden selbstverständlich keine Erwähnung. So erhält der ehemalige Eigentümer insgesamt 1,5 Millionen D-Mark, und Heineken freut sich, eine hübsche Summe Schwarzgeld unters Volk gebracht zu haben. Ulf Piepenbrink sagt dazu: »In Italien beurkundet kein Mensch den tatsächlichen Kaufpreis, schließlich sind ja jedes Jahr die Grundsteuern auf den beurkundeten Kaufpreis zu entrichten.« Der »offizielle« Teil des Kaufpreises stammte übrigens aus einem Darlehen der RZG, damals noch in Heinekens Besitz, das von der Finanzprokuristin Annette Richter an die Mare s.A. in Liechtenstein überwiesen worden war. So landeten Firmengelder ganz sanft in der Villa mit Pool, also im Privatvermögen der Heinekens. Steuerbeamte nennen so etwas verdeckte Gewinnausschüttung.

Heinekens hatten sich in Cima immer sehr wohlgefühlt. Dass an der Villa das eine oder andere zu renovieren war, hatte sie als Mieter nie gestört. Wohl aber jetzt als frischgebackene Eigentümer. Vier Monate lang, von Dezember 2000 bis April 2001, wurde kräftig gebaut und saniert. Natürlich wollte Heineken dabei Geld sparen. Die meisten Handwerker arbeiteten schwarz. Heineken bezahlt nur die Arbeiten legal, bei denen er ein Papier braucht, um etwaige Baumängel einklagen zu können. So schaffte er es, etwa eine Viertelmillion D-Mark schwarz verbauen zu lassen. Jede offizielle Zahlung lief über die Konten seiner Liechtensteiner Gesellschaft Mare s.A.

Doch Heineken wird es an einem Ort schnell zu eng. Während sich seine Frau allmählich einlebt, rennt er immer häufiger rastlos mit Hund Charles durch die Gegend. Die Villa reicht ihm nicht mehr. Vielleicht ist es auch die Paranoia eines Getriebenen, der ständig aufpassen muss, keinen Fehler zu machen. So beschließt er, sich in Cima ein Anwesen zu bauen – Kostenpunkt 800 000 D-Mark. Es soll moderner sein, heller Beton und große Fensterflächen, teures Panzerglas und natürlich ein Pool. Das Geld fließt von Konten der Firma Mare s.A. in Liechtenstein, dabei werden rund 40 Prozent der Bauarbeiten, also 320 000 D-Mark, schwarz bezahlt.

Zwei Unternehmen sind steuerlich besser als eins

Luxus gehört für Falko und Sybille Heineken längst zum Leben wie für andere die alte Lieblingsjeansjacke. Man trägt sie gern, aber ohne sie bewusst zu genießen. Bei Hunden ist das anders. Auf die wird man doch häufiger angesprochen. Die Heinekens haben zwei Hunde: einen kleinen Pomaranian-Zwergspitz, so eine flauschige, beige-braune Trethupe, und einen Rhodesian Ridgeback, ein stolzes Tier in menschlicher Hüfthöhe. 1 300 Euro muss man für so einen Hund hinblättern. Während sich der Zwergspitz Henry meist auf Sybille Heinekens Schoß kuschelt, genießt Falko Heineken die langen Spaziergänge mit dem großen Charles. Doch Heineken wäre nicht Heineken, wenn die Hunde nicht noch eine andere Funktion hätten: Sie sind Namensgeber für zwei Tochterfirmen, die er auf Rat von Anwalt Piepenbrink gründet. Die Henry GmbH und die Charles GmbH & Co. KG. Dabei sorgt er dafür, dass die Charles GmbH & Co. KG seiner Frau Sybille gehört und nicht ihm. Sonst könnten Geschäfte zwischen den beiden Firmen nur schwer verrechnet werden und wäre die Aufdeckungsgefahr zu groß.

Mit solchen Konstrukten kann man eine Zeit lang schöne Geschäfte machen. Falko Heineken verkauft zum Beispiel drei Gemälde des berühmten Markus Lüpertz an sein Unternehmen RZG – für 250 000 D-Mark. Die RZG verkauft die Werke zum doppelten Preis an die Henry GmbH weiter. So kann die Henry GmbH 500 000 Euro an Repräsentationskosten von der Steuer absetzen. Und da sich natürlich nie ein Betriebsprüfer in die Gemächer der Heinekens verirrt, merkt niemand, dass die Bilder am Ende doch in Heinekens Wohnzimmer hängen. Aber eigentlich gehören sie ihm nicht – oder doch? Sie gehören ihm als Geschäftsführer der Firmen RZG, Henry und Charles. Die gleiche Masche zieht Heineken bei den vielen teuren Designermöbeln und Oldtimern durch, für die er schon immer eine Schwäche hatte. Auch werden die Firmengebäude der RZG jetzt von der Charles GmbH an die Henry GmbH vermietet. Da fallen Kosten bei der Henry GmbH an, und die lassen sich steuerlich absetzen.

Das Steuerschlupfloch im Außensteuergesetz

Mehr oder weniger parallel zur Verschleierung des tatsächlichen Wohnsitzes lief der Verkauf der RZG an. Wieder hat sein Weggefährte und Anwalt Piepenbrink eine Idee. Er hat eine Lücke im

Außensteuergesetz erspäht. So der Trick: Heineken hat seinen Wohnsitz offiziell am 31 Mai 1998 auf Sylt abgemeldet. Alle Verträge zur Umstrukturierung der RZG wurden im Dezember 1998 geschlossen, damit das Jahr 1998 steuerlich bereits als Jahr des Wegzugs zählt. Dadurch ist Heineken zunächst nur beschränkt einkommensteuerpflichtig, weil er offiziell nicht einmal die Hälfte seiner Zeit einen Wohnsitz in Deutschland hat. Das gilt auch, wenn er sein Unternehmen verkauft. Denn im Einkommensteuergesetz steht, dass zu den Einkünften aus Gewerbebetrieben auch der Gewinn aus Verkäufen von Unternehmensanteilen zählt. Vorausgesetzt, der Verkäufer war in den letzten fünf Jahren zuvor unmittelbar am Kapital beteiligt. Das war bei Heineken der Fall.

Wenn ein Deutscher mit Wohnsitz in Deutschland Unternehmensanteile gewinnbringend verkauft, zahlt er auf den Gewinn Steuern. Paragraf 6 des Außensteuergesetzes macht davon jedoch eine Ausnahme: Besitzer von Kapitalgesellschaften, die ihren Wohnsitz vor Verkauf ins Ausland verlagert haben, werden so besteuert, als ob sie die Anteile zu Marktpreisen verkauft hätten. Es wird also ein geschätzter Wert des Unternehmens versteuert und nicht der aus dem Verkauf tatsächlich erzielte Gewinn. Und wie schätzt man den Wert eines Unternehmens? Durch das sogenannte Stuttgarter Verfahren, bei dem wiederum der Unternehmenswert geschätzt wird. Ein Steuerschlupfloch für Superreiche, das fast einmalig ist in der Welt. Nur nebenbei: Wegen dieses Steuerschlupflochs hat die Europäische Kommission inzwischen ein Verfahren gegen Deutschland eingeleitet wegen Verletzung des EU-Vertrages.

Gesagt, getan. Für den windigen Anwalt Piepenbrink war das aber nicht genug. Es muss ein bisschen an der Bilanz der RZG gebastelt werden, damit Heineken möglichst wenig Steuern auf den Verkauf zahlen muss. Berater Piepenbrink sagt dazu, »man muss die Braut hübsch machen, damit geheiratet werden kann«. Unter seiner Anleitung setzt die Finanzprokuristin der RZG, Annette Richter, den Wert des Unternehmens erheblich herab. Das zuständige Finanzamt im norddeutschen Leck hat jedoch einige Fragen. Also bombardiert Heineken es mit Listen, Aufstellungen und Zahlenreihen, die kein Steuerbeamter je in seinen Kopf kriegt, und überweist am Ende 3,5 Millionen D-Mark Steuern. Dieses Ergebnis geht nun beim Finanzamt durch die Prüfung und wird für in Ordnung befunden. Heineken hat seine Steuerpflicht erledigt. Der Wert des Unternehmens wurde minimal versteuert, weil Falko Heineken ins Ausland gezogen war. Rechtsanwalt Ulf Piepenbrink erklärt ihm, dass er das Geld, das er jetzt tatsächlich aus seiner Firma schlägt, nicht mehr versteuern muss, da der Unternehmenswert nach dem Stuttgarter Verfahren ja bereits feststünde. Das gefällt dem Unternehmer Heineken, der beschließt, überhaupt keine weiteren Steuern mehr in Deutschland zu zahlen. Schon gar nicht auf die Millionen, die er für sein Unternehmen in Wirklichkeit auf sein Konto bei der Sparkasse Nordfriesland auf Sylt überwiesen bekommen wird. Geld aus dem Verkauf einer angeblich armen Firma.

Im Frühjahr 2000 ist der Startschuss für den Verkauf des Unternehmens RZG. Natürlich unter Anleitung des Beraters Piepenbrink. Der Augenblick ist günstig für so ein Rechenzentrum, denn die Börsenwerte von IT-Unternehmen sprießen ins Unermessliche, und alle sind euphorisch. Die ersten Angebote kommen schnell. Ulf Piepenbrink kümmert sich auch um die Vermarktung und die Verkaufsverhandlungen. Im Juli 2000 reisen Heineken und Piepenbrink nach Basel. Gemeinsam mit der Käuferfirma »l & j AG« werden bei Notar Manuel Rivera der Kauf- und ein Abtretungsvertrag unterschrieben. Der Kaufpreis des Unternehmens wird auf 41 Millionen D-Mark festgelegt – offiziell. Doch das reicht Heineken natürlich nicht. So schließt er mit den Käufern einen Beratervertrag ab: 100 000 D-Mark pro Monat für sechs Jahre, also nochmal insgesamt 7,2 Millionen. Ulf Piepenbrink nennt das den »versteckten Kaufpreis«. Bereits ab Juli 2000 erhält Heineken ein monatliches Honorar von 100 000 D-Mark, das er in Deutschland nicht versteuern muss, da er ja im Ausland lebt. Für das Gebäude der RZG, das offiziell der Charles GmbH & Co. KG gehört, wird ein separater Kaufvertrag unterschrieben. Erst im Jahr 2006 soll der Kauf offiziell vollzogen werden. Der Grund: Da das Ehepaar Heineken das Gebäude erst 1996 erworben hatte, lief noch die zehnjährige Spekulationsfrist für Immobilienverkäufe. Für den Verkauf der RZG bekommt Falko Heineken am 6. November 2000 auf sein privates Konto 41 Millionen D-Mark überwiesen. Der Unternehmer überweist das Geld schnell ins Ausland weiter, bereits am selben Tag fließen 25 Millionen D-Mark auf ein Schweizer Konto der UBS Ascona. Auch Berater Piepenbrink kann sich über eine satte Überweisung freuen. Bereits am 1. September waren vier Millionen D-Mark auf seinem Konto gelandet. Natürlich nicht auf seinem deutschen, sondern auf dem in Luxemburg.

Kein Finanzamt ahnt etwas davon, dass das Ehepaar Heineken während all dieser Zeit in der Schweiz und in Italien wohnt und deshalb nach deutschem Recht Steuern hätte bezahlen müssen. Rechtsanwalt Piepenbrink betrachtet sein Honorar selbstredend brutto für netto. Für die Beratung einer millionenschweren Steuerhinterziehung.

Falko Heineken kann es nicht lassen

Nicht nur in Deutschland, auch in der Schweiz betrügt Falko Heineken den Staat Jahr für Jahr um Millionen. Illegal kauft er eine Nobelherberge in St. Moritz – illegal, da ein Verstoß gegen die sogenannte Lex Koller, die Erwerbsmöglichkeiten von Schweizer Liegenschaften durch Ausländer beschränkt. Aber einer wie Heineken hat einen Strohmann, einen Schweizer Staatsbürger fürs Offizielle. 24 Millionen Schweizer Franken investiert Heineken in die Gourmet-Herberge für die Besserverdienenden. Und wieder gründet er zwei Firmen: die Tango und die Luchs Immobilien AG. Auch für die Luchs Immobilien AG setzt Heineken wegen der »Lex Koller« einen Strohmann ein. Die Luchs Immobilien AG vermietet Gastronomieräume an die Firma Tango mit dem Edelrestaurant. Als alter Steuertüftler läuft Heineken bei alldem mal wieder zur Hochform auf: Zum Interieur des Restaurants gehören besondere Kassen, die über eine versteckte Elektronik den Tagesumsatz um eine beliebige Geldmenge reduzieren können. Jeden Abend findet solch eine »Tagesbereinigung« statt, wie Heineken das nennt. Es werden einfach Buchungen aus den Kassen herausgezogen. Das Schöne an dieser Methode: Die tatsächlichen Zahlungen verschwinden aus den Büchern und das Geld darf sofort entnommen werden. Eine Schwarzgelddruckmaschine; unter Gastronomen eine weit verbreitete Methode der Steuerhinterziehung. Bei Heineken macht das schon mal 10 000 Schweizer Franken am Tag aus. Nicht schlecht. Außerdem werden externe Events nach Möglichkeit schwarz veranstaltet und schwarz bezahlt, pro Event sind das zwischen 50 000 und 150 000 Schweizer Franken. Und in der Saison gibt es bis zu acht Events im Monat.

Und selbst bei dem, was Heineken einkauft, umgeht er die Steuer. So bezieht er seine Waren, auch seine exklusiven Weine und

Champagner, in der Regel über eine Hamburger Firma – logischerweise unverzollt. Oder er schwingt sich in seinen schwarzen Mercedes SL und verlässt St. Moritz für eine Spritztour Richtung Italien. Bei der Rückkehr käme er nie auf die Idee, den Inhalt seines Kofferraums beim Zoll zu deklarieren: Champagner aus der Chesa Chantarella oder Edeluhren, die nie unter 100 000 Euro Wert haben. Eine Uhr trägt er selbst, und weitere packt er in das Etui. Welcher Zöllner kommt schon auf die Idee, in das zur Uhr gehörige Etui zu schauen. Ein einziges Mal ist Heineken bislang erwischt worden und musste 25 000 Schweizer Franken Strafe zahlen. Aber was sind schon 25 000 Franken für ihn, den Multimillionär?

Selbst die eigene Ehefrau ist Opfer seiner Machenschaften

Falko Heineken hat es fast geschafft und seine Spuren in Deutschland mit Hilfe seines Beraters Piepenbrink beinahe komplett getilgt. Alle seine Unternehmen sind inzwischen in der Schweiz und in Liechtenstein. Nur noch ein Firmensitz befindet sich in Deutschland: die Charles GmbH & Co. KG. Aber die gehört offiziell ja seiner Ehefrau Sybille. Die Charles GmbH vermietet ihre Gebäude nach wie vor an die Firma RZG, die Heineken mittlerweile verkauft hat. Das ist vielleicht ein Fehler. Denn die Geschäfte des neuen Eigentümers laufen schlecht. Immer häufiger kann die RZG die Miete nicht zahlen. Da der einzige Zweck der Charles GmbH die Vermietung der Gebäude ist, müsste sie eigentlich Konkurs anmelden. Aber gerade in solchen Augenblicken versteht sich Heineken darauf, »aus Scheiße Gold zu machen«. Mit einer konkursbedrohten Firma können Reiche in Deutschland immer noch ein gutes Geschäft machen: Im September 2002 überweist die Charles GmbH & Co. KG 800 000 Euro an die Schweizer Firma Luchs Immobilien AG von Falko Heineken. Im gleichen Jahr werden 99 000 Euro aus der Charles GmbH »abgezogen«, offiziell zur »Rückzahlung von Auslagen«. Mit diesem Geld wird unter anderem die Restaurierung eines Mercedes-Benz 190 SL und eines Mercedes-Benz 300er »Adenauer« bezahlt. Sybille Heineken bringt persönlich 44 000 Euro Firmenvermögen in bar in die Schweiz. So wie sie das zuvor schon häufiger gemacht hat.

Dass die Firma seiner Frau pleitegeht, macht Falko Heineken nicht sonderlich nervös. Als Sybille Heineken für ihr Unternehmen schließlich in Deutschland den längst überfälligen Insolvenzantrag stellt, verlässt Heineken sie. An seinen Millionen will er sich künftig allein verlustieren und beruft sich auf die Gütertrennung im Ehevertrag. Ihm steht die Welt offen. Von St. Moritz über den Lago Maggiore nach Florida und zurück zum Luganer See. Es sei denn, einige seiner Vergehen sind noch nicht verjährt. Dann müsste er sich vermutlich von ein paar Millionen trennen. Aber was sind schon ein paar Millionen für einen wie ihn.

Kapitel 11

Wie Unternehmen ihre Steuerlast drücken

In einer viertel Stunde ist es zehn Uhr, und Götz Kreßner hat alle Hände voll zu tun. Um die Tür zu seinem Möbelhaus zu öffnen, braucht es allerdings keine Heerscharen von Angestellten. Er selbst reicht da im Zweifelsfall aus. Das Möbelhaus Markant in Kaarst bei Düsseldorf ist klein, aber fein. Der 37-jährige Kreßner hat es 2001 riskiert, sich selbstständig zu machen. Er ist Mitgesellschafter und Geschäftsführer. Und er ist zufrieden, was man selten hört in diesem Jahr. »Von der Krise merken wir nichts, im Gegenteil. Die Leute kaufen mehr. Die Amerikaner nennen das ›Homing‹ oder ›Cocooning‹ – wenn es ringsrum kracht, macht man es sich zu Hause schön.« Vor ein paar Tagen kam ein Rentnerehepaar zur Tür herein. Götz Kreßner sieht sofort, wenn jemand in Kauflaune ist, dafür ist er lange genug im Geschäft. Die Rentner hatten eine hübsche Summe von der Bank genommen, weil sie Angst hatten, dass mit den Banken auch ihr Geld verschwinden könnte. »Die kaufen sich was Schönes«, erzählt Kreßner, »das kann man den Leuten nicht mehr wegnehmen.«

Klar hat auch Kreßner Furcht, dass die Krise ihn noch einholt. Denn viel passiert ist bislang nicht in Kaarst und Umgebung. Eine Aluminiumhütte hat dichtgemacht. Ansonsten brummt es überall. Vor allem die betuchten Düsseldorfer kommen nach Kaarst. Das hat was mit Kreßners Nachbarn zu tun: IKEA. »Viele gehen zuerst zu IKEA, kommen dann noch bei uns vorbei.« Ohne IKEA hätte Markant vermutlich weniger Besucher. Eine Konkurrenz sei IKEA für ihn nicht, sagt Kreßner, denn bei denen sei das meiste nur Furnier. Markant setzt auf Massivholz, und das in erfrischendem Design. Doch hat IKEA einen entscheidenden Wettbewerbsvorteil: IKEA zahlt in Deutschland, wie wir noch vorrechnen werden, nur ungefähr 15 Prozent Steuern von seinen Gewinnen, das kleine Möbelhaus Markant hingegen rund 25 Prozent, wie Kleßner sagt. »Das ist ziemlich ungerecht. Großkonzerne wie IKEA können ohnehin billiger einkaufen, IKEA hat sogar eigene Fabriken, das ist ein Wettbewerbsvorteil: Aber dass sie obendrein noch mehr Gewinn machen, weil sie Steuern sparen können, ist nicht o.k.«

Aber stimmt das mit den 15 Prozent? Und wenn ja: Wie ist es möglich, dass ein kleines Möbelhaus 25 Prozent von seinen Gewinnen an Steuern herausrücken muss, eine große Kette aber nur 15 Prozent? IKEA geht es geschäftlich gesehen doch gut. Wer kennt das nicht: Ein Besuch bei IKEA, man will nur eben etwas einkaufen und kommt mit einem vollgepackten Einkaufswagen wieder heraus?

Der Umsatz des schwedischen Konzerns in Deutschland wird auf 2,5 Milliarden Euro geschätzt. Das müsste sich doch auch für die deutsche Steuerkasse lohnen, dachten wir uns und fragten die Pressesprecherin von IKEA Deutschland, Sabine Nold. Aber die smarte Frau ist ziemlich zugeknöpft: »Ansonsten sind wir zwar ein sehr transparentes Unternehmen, was Planung in neue Einrichtungshäuser oder unseren Umsatz anbetrifft, aber da wir kein börsennotiertes Unternehmen sind, veröffentlichen wir weder Gewinne noch beantworten wir daraus resultierend solche Steuerfragen.«[102] Hier kommen wir also nicht weiter. Glücklicherweise gibt es internationale Datenbanken, wo man gegen einen kleinen Obulus über so einen verschlossenen Konzern recherchieren kann. Über Wochen analysieren wir die Daten von IKEA Deutschland, IKEA Schweden, IKEA Niederlande und so weiter, und so fort. Bei dem, was der Computer ausspuckt, bleibt uns die Spucke weg. IKEA ist nicht nur ein wunderbarer Erfinder von Möbelsystemen, sondern auch eines trickreichen Systems der Steuervermeidung – alles ganz legal.

IKEA hat viele Firmen, eine ziemlich undurchsichtige Konstruktion. Da lassen sich Gewinne geschickt hin und her bewegen. Die Auswertung der vielen Daten übernimmt ein Steuerexperte für uns: der Wiesbadener Professor Lorenz Jarass. Jarass beschäftigt sich seit Jahren mit Steuerstatistiken insbesondere im Unternehmensbereich. Mit seiner Hilfe möchten wir der Frage nachgehen, wie IKEA es anstellt, so wenig Steuern zu zahlen.

Jarass beginnt die Zahlen anzusehen und ist sofort etwas irritiert: »IKEA Deutschland hat nur 0,2 Prozent Eigenkapital und 99,8 Prozent Fremdkapital. So ein Unternehmen habe ich bei meinen Untersuchungen noch nie gesehen. IKEA leiht sich vom eigenen Konzernkreis aus dem Ausland Geld und auf dem internationalen Kapitalmarkt. Die Schuldzinsen kann IKEA in Deutschland steuermindernd geltend machen und spart dadurch rund 30 Millionen Euro pro Jahr«, sagt Jarass. Die erste Steuerersparnis sind also die Schuldzinsen, die IKEA Deutschland selbst dann steuerlich geltend machen kann, wenn es sich Geld von zum Beispiel IKEA Frankreich statt bei einer Bank leiht.

Der zweite Steuertrick hat mit Lizenzgebühren zu tun. Nehmen wir ein Billyregal. Kauft ein Kunde so ein Regal in einer deutschen Filiale, werden automatisch drei Prozent Lizenzgebühr an eine ausländische IKEA-Firma abgeführt. Das gilt nicht nur für Billy, sondern auch für alle anderen IKEA-Waren aus den gut drei Dutzend deutschen Filialen. Da kommt einiges zusammen. Im Jahr rund 60 Millionen Euro. Das Geld fließt in die steuerlich günstigeren Niederlande, genauer nach Amsterdam. Da hat das schwedische Möbelhaus eine Lizenzverwaltungsgesellschaft platziert. Ein gängiger Steuertrick, den insbesondere Firmenketten mit ausländischem Hauptsitz nutzen können. Das deutsche Steuerrecht erlaubt, dass IKEA Lizenzgebühren für die Nutzung seines eigenen Namens von seinem in Deutschland erzielten Gewinn abzieht. Daraus resultierend spart IKEA Deutschland nochmals rund 25 Millionen Euro Steuern pro Jahr, rechnet Lorenz Jarass aus.

Beim dritten Steuertrick geht es um Auslandsinvestitionen. Im Geschäftsbericht kann man nachlesen, dass zu IKEA Deutschland viele Filialen in Osteuropa gehören, zum Beispiel die in Moskau: Die Stadt gehört längst zur IKEA-Welt. Die Filialen in der russischen Hauptstadt unterscheiden sich nicht von einem IKEA-Markt in Dortmund oder Kiel, schließlich sind es mit IKEA Deutschland verbundene Unternehmen. Neue IKEA-Läden, das bedeutet neue Kosten. Die lassen sich mit den Gewinnen hierzulande verrechnen. Damit kann IKEA Deutschland wiederum Steuern sparen – und der deutsche Steuerzahler finanziert so die Moskauer Filialen mit.

Große Möbel superflach zu verpacken, das ist das unglaubliche Erfolgsrezept von IKEA. IKEA ist aber nicht nur gut im Einwickeln von Möbeln, sondern auch im kreativen Nutzen von Steuersparmodellen. Lorenz Jarass hat das alles mal zusammengerechnet: In den Jahren 1999 bis 2003 verringerte IKEA durch ganz legale steuerliche Konstruktionen seine steuerliche Belastung von knapp 40 auf rund 15 Prozent. Großes ganz klein verpacken eben.

Götz Kreßner ist kein Mensch, der jeden Tag über die Steuern jammert. Wenn er aber an IKEA denkt oder an Opel und hört, dass solche Konzerne kaum oder wenig Steuern zahlen, kocht es in ihm: »Und genau solche Konzerne wie Opel kommen jetzt auf den Staat zu und wollen Geld«, sagt er. »Unmöglich«, fügt er hinzu, ohne unfreundlich zu werden. Er behält die Fassung. Und er kann es sich leisten. Noch.

IKEA ist natürlich kein Einzelfall unter den großen Konzernen, denn einerseits stehen ihnen viele Möglichkeiten der Steuerminderung zur Verfügung, andererseits gab es selten eine so rasante Senkung von Steuersätzen in kurzer Zeit wie bei den Unternehmensteuern.

Von Rot-Grün bis Schwarz-Rot: Unternehmensteuern im Sturzflug

Es ist erstaunlich, wie Regierungen Zahlen und Fakten ignorieren können. Zwei Mal kurz hintereinander waren von der rot-grünen Bundesregierung unter Gerhard Schröder die Unternehmensteuern gesenkt worden. 1998 mussten Unternehmen auf ihre Gewinne noch 45 Prozent an Körperschaftsteuern zahlen – natürlich auf dem Papier, wie wir gelernt haben, nicht tatsächlich. 1999 verringerte Rot-Grün den Steuersatz auf 40 Prozent. Mit der Unternehmensteuerreform 2000 wurde die Körperschaftsteuer dann massiv von 40 auf 25 Prozent gesenkt. Außerdem setzte der damalige Finanzminister Hans Eichel (SPD) durch, dass zusätzliche Gewinne aus dem Verkauf von Beteiligungen an anderen Unternehmen steuerfrei gestellt wurden. Die Unternehmen konnten sich freuen – der Steuerstaat hatte gigantische Einbußen: Die Einnahmen aus der Körperschaftsteuer sanken in den folgenden Jahren um über 20 Milliarden Euro im Jahr. Erst im Jahr 2006 erreichten die Steuereinnahmen wieder das Niveau von 2000. Dazu muss man aber wissen, dass die Unternehmen in dieser Zeit ihre Gewinne um 80 Prozent steigern konnten.

Der Lobby der Unternehmensverbände reichte das nicht. Als Bundesfinanzminister Peer Steinbrück im September 2006 die Werbetrommel für seine große Sache – die Unternehmensteuerreform 2008 – rührt und den Unternehmern fünf Milliarden Euro Nettoentlastung verspricht, kommt es dennoch zu einer heftigen Diskussion. Der Minister hat ein Problem, das er ganz offen anspricht: »Wie kommuniziere ich eine solche Unternehmensteuerreform? Zu einem Zeitpunkt, wo ich für die breite Masse der Einkommensbezieher sehr viele Zumutungen parat habe, sehr viele Zumutungen. Stichworte sind Ihnen allen geläufig, ob es die Mehrwertsteuererhöhung ist, ob es der Arbeitnehmer-Sparerfreibetrag ist. Und trotzdem brauchen wir zusätzlich eine Unternehmensteuerreform, die auch dazu führt, dass die öffentlichen Haushalte zunächst auf Geld, auf Einnahmen verzichten.«[103] Die Lobbyisten der Wirtschaftsverbände drohen unverhohlen mit Abwanderung: Entweder die Politik spurt oder wir gehen woandershin! Klaus Bräunig, damals der Steuerexperte des Bundesverbandes der Deutschen Industrie (BDI), sagt es schneidig und unzweideutig: »Deutschland steht sowohl bei der nominalen als auch bei der effektiven Steuerbelastung, bei der Körperschaftsteuer nicht mehr im richtigen Ranking. Wir zahlen zu viel, und die Steuern sind ein wichtiger … ein wichtiges Kriterium für die Standortwahl.«[104] Auch Eckart Sünner, zu dieser Zeit Vorsitzender des Steuerausschusses des Verbandes der chemischen Industrie (VCI), jammert über die angeblich hohen Unternehmensteuern in Deutschland: »Wenn Sie sich in unseren Nachbarländern umschauen, ist die Belastung mit Unternehmensteuer dort nirgends so hoch wie in Deutschland.«[105] Auf dem Papier waren damals bei den Kapitalgesellschaften 25 Prozent Körperschaftsteuer plus 14 Prozent Gewerbesteuer fällig, nominell also 39 Prozent. Aber zahlten die Unternehmen tatsächlich so viel?

Deutsche Großkonzerne zahlen bloß 16 Prozent Steuern

Eine gute Frage. Professor Jarass ging ihr in umfassenden Studien nach. So hat er in seiner Studie *Geheimnisse der Unternehmenssteuern*[106] alle Geschäftsberichte der 30 größten DAX-Unternehmen zwischen 1996 und 2002 analysiert. Er setzte die Arbeit fort mit einer Studie zur Unternehmensteuerreform 2008.[107] An Beispielen wie IKEA oder wie E.ON, BMW und vieler anderer DAX-Unternehmen fand er heraus, dass die Klagen der Wirtschaftsverbände über zu hohe Unternehmensteuern nicht gerechtfertigt sind. So hat der Energieriese E.ON zum Beispiel laut Handelsbilanz 2005 vor allem in Deutschland satte zehn Milliarden Euro Gewinn vor Steuern gemacht. An Steuern gezahlt hat er davon nur zehn Prozent. Ähnlich lagen die Dinge beim Luxuskarossenhersteller BMW: 3,29 Milliarden Euro Gewinn vor Steuern, Anteil tatsächlich gezahlter Steuern: 18 Prozent. Und der Versicherungskonzern Allianz zahlte 17 Prozent Steuern. Sind Allianz, BMW und E.ON nur besonders geschickt und also Einzelfälle? Oder stimmen die Zahlen des Professors nicht, wie ihm die Lobby unterstellte. Kurz darauf veröffentlichte die EU-Kommission ihre Unternehmensteuerstatistik[108]. Sie hat in Deutschland eine reale Steuerbelastung der Unternehmen von faktisch 20 Prozent ermittelt. 2006 – neuere Zahlen enthält auch die EU-Statistik nicht – lagen in Deutschland die Steuern auf Kapital und Gewinne damit gemessen am Bruttoinlandsprodukt erheblich niedriger als in den meisten anderen europäischen Ländern. In Großbritannien waren es 11,9 Prozent, in Italien 11,4 Prozent, in Frankreich zehn Prozent und im europäischen Schnitt neun Prozent. Und in Deutschland? In Deutschland waren es gerade einmal 6,8 Prozent. Damit ist Deutschland längst ein Niedrigsteuerland.

Jarass' Ergebnis für die DAX-Konzerne ist verblüffend: Zwar lag der nominelle Steuersatz aus Körperschafts- und Gewerbesteuern vor der Unternehmensteuerreform 2008 bei 39 Prozent, tatsächlich zahlten die Konzerne im Schnitt aber gerade mal 16 Prozent. Und Lorenz Jarass schätzt[109], dass dieser Prozentsatz durch die Unternehmensteuerreform 2008 weiter fällt.

Haben die Lobbyisten, die immer gegen zu hohe Steuern wettern, je von diesen Zahlen gehört? Wir sind gespannt und fragen sie direkt: »Ähm, nein. Wir haben als VCI eine solche Aufstellung nicht gemacht«, antwortet im Interview ein etwas verunsicherter Eckart Sünner vom Verband der chemischen Industrie. Klaus Bräunig, der Steuerexperte des BDI, bleibt hartnäckig bei seiner Behauptung. »Ja, ich sag ja, wir kommen auf 38, 39 Prozent, und die werden auch effektiv gezahlt.«[110] Es wäre doch auch peinlich, die Wahrheit einzugestehen. Wir lassen die Lobbyisten Lobbyisten sein und fragen den, der die Unternehmensteuerentlastung politisch durchgeboxt hat: Finanzminister Peer Steinbrück, jenen Politiker, der heute mit seiner grimmigen Art gegen die Schrottbanker beim Wahlvolk punktet.

»Haben Sie eigentlich eine Vorstellung, wie hoch die tatsächliche Belastung bei der Körperschaftsteuer ist?«

»Ich hab keinen Durchschnittssteuersatz parat. Wir haben es mit einem Nominalsteuersatz zu tun, der extrem hoch ist.«[111]

Kalt erwischt! Auch der Bundesfinanzminister hat keinen blassen Schimmer.

65 Milliarden Euro Gewinne werden nicht in Deutschland versteuert

Aber warum hört die Politik nur selten auf kluge Köpfe wie Professor Jarass? Warum gelang es Bundesfinanzminister Steinbrück, eine gigantische Steuerentlastung der Unternehmen durchzusetzen, obwohl die gar nicht so viele Steuern zahlen? Nun gibt es auch in seinem Ministerium Beamte, die rechnen können. Uns wird ein interner Dienstvermerk zugespielt.[112] Dort ist zu lesen: »Nicht im Inland versteuerte Gewinne 2005: 65 Milliarden Euro.« Lorenz Jarass ist ein Zahlenfanatiker und braucht nicht lange, um uns zu sagen, was das für den Staat und Millionen normaler Arbeitnehmer bedeutet: »Das heißt, die deutschen Kapitalgesellschaften zahlen rund 25 Milliarden Euro Körperschaftsteuer und Gewerbesteuer in der Summe zu wenig. Diese 25 Milliarden Euro sind ziemlich genau das, was die Verbraucher durch die Mehrwertsteuererhöhung zusätzlich bezahlen müssen.«

Jarass kann über die Strategie des Finanzministers nur den Kopf schütteln. Peer Steinbrück hat sich festgelegt, dass durch seine Unternehmensteuerreform zusätzlich fünf Milliarden Euro Steuern im Jahr verlorengehen. Im Interview erklärt er uns, was er damit bezweckt: »Also erstens: Wir wollen weitkommende Aufkommensneutralität nach einer gewissen Zeit erreichen. Wir wollen keine Verluste haben, weil wir glauben, dass dann mehr investiert wird, mehr Beschäftigung in Deutschland stattfindet. Darüber kriegen wir auch mehr Steuereinnahmen.«[113] Also wieder das Prinzip Hoffnung, dass aus dem Weniger irgendwann mehr wird. Wer gute Gewinne macht, der zahlt gute Steuern. Schön wäre es. Denn bevor es ans Steuerzahlen geht, beschäftigen Konzerne wie Siemens, E.ON, BMW, Allianz und Co. ganze Heerscharen an Finanzbuchhaltern und Beratern, um sich künstlich arm zu rechnen. Natürlich ganz legal. Und dabei sind sie sehr erfolgreich. Über die folgende Zahl dürfte auch der Bundesfinanzminister zunächst staunen, um sich dann zu ärgern: Unternehmen in Deutschland tragen gerade mal 2,6 Prozent zum gesamten Steueraufkommen bei.

Von Schulden und Heuschrecken

Wir halten fest: Großunternehmen zahlen kaum Steuern, unter anderem, weil sie Schuldzinsen, die sie an ausländische Mütter oder Töchter abführen, von der Steuer absetzen können. Diese ganz legale Möglichkeit hat noch eine weitere düstere Seite. Denn solide deutsche Unternehmen aufzukaufen, ihnen das Eigenkapital zu entziehen und durch enorme Schulden zu ersetzen, das ist das zentrale Geschäftsmodell der Finanzinvestoren, für die der SPD-Vorsitzende Franz Müntefering das geflügelte Wort der Heuschrecken in die Debatte warf.

Dieses gefährliche, steuersubventionierte Geschäftsmodell trifft Hunderte von Firmen in Deutschland, darunter bekannte, solide Unternehmen. Zum Beispiel den weltweiten Marktführer bei Autoleuchten und Rückspiegeln, Schefenacker in Schwaikheim bei Stuttgart. Schefenacker hatte sich verhoben, als es eben mal einen Konkurrenten aufkaufte, die britische Firma Britax. Als die Banken sich zurückzogen, griff das schwäbische Familienunternehmen auf die Hilfe eines Hedgefonds zurück, der die Kredite zu hohen Zinsen übernahm. Die Zeche zahlen die Beschäftigten: Um das Unternehmen und die Arbeitsplätze zu retten, stimmte der Betriebsrat 2005 einem »Standort-Sicherungsvertrag« zu. Auf Deutsch: Die Beschäftigten arbeiten länger für weniger Geld. Das bringt dem Unternehmen in fünf Jahren 60 Millionen Euro. Für den Betriebsrat Juan Rodriguez ist dabei immer noch besonders ärgerlich, »dass von den 60 Millionen zirka 40 für Berater benutzt werden müssen«, die in dem Unternehmen ein- und ausgehen.[114] Das Geschäft der Hedgefonds mit 40 Millionen Euro Berater- und Anwaltskosten und die hohen Kreditzinsen drohten Schefenacker zu ersticken. Die Schuldzinsen können steuerlich geltend gemacht werden. Wenn man aber erstmal in der Schuldenfalle sitzt, nutzt das herzlich wenig.

Märklin ist ein klingender Name für Kinder und ihre Väter und Großväter. Auch dieses Traditionsunternehmen geriet in die Fänge einer Heuschreckenfirma. Im Jahr 2006 übernahm der Finanzinvestor Kingsbridge Capital den Modelleisenbahnhersteller. Kingsbridge wollte Märklin auf Erfolg trimmen. Das heißt möglichst schnell mit Profit weiterverkaufen. Märklin wurde umstrukturiert und die Transaktionskosten der Firma auferlegt: über die folgenden drei Jahre mindestens 30 Millionen Kosten für Anwälte und Unternehmensberater. Außerdem wurden dem Unternehmen Kredite des Finanzinvestors auferlegt, welche teilweise mit 16 Prozent verzinst wurden. Mit fatalen Folgen: Hunderte von Arbeitnehmern wurden entlassen. Im Januar 2009 musste das Traditionsunternehmen schließlich Insolvenz anmelden. Die Firmenunterlagen offenbaren jetzt: Den hoch bezahlten Wirtschaftsberatern gelang es nicht einmal, ein funktionierendes Rechnungswesen zu installieren. Michael Pluta, Insolvenzverwalter, erzählt: »Wenn eine Lokomotive produziert wurde, konnten sie mir nicht sagen, wie hoch die Fertigungskosten sind.«[115] Nach wenigen Tagen im Unternehmen steht für ihn fest: Eigentlich könnte Märklin gut dastehen. »Bei einem Umsatz von 128 Millionen, da kann man auf jeden Fall was draus machen.« Insolvenzverwalter Pluta versucht nun, Märklin zu retten.

Die Strategie der Finanzinvestoren ist immer die gleiche: kaufen, Eigenkapital herausziehen, mit Krediten belasten, Personal entlassen, Unternehmen zerschlagen und dann mit Gewinn verkaufen. Um die Übernahme eines Unternehmens zu finanzieren, nimmt der Finanzinvestor in der Regel 80 Prozent des Kaufpreises als Kredit auf. Die Zinsen für diese Kaufpreisfinanzierung muss das übernommene Unternehmen aufbringen, da Finanzinvestoren die Schulden fast immer auf die erworbenen Unternehmen übertragen. Nebenbei bezahlt der deutsche Steuerzahler einen großen Teil der Übernahmen, weil das Unternehmen kein Eigenkapital mehr hat und die Zinslast steuerlich in Deutschland geltend gemacht wird.

»Internationale Spekulanten werden durch das deutsche Steuersystem angeregt, in großem Umfang profitable mittelständische Unternehmen in Deutschland aufzukaufen«, sagt Lorenz Jarass.

Firmenwagenprivileg als indirekte Subvention für die Autoindustrie

Immer mehr Autokonzerne reißt die Krise in den Abgrund. Und gerade Wirtschaftskapitäne, die sonst so gern auf die freie Marktwirtschaft verweisen, wenn es um Lohndrückerei und Steuersenkungen geht, betteln plötzlich bei diesem von ihnen ungeliebten Staat um Geld. Eine Ausnahme ist, jedenfalls in seinen öffentlichen Verlautbarungen, die Firma Porsche. Dort betonte man in den vergangenen Jahren gern, der Luxusmarkenhersteller schaffe es auch ohne Subventionen. Aber das ist nicht mal die halbe Wahrheit, denn Porsche ist abhängig von einer sogenannten indirekten Subvention: von der Steuergesetzgebung für privat genutzte Firmenautos. Das weiß Vorstandschef Wendelin Wiedeking nur zu gut.

Wer einen Porsche fährt, muss es nicht zwangsläufig zu persönlichem Reichtum gebracht haben; häufig sind es Geschäftsleute, die sich die edlen Sportwagen zulegen, denn die Dienstwagenbesteuerung ist in Deutschland sehr gering, viel geringer als in vielen anderen Ländern. Wenden wir uns der von Lorenz Jarass geliebten Welt der Zahlen und einem Beispiel zu: Als Firmenauto kostet der Porsche 911 nach Abzug der Steuern hierzulande gerade mal eine Monatsrate von 400 Euro – dank der enormen Abschreibung. In anderen Ländern muss man für den gleichen Wagen mehr als das Doppelte ausgeben. Andere Autohersteller profitieren zwar ebenso davon, aber keiner so wie Porsche: 62 Prozent, also fast zwei Drittel aller neu zugelassenen Porsches in Deutschland, sind Firmenautos. Lorenz Jarass hat sich mit den deutschen Subventionseigenarten wissenschaftlich beschäftigt. »Die ganzen Kosten werden steuerlich geltend gemacht, und im Rahmen einer ganz bescheidenen Ein-Prozent-Besteuerung muss der Einzelne einen Teil der eingesparten Kosten rückerstatten. Herr Wiedeking ist unseres Erachtens der am meisten subventionierte deutsche Automobilbauer, nämlich durch diese Dienstwagenbesteuerung.« Man kann auch sagen, der Arbeitnehmer zahlt mit seinen Steuern den Porsche seines Chefs. Nur ein Beispiel, wie Unternehmen in Deutschland mit kleinen und großen Geschenken ihre Steuerlast erleichtern.

Auch unser Millionär Klaus Barski kann einen Mercedes SL kaufen und ihn steuerlich geltend machen. Denn er fährt damit seine Häuser ab, muss sich ja um notwendige Reparaturen oder Mietrückstände kümmern. Den Kaufpreis des Wagens kann er als Abschreibung geltend machen, überdies die Kilometer, die er vom Taunus nach Frankfurt und Offenbach fährt. Da er neben seinem Mercedes SL noch einen Wagen für private Nutzung hat, kann er den Mercedes sogar zu 100 Prozent als Firmenwagen absetzen. Wir gönnen unserem Millionär Barski durchaus so einen wunderbaren Wagen, problematisch ist nur, dass das Vergnügen, in einem Mercedes SL durch die Lande zu fahren, steuerlich ähnlich behandelt wird wie eine Investition zum Beispiel in Handwerksleistungen für seine Häuser, die obendrein zu neuen Arbeitsplätzen führt. Da wird Barski durchaus überlegen, ob er lieber einen schönen Wagen fährt oder Handwerker engagiert. Und, folgt man dieser Logik, wird am Ende der Anreiz, mehr Geld in seine Immobilien zu investieren, durch den Mercedes gebremst. Hinzu kommt, dass Barski seinen Mercedes über sechs Jahre abschreiben kann – jedes Jahr ein Sechstel des Kaufpreises –, aber ein Mercedes in der Regel viel länger hält. Bei anderen Investitionen gelten weit höhere Abschreibungsfristen.

Bei Familie Drawitsch aus Bensheim-Gronau ist das anders. Sie zahlen ihre Eigentumswohnung ab, doch die Zinsen können sie nicht geltend machen, keine Reparatur, nicht einmal ein Arbeitszimmer. Und wenn die Haustür für ein paar Hundert Euro repariert werden muss, fließt das Geld eins zu eins aus der Haushaltskasse in den Baumarkt und zum Handwerker. Subventionen, so können wir schließen, kommen vor allem den bereits Begüterten zugute. Und die sind einflussreich genug, die längst überfällige Abschaffung von Steuersubventionen zu verhindern.

Die Mittelschicht zahlt drauf

Gut verdienende Arbeitnehmer wie die Drawitschs und kleine Unternehmer wie der Möbelhausinhaber in Kaarst, Götz Kreßner, zahlen viel Steuern. Das Möbelhaus Markant hat, anders als IKEA, keine Chance, durch internationale Verflechtungen seine Steuern in Deutschland zu senken. Gehen hier die Möbel über die Ladentheke, können weder Lizenzgebühren noch Kredite oder Verluste ausländischer Tochterunternehmen geltend gemacht werden. »Das ist kein Fairplay. Die großen Gesellschaften, die großen Kapitalgesellschaften machen immer stärkere Gewinne. Wir kämpfen um jeden Cent Umsatz, um jeden Cent Gewinn und werden dafür noch bestraft.« Je länger Götz Kreßner, der junge optimistische Mann, über diese Fragen nachdenkt, desto düsterer wird sein Gesichtsausdruck. »Es gibt Dinge, bei denen sollte man sich nicht zu lange aufhalten, das gibt nur Magengeschwüre«, sagt er und wendet sich seinem nächsten Kunden zu.

Kapitel 12

Wie ein einfacheres und gerechteres Steuersystem aussehen könnte

Hinter dem Kurpark von Wiesbaden schlängelt sich die Straße in ein immer engeres Tal. Die Villen derweil werden höher und prächtiger, und irgendwann weichen sie einer Burg. Jetzt wird es noch enger. Und die Häuser flacher und mittelalterlich. Ein hübsches dunkles Tal, prächtig geeignet, sich vor der Welt zu verstecken.

Vom Goldsteintal hinauf zum Professor sind es exakt 183 Stufen. Hoch oben in der Sonne liegt sein Haus. Eine hübsche Wohngegend. Und eine teure. Mercedes SL, Porsche Carrera und als Drittwagen vielleicht für das Töchterchen noch ein neuer Mini stehen beim Nachbarn drei Häuser weiter vor der Tür. Ansonsten wimmelt es von weiß getünchten Anwesen und schwarzen glänzenden Geländewagen. »Wissen Sie, ich wollte hier gar nicht wohnen«, sagt Lorenz Jarass, der Wirtschaftsprofessor. »Mir würde auch ein Wohnklo in Downtown genügen mit einem großen Arbeitszimmer, am besten im Zentrum des Geschehens, wo man auch mal spät noch einen Schoppen trinken kann.«

Hinter der ziemlich roten und bunt gefleckten Brille blinzeln zwei grüne Augen. Der Professor fährt sich mit der Rechten durch den vollen Haarschopf und reißt eine riesige Schublade im Aktenschrank auf. Darin liegen sieben Stapel mit Büchern von ihm und seinem zeitweisen Co-Autoren Professor Gustav Obermair, einem

Physiker. Sie handeln von Windenergie, Energiesteuern, Unternehmensteuern und dem Steuersystem an sich.[116] Für seine Bücher will Lorenz Jarass eine maximale Verbreitung. Dafür hat er seinen Verlagen abgerungen, dass er einige seiner Manuskripte ins Netz stellen darf. Viel Wirbel haben seine 2004 und 2006 erschienenen Bücher über die Unternehmensteuer verursacht. »Sehen Sie, *Unternehmenssteuerreform 2008* wird noch immer über 600-mal im Monat abgerufen.«

In der *Frankfurter Allgemeinen Zeitung* nannten sie ihn auch schon mal einen Anarchisten. Fakt ist: Er ist ein freundlicher Zeitgenosse ohne professoralen Dünkel, aber nicht ohne das nötige Selbstbewusstsein. Sein Arbeitszimmer ist so groß wie eine ganze Steuerberatungskanzlei, an der Decke schlängelt sich ein Kabelkanal, so futuristisch, als habe sich ein Innenraumgestalter ganz gehörig Gedanken gemacht. Jarass empfängt uns in Jeans und einem weiß-blau geringelten Poloshirt. Darüber trägt er ein längs gestreiftes schwarzes Sakko.

Professor Jarass ist bescheiden genug, dem Zufall eine ebenso große Bedeutung beizumessen wie dem eigenen Können, da ist er eine seltene Spezies, und das macht ihn so sympathisch. So verhält es sich mit der großen Liebe und mit dem Beruf. Beruflich war seine »erste große Liebe« die Windenergie, über die er in Stanford promovierte. »Das war reiner Zufall, mein Leben ist im Wesentlichen durch Zufälligkeiten bestimmt«, sagt Jarass lachend. In Stanford saßen damals zehn Diplomanden in einer Runde und wählten ihre Themen aus. Der Professor strich eines nach dem anderen an der Tafel durch, bis nur noch das Thema »Wind Energy« für Jarass übrig blieb, genauer: Integration von Windenergie unter besonderer Berücksichtigung von Energiepreisen und Steuern. Die Arbeit war eine aufwendige Zahlenarbeit im zweiten Tiefgeschoss des kalifornischen Stromversorgers. Jarass legte die Stromverbrauchsstatistik der Region San Francisco neben die der erwarteten Windkraftwerksleistungen. Das Ergebnis war so frappierend, dass es sofort von den Stromversorgern übernommen wurde: Immer, wenn der Verbrauch extrem hoch war, weil sich die Tageshitze staute und die Kalifornier ihre Klimaanlagen auf Volldampf schalteten, schnellte auch die Leistung der Windräder in die Höhe. Der Grund? Zu dieser Tageszeit bliesen die Fallwinde aus den Bergen in die kalifornische Hochebene. Windräder wären also goldrichtig. »Der Herrgott hat den Kaliforniern die V-Täler an der richtigen Stelle beschert«, sagt Jarass über seine »erste Erfindung«. Da war er 24. Als 28-Jähriger hatte er dann bereits zwei Aufträge der internationalen Energieagentur, woraus ein Standardwerk zur Nutzeffizienz von Häusern entstand.

Jarass hat schon immer viel Wert auf Statistiken gelegt, und er hat ihnen so manche angenehme, aber auch unangenehme Wahrheit entlockt, vor allem in der deutschen Steuerpolitik. Wäre es nach seinem Vater gegangen, wäre Lorenz Jarass Steuerbeamter geworden, denn der Vater hatte sich vom Hilfsarbeiter zum Oberamtmann hochgerackert und wollte für seinen Sohn einen krisenfesten Job. Dem Thema Steuern blieb Lorenz Jarass treu, nach vielen Jahren Beratungsarbeit im Ausland wurde er 1986 Professor für Wirtschaft an der Fachhochschule Wiesbaden.

Zu einem einfacheren Steuersystem führt nur die Wahrheit

Lorenz Jarass ist überzeugt davon, dass es ein einfaches Steuersystem auch in Deutschland geben könnte, aber dafür müsste Deutschland zunächst der Wahrheit der steuerlichen Ungerechtigkeit in die Augen schauen. Monatelang hat Jarass Statistiken gequält, Zahlenkolonnen haben, könnte man meinen, einen erotischen Charme für Jarass. Ein Wunder, dass er noch vielen anderen Hobbys frönt, von der Bluesmusik über die Oper bis zum Segeln mit Freunden. Das Ausrechnen von Statistiken bereitet ihm aber eigentlich nur Vergnügen, weil er damit Staub aufwirbeln kann. Im Sinne einer gerechteren Politik. Schließlich legte Jarass das Ergebnis seiner Mühen vor: das Werk *Unternehmenssteuerreform 2008*. Darin hat er herausgearbeitet, wie wenig Steuern die DAX-Konzerne tatsächlich zahlen. Und dass die Forderung, die Körperschaftsteuer von damals 25 Prozent zu senken, ein Witz ist angesichts der tatsächlich gezahlten Steuern. »Da gab es viele Auseinandersetzungen, man unterstellte mir falsche Zahlen, aber es waren die Zahlen des Statistischen Bundesamtes, die ich nur aufbereitet habe, und das Amt lügt doch nicht«, sagt Jarass und man sieht ihm an, dass er sich fast diebisch freut.

Wie wir bereits berichtet haben, glauben ihm die Lobbyisten zum Teil noch immer seine Zahlen nicht. Die sind ja auch erschreckend. Zur Erinnerung: Deutsche Konzerne zahlen im Schnitt von ihren Gewinnen gerade mal knapp 20 Prozent Steuern, die DAX-Konzerne sogar nur 16 Prozent. Trotzdem wurde die Unternehmensteuerreform 2008 durchgezogen – und die Chance auf ein einfacheres und gerechteres Steuersystem vertan. Was dazu laut Jarass nötig wäre, wollen wir im Folgenden vorstellen.

Steuerschlupflöcher stopfen

Die Abzugsfähigkeit von Schuldzinsen wurde mit der Unternehmensteuerreform zwar eingeschränkt, jedoch nicht abgeschafft. Jarass hat ausgerechnet, dass dadurch drei Milliarden Euro mehr Steuern hereingespült werden, dieser kleine positive Effekt aber durch gigantische Steuerverluste an anderer Stelle zunichte gemacht wird. So führt die Senkung des Körperschaftsteuersatzes von 25 auf 15 Prozent nach seinen Analysen zu Steuerverlusten von jährlich zehn Milliarden Euro. Dieser Kern der Reform müsste zurückgenommen werden. Zugleich müsste die Abziehbarkeit von Schuldzinsen komplett gestrichen werden.

Professor Jarass mag anschauliche Beispiele und spricht eine plastische Sprache. »Manchmal zahlen Arbeitnehmer sogar dafür, wenn ihre eigenen Arbeitsplätze ins Ausland verlagert werden«, sagt er und gibt so den Auftakt für seinen Gesprächspartner, genau zuzuhören. Siemens etwa hat über Jahre Arbeitsplätze ins Ausland verlagert. »Nehmen wir ein Beispiel: Siemens verlagert Arbeitsplätze in die Slowakei. Der Abbau sagen wir von 1000 Arbeitsplätzen in Deutschland verursacht Abfindungszahlungen; die werden alle in Deutschland bei der Steuer geltend gemacht. Das ganze Management ist damit beschäftigt, die Arbeitsplätze in die Slowakei zu transferieren. Auch diese Kosten werden in Deutschland geltend gemacht«, erklärt Jarass. »Der Einzige, der in Deutschland noch nennenswert Steuern und Abgaben bezahlt, ist der Arbeitnehmer mit normalem Einkommen. Er bezahlt Sozialabgaben, er bezahlt Lohnsteuer und er bezahlt erheblich Verbrauchssteuern. Er subventioniert sozusagen den Export seines eigenen Arbeitsplatzes.« Wenn er solche Absurditäten beschreibt, wird seine Stimme kehliger. Das sind Dinge, die ihn wirklich ärgern.

Wie im vorangehenden Kapitel gezeigt, profitieren auch Finanzinvestoren von der Abziehbarkeit der Schuldzinsen, das ist sogar, wie gesagt, das zentrale Geschäftsmodell der Heuschrecken. Auch um deren Aufkaufstrategie entgegenzutreten fordert Lorenz Jarass, dass die Schuldzinsen nicht mehr in dem Maß steuerlich abgezogen werden können.

Einnahmen aus ausländischen Beteiligungen besteuern

Lorenz Jarass hat sich, wie wir dargestellt haben, intensiv mit dem Fall IKEA befasst, einem der Konzerne, die Lizenzgebühren an ausländische verbundene Unternehmen zahlen und diese in Deutschland steuerlich geltend machen. Deutschland ist eines der wenigen Industrieländer der Welt, in dem Unternehmen alle Ausgaben, auch für Beteiligungen im Ausland, de facto voll steuerlich absetzen können. Und das selbst dann, wenn die dazugehörigen Einnahmen in Deutschland steuerfrei sind. Lorenz Jarass muss nicht lange nachdenken, wie sich das ändern lässt. Das Steuerrecht bräuchte diesbezüglich nur dem anderer Länder angepasst zu werden. Grundsätzlich, so fordert Jarass, sollten außerdem nicht nur Gewinne besteuert werden, sondern auch die in Kreditraten und Lizenzgebühren enthaltenen Zinsanteile, also das Entgelt für die Nutzung von Fremdkapital, das ausländische Muttergesellschaften und andere Kreditgeber zur Verfügung stellen. Dann könnten internationale Unternehmen wie IKEA nicht mehr mit solchen legalen Steuertricks arbeiten.

Subventionen abschaffen

Lorenz Jarass hat es nun eilig. Die letzte Vorlesung vor den Semesterferien. In seinem Ringelshirt und einem Basecap schwingt er sich hinters Steuer seines weißen Volvo V70 und schiebt eine CD ein. Aus den Lautsprechern knallt ein ziemlich lupenreiner Blues. »Yeah!«, ruft der Professor und lacht, »die heißen ›Manfred Häder und Bänd‹.« Wir fahren vorbei an Streuobstwiesen über eine kleine Straße über den Berg. »Sehen Sie, wie schön das ist hier ist, wenn Sie da hochlaufen am Wochenende, treffen Sie niemand.« Lorenz Jarass ist ein Mann der Zahlen und Statistiken und auch alles andere im Leben misst er mit einfachen Kategorien. Warum auch kompliziert sein? Genauso ist es mit dem Steuerrecht. Wenn er allein an die vielen Subventionen denkt. »In den USA würde niemand auf die Idee kommen, seine Fahrten von und zur Arbeit von der Steuer abzusetzen.«

Für Lorenz Jarass sind es vor allem die Subventionen, die das Steuerrecht kompliziert machen, die eine Unschärfe schaffen, die ihm als kühl rechnenden Statistiker nicht gefällt. Wo wir schon mal beim Autofahren sind: Einschränken würde er zum Beispiel das Firmenwagenprivileg. Denn, wie bereits geschildert, handelt es sich hier um eine indirekte Subvention für die Autoindustrie, allen voran Luxuswagenhersteller wie Porsche.

Lorenz Jarass ist mittlerweile an der Fachhochschule angekommen. Dort lehrt er Wirtschaftswissenschaften am Fachbereich Informatik. Beschwingten Schrittes betritt er den Hörsaal und wirft sein Basecap auf den Tisch. Zunächst prüft er die Anwesenheit der Studenten, dann ihre Hausarbeiten.

»Die konnte ich nicht machen«, sagt ein junger Student.

»Was ist mit Ihnen los?«

»Dreimal übergeben, ich war krank.«

»In Ihrem Alter wusste ich gar nicht, wie man krank schreibt«, antwortet Jarass.

Er ist froh über seinen Job und berichtet, man habe in diesem Fachbereich »alle Studenten erfolgreich verkauft, zu Einstiegsgehältern von 36 000 bis 54 000 Euro, da lohnt es sich doch, sich von uns Professoren foltern zu lassen«. Jarass ist niemand, der Menschen ein hohes Einkommen missgönnen würde. Dass sie dafür aber keine Steuern zahlen wollen, kriegt er nicht in seinen Kopf.

Unsinnige Steuervergünstigungen abschaffen

Jarass hat in die amtlichen Statistiken geschaut und ausgerechnet, dass die Unternehmens- und Vermögenseinkommen von 2001 bis 2005 nach Abzug der Preissteigerung um rund 150 Milliarden Euro gestiegen sind, während die Steuern, die darauf gezahlt wurden, im gleichen Zeitraum um 16 Milliarden Euro sanken.

»Das heute angewandte Besteuerungsverfahren erlaubt es, auch solche Aufwendungen vom tatsächlichen Einkommen abzuziehen, die keineswegs zwingend zur Erzielung des Einkommens erforderlich sind, wohl aber zur Steuervermeidung.« Durch viele dieser Steuervergünstigungen würden gut verdienende Selbstständige zu Käufen verleitet, die im besseren Fall ihrem Privatvergnügen dienen. Das führt zu dem gezeigten absurden Auseinanderklaffen von nominell festgesetzten Steuersätzen und tatsächlich bezahlten Steuern auf Einkommen aus Unternehmertätigkeit und Vermögen. Daher fordert Jarass eine Beschränkung der Abzugsfähigkeit auf Kosten, die unmittelbar und unabdingbar für die Geschäftstätigkeit sind. Um zu illustrieren, worum es geht, erzählen wir eine kleine Episode aus dem Leben des Millionärs Klaus Barski.

In der Lobby des Interconti-Hotels in Frankfurt am Main trifft Barski einen Bekannten, der als Personaltrainer arbeitet. Michael Bauer ist ein junger drahtiger Mann, an dem es kein Gramm Fett zu viel gibt und der schon beängstigend fit aussieht. Deshalb nennt er sich auch VIP-Trainer, das steht für »Vitalität in Perfektion«. Im Internet wirbt er mit den Fragen: »Was nutzen Ihnen Autos, Häuser und Reichtum, wenn Sie sich in Ihrer Haut nicht wohlfühlen?« Es geht also um Fitness für Reiche.

»Klaus, wie geht es dir?«, fragt Michael Bauer.

»Habe viel Stress, muss die Steuer vorbereiten, schreibe wieder an einem Roman, und nächste Woche geht's nach Cannes in Urlaub.«

»Und gesundheitlich?«

»Na, wollte wissen, was ich tun kann für meine Fitness, du hast doch bestimmt eine Idee.«

»Da sollten wir ein richtiges Programm auflegen. Aber das müssen wir in Ruhe besprechen, ich schlage vor, nach deinem Urlaub.«

Klaus Barski hat noch eine Frage: »Bin ja sicher, du machst mir einen guten Preis, aber kann ich das auch von der Steuer absetzen?«

»Klar, das machen viele. Das ist für Selbstständige ein ganz normales ›Coaching‹.«

Familie Drawitsch aus Bensheim kann darüber nur schmunzeln. »Das wäre schön, wenn wir den Sport unserer Jungs von der Steuer abziehen könnten«, sagt Dagmar Drawitsch. Wenn sie mit Sohn Jonas in die Kletterhalle geht, muss es schon einen besonderen Anlass geben. Der Spaß kostet 60 Euro. Ähnlich verhält es sich mit dem Sportpark, den der 15-jährige Jakob regelmäßig besucht: Monatsbeitrag 60 Euro. Vater Jürgen Drawitsch tut schon aus beruflichen Gründen einiges für seine Fitness. Da sich die Familie nur ein Auto leisten kann, nimmt er, wie schon geschildert, das Fahrrad, um die acht Kilometer zum Bensheimer Bahnhof zu fahren. Dafür leistete er sich vor fünf Jahren ein gutes Rad der Marke Manufaktur für 600 Euro. In seinem Lohnsteuerjahresausgleich fehlt leider die Möglichkeit, wenigstens den Drahtesel von der Steuer abzusetzen, denn Drawitsch ist kein Immobilienspekulant, der einen Mercedes braucht, um zu Geschäftskunden zu fahren. Er ist Arbeitnehmer.

Da Arbeitnehmer wie die Drawitschs keine Steuerschlupflöcher haben, ist es kein Wunder, dass sie den Großteil der Steuerlast tragen – neben kleinen Handwerkern und Selbstständigen mit wenig finanziellem Spielraum. Das Steuersystem verstärkt die soziale Schieflage. So sind zwischen 2003 und 2008 die Unternehmens- und Vermögenseinkommen um mehr als 30 Prozent gestiegen, also geradezu explodiert, die Löhne hingegen preisbereinigt um zwei Prozent gesunken, hat Lorenz Jarass ausgerechnet. Damit nicht genug, sank der tatsächlich bezahlte Steuersatz auf Unternehmens- und Vermögenseinkommen von im Mittel 35 Prozent in den Jahren 1965 bis 1985 auf zunächst 28 Prozent im Jahr 2000 und schließlich bis 2005 auf 20 Prozent. Dank der Unternehmensteuerreform 2008 wird er noch niedriger liegen.[117]

Ist-Besteuerung gegen Umsatzsteuerbetrug

Die Vorlesung ist zu Ende. Lorenz Jarass zeigt uns die Fachhochschule und lädt uns zum Essen in die Kantine ein.

»Hallo, Herr Jarass, schöne Semesterferien!« Viele hier kennen den Professor, und er genießt die Freundlichkeit. »Hier kann ich einfach ich sein, weil fast niemand weiß, was ich sonst veröffentliche; hier muss ich nicht glänzen wie auf internationaler Ebene«, erzählt er.

Lorenz Jarass weiß, was abläuft in der Republik. Das Thema Umsatzsteuerbetrug wäre, wenn es nach Jarass ginge, längst keines mehr. Immerhin kostet diese kriminelle Spielart den Steuerstaat jährlich elf Milliarden Euro. Und er weiß auch, wie stumpf die Waffen der Finanzbehörden in Deutschland sind. Dass die Fahnder und Prüfer allein zahlenmäßig den Steuerhinterziehern unterlegen sind. Auch er sieht nicht ein, dass man nicht mehr Leute einstellt, die doch dem Staat so viel Geld einbringen. Aber oft sind es auch die Gesetze. So ist es zurzeit so, dass ein Unternehmer eine Rechnung erhält und sie schon bei der Vorsteuer abziehen kann, obwohl er noch nicht einen Cent gezahlt hat. Mitunter ist noch nicht einmal die Lieferung raus. Diese sogenannte Soll-Besteuerung ist ein Einfallstor für Betrüger. »Das ist doch hirnrissig, das kann doch keiner kontrollieren. Es ist noch keine Ware geliefert, kein Geld geflossen, trotzdem kann es steuerlich geltend gemacht werden.«

Um dem Irrsinn zu begegnen, will Jarass eine immer wieder propagierte, ganz einfache Idee umsetzen: »Erst dann, wenn Sie das Geld an mich überwiesen haben, können Sie es beim Finanzamt unter Angabe meiner Steuernummer geltend machen. Und erst dann gibt es die Vorsteuer zurück.« So werden tatsächliche Finanzströme steuerlich abzugsfähig, aber keine Luftbuchungen mehr. Damit würde die Durchführung der Besteuerung sehr viel einfacher und zudem sehr viel umgehungsresistenter. Erwartete einmalige kassenmäßige Steuerausfälle könnten durch eine einmalige Steuervorauszahlung ausgeglichen werden.

Apropos Finanzströme. Dass Jarass gern mit dem Physikprofessor Obermair zusammenarbeitet, hat seinen Horizont erweitert. So ist für ihn klar, dass Finanzströme ähnlich funktionieren wie elektrischer Strom. Für Letzteren zahlt jeder Konsument. Finanzströme wiederum werden häufig steuerlich gar nicht erst erfasst. So bietet die Soll-Besteuerung auch eine Möglichkeit etwa für international operierende Großkonzerne, ganz legal virtuelle Finanzströme zu organisieren. Jarass schlägt stattdessen vor, eine Besteuerung einzuführen, die einfach funktioniert und die tatsächlichen finanziellen Verhältnisse widerspiegelt. Bei dieser Idee schaut er auf die USA.

Mindestbesteuerung nach amerikanischem Vorbild

In ihrem Buch *Wer soll das bezahlen?*[118] haben Lorenz Jarass und Gustav Obermair ein Konzept erarbeitet, das sich an das amerikanische Modell einer Mindestbesteuerung anlehnt. Darin zeichnen sie nach, dass Hopfen und Malz auch in Deutschland noch nicht verloren sind, trotz eines überbordend komplizierten Steuersystems. Denn vor gut zwei Jahrzehnten sei die Situation in den USA sehr ähnlich wie hierzulande gewesen: Zwischen 1982 bis 1985 zahlten 40 große US-Unternehmen – darunter Boeing, der Telefonriese AT&T und der Chemiekonzern DuPont – bei einem ausgewiesenen Gewinn von insgesamt 60 Milliarden US-Dollar keinen Cent Ertragsteuer; dagegen erhielten sie insgesamt mehr als zwei Milliarden US-Dollar Subventionen. Und wenn eine Regierung gegen diese Schieflage angehen wollte, landeten die Konzepte, wie in Deutschland, regelmäßig im Papierkorb, da auch in den USA finanzstarke Lobbys am Werk sind. Erst 1986 führte die Reagan-Administration, neben der weiterbestehenden »normalen« Einkommensteuer, eine Mindestbesteuerung ein. Diese Steuer wird auf das tatsächliche Einkommen erhoben: Vom

Bruttoeinkommen dürfen nur die unabdingbar für die Einkommenserzielung erforderlichen Kosten abgezogen werden; viele Steuerschlupflöcher sind also gestopft. Das bedeutet, wenn ein Steuerpflichtiger, zum Beispiel ein Unternehmen oder ein Selbstständiger, aufgrund der vielen Abzugsmöglichkeiten bei der »normalen« Einkommensteuer unter einen bestimmten Steuersatz kommt, greift – zusätzlich – die Mindeststeuer, die entsprechend höher liegt. Die Einführung der Mindeststeuer war ein großer Erfolg: Schon ein Jahr später klingelte es in der Steuerkasse, weil die 14 bis dahin größten Steuervermeider satte drei Milliarden US-Dollar an den Fiskus überwiesen. Der Satz der tatsächlich gezahlten Steuern der 250 größten US-Konzerne stieg von 15 auf 27 Prozent der Gewinne.

Jarass und Obermair schlagen daher vor, dieses Instrument der Mindeststeuer auch in Deutschland einzuführen, da die vielen Schlupflöcher im Steuerdschungel nicht so schnell dichtgemacht werden können, die Mindeststeuer jedoch schnell in Kraft treten könnte.

Wiedereinführung der Vermögensteuer

Lorenz Jarass ist kein Einbahnstraßendenker. Wenn man ihm zuhört, hört man zugleich seinen Physikerkollegen Gustav Obermair: »Leistungsfähigkeit drückt sich nicht nur in Zuflüssen aus, sondern auch im Haben, das ist kein brandneuer Gedanke; wenn Sie Vermögen haben, sind Sie auch steuerlich leistungsfähig.«

Wie Zuflüsse steuerfrei funktionieren, haben wir am Beispiel des Immobilienspekulanten Klaus Barski gezeigt, dessen privater Wertzuwachs eben nicht besteuert wird. Der lässt seine Häuser einfach zehn Jahre lang stehen, nimmt die Wohnumfeldverbesserung in Kauf und kann das Ganze dann mit großem Gewinn steuerfrei verkaufen.

Jarass hat sich die einschlägigen Zahlen angeschaut, und die zeigen: Barskis gibt es viele in Deutschland, Reiche, die ihre großen Vermögen jahrelang ruhen lassen, ohne große laufende Einnahmen zu erzielen, und trotzdem einen Profit haben. Genau deshalb ist Lorenz Jarass ein vehementer Verfechter einer Wiedereinführung der Vermögensteuer: Damit auch diese Bevölkerungsschicht an den Kosten des Staates beteiligt wird.

Selbst der Millionär Klaus Barski, der die Vermögensteuer als Horror empfindet, würde sicherlich nicht sonderlich jammern, wenn sie denn käme. Dafür reicht ein Blick in die Geschichte. So hatten sich die Einnahmen aus der Vermögensteuer in den zehn Jahren vor ihrer Abschaffung, also von 1986 bis 1996, auf rund 4,6 Millarden Euro verdoppelt. Das klingt schlimm für Millionäre, ist es aber nicht. Denn das waren weniger als 0,1 Prozent des zugrunde liegenden Vermögens. Und selbst, wenn Deutschland einen Vermögensteuersatz wie in den Niederlanden, nämlich 1,2 Prozent, einführen würde, hätten die Millionäre kaum schlaflose Nächte. Dafür wäre – bei einem Steuersatz von 1,2 Prozent und einer Bewertung zu Marktwerten von Immobilien oder anderen Werten – mit Einnahmen von über 25 Milliarden Euro zu rechnen, und das selbst dann, wenn wegen üblicher Freibeträge nur auf die Hälfte der Vermögenswerte tatsächlich Steuern erhoben würden. Denn natürlich sollte sich der Fiskus nicht an Omas Häuschen vergreifen und kleinere Vermögen – eben zum Beispiel selbstgenutztes Wohneigentum – wie derzeit schon bei der Erbschaftsteuer durch angemessene Freibeträge von der Vermögensteuer freistellen.

Erbschaftsteuer, aber anders

Wie wir bereits dargestellt haben, werden jährlich 200 bis 250 Milliarden Euro Vermögen vererbt oder verschenkt. Dafür werden bei den Wohlhabenden aber nur vier Milliarden Euro Erbschaftsteuer fällig. Das gesamte Erbe wird also durchschnittlich nur mit rund zwei Prozent tatsächlich belastet, hat Professor Jarass ausgerechnet. Bei der Frage, warum das so ist, ist Jarass ganz in seinem Element. Wieder mal ist ein Steuergesetz sehr kompliziert, und hinter der Komplexität verstecken sich Steuergeschenke für die Reichen. So gibt es eine Vielzahl unterschiedlicher Steuersätze, einen Haufen Freibeträge und Freistellungen in Abhängigkeit von der Größe des Erbes und dem Verwandtschaftsgrad zwischen Erblasser und Erben; das wurde auch durch die Erbschaftsteuerreform 2008 nicht wesentlich geändert. Dazu kommt: Besteuert werden nur in Deutschland lebende Deutsche. Hielt der Patriarch eines Familienunternehmens Vermögen in einer Kapitalgesellschaft, wird die Erbschaftsteuer nur dann fällig, wenn er auch in Deutschland lebte. Das Ganze ist eine Einladung zur Wohnsitzverlagerung. Das haben die Beckenbauers und Müllers erkannt und stehen sogar zu ihrem asozialen Verhalten.

Lorenz Jarass bemüht sich in seinen Vorschlägen, menschliche Regungen durchaus einzubeziehen, und hat daher eine einfache und soziale Lösung für das Problem. Danach sollte es nur noch einen einheitlichen Erbschaftsteuersatz zwischen 15 und 20 Prozent geben. Er gesteht Erbschaften innerhalb der Familie sogar einen Freibetrag von 500 000 Euro zu, wodurch sogar ansehnliche Häuschen in guter Lage steuerfrei bleiben, wenn die Erben sie weiterbewohnen. Für Betriebsvermögen allerdings sieht Jarass keinen Anlass für eine Sonderbehandlung. Denn, wie wir bereits dargestellt haben, ist noch kein Unternehmen an der Erbschaftsteuer zugrunde gegangen. Jarass schlägt allerdings eine großzügige Stundungsregelung vor, falls ein Unternehmerspross nachweisen kann, dass er ansonsten aufgrund der Erbschaftsteuerzahlung sein Unternehmen dichtmachen muss. Natürlich hat Professor Jarass ausgerechnet, was sein Modell an Mehreinnahmen für unseren Staat brächte: zehn Milliarden Euro!

Steueroasen austrocknen

Lorenz Jarass ist zwar ein recht lockerer Typ, aber auf eines ist er doch bedacht: Ordnung. Die durchzusetzen geht er schon mal aufs Ganze. So war er einer der ersten Professoren in Deutschland, der seinen Studenten verboten hat, in seinen Veranstaltungen eine andere Sprache als Deutsch zu sprechen. Das war 1995. Nicht, weil er ein Nationalist wäre, im Gegenteil. Er möchte die Teilhabe aller ermöglichen: »Das ist die Grundlage unseres Zusammenlebens«, sagt er. Dafür handelte er sich jede Menge Ärger ein. Ein Student wollte ihn sogar verklagen. Da kochte der Anarchist in ihm hoch: »Ich habe gesagt, gehen Sie vor Gericht, den Prozess werde ich wahrscheinlich verlieren, aber bis dahin wird deutsch gesprochen!« Zweckmäßige Regeln des Zusammenlebens aufzustellen, hält Jarass für eine Aufgabe. Und deshalb kann er sich über die millionenschweren Steuerflüchtlinge und -hinterzieher auch herzlich ärgern. Jahrelang hat er dem Bundesfinanzministerium und den Leuten, die er dort kennt, seine Vorschläge zur Austrocknung von Steueroasen unter die Nase gehalten. Der coole Professor wird hier rigide: »Da hat's immer geheißen: ›Jarass, wie wollen Sie die Steueroasen zwingen zu kooperieren?‹ Ich sagte: ›Wer sich durch sein Handeln außerhalb der internationalen Gesellschaft und ihrer

Normen stellt, der wird ausgeschlossen‹, das heißt, Zahlungen in solche Länder können nicht mehr von der Steuer abgesetzt werden, Zahlungen in solche Länder wie Liechtenstein sollten einer verstärkten Steuerprüfung unterliegen, weil die Wahrscheinlichkeit, dass die Leute dort Steuern hinterziehen, extrem groß ist.«

In diesem Punkt, sagt er nicht ohne Stolz, sei der Entwurf des Finanzministers Peer Steinbrück für das »Gesetz zur Bekämpfung schädlicher Steuerpraktiken und Steuerhinterziehung« (dazu gleich noch mehr) auf seine Ideen zurückgegangen. Doch längst geht die Lobby aus Unternehmerverbänden und CDU gegen den Entwurf vor, unter Hinweis auf den freien Kapitalverkehr, der nicht eingeschränkt werden darf. Oder den Hinweis, durch den Entwurf würden unbescholtene Bürger unter Generalverdacht gestellt. »Selten waren solche Lobbyeinwände so unsubstantiiert wie in diesem Fall«, sagt Jarass. Er ist überzeugt, dass diese Idee sogar den Finanzplatz Franfurt und Deutschland stärken würde, »weil andere Paradiese ausgeschlossen würden. Wenn solche Schlupflöcher geschlossen würden, wäre das super für Frankfurt.« Es ist kaum verwunderlich, dass sich die Interviewanfragen von Schweizer und Liechtensteiner Zeitungen bei ihm häufen. In den Steueroasen geht es ums Ganze.

Härtere Strafen für Steuerhinterzieher

Januar 2008: Kamerateams stehen vor der Luxusvilla von Klaus Zumwinkel in Köln, die Polizei hat die Straße abgesperrt, Steuerfahnder tragen Kartons mit Akten in einen schwarzen Volvo-Kombi. Dann verlässt Zumwinkel in Begleitung von Staatsanwältin Margrit Lichtinghagen seine Villa. Diese Bilder gingen um die

Welt. Der ehemalige Post-Chef hatte über viele Jahre bei der Liechtensteiner LGT-Group-Bank mehr als zehn Millionen Euro gebunkert, ohne die Zinserträge bei der Steuer anzugeben. Tausende weitere deutsche Steuersünder flogen auf, weil ihre Namen auf einer DVD mit Anlegerdaten der Liechtensteiner LGT-Bank stehen. Die Empörung vieler Politiker überschwemmt die Fernsehkanäle. Sie fordern harte Strafen und Gefängnis. Michael Meister, der finanzpolitische Sprecher der Bundestagsfraktion, sagt: »Ich glaube, es wird wichtig sein, dass der Staat sowohl seinen Steuer- wie auch seinen Strafanspruch durchsetzt.«[119] Und der Generalsekretär der SPD, Hubertus Heil, stößt ins gleiche Horn: »Deshalb wollen wir, dass das Strafmaß ausgeschöpft wird im Bereich von Steuervergehen. Wir wollen, dass es nicht ständig zur Einstellung von Verfahren kommt, sondern wir wollen Abschreckung.«[120]

Der Rechtsstaat Bundesrepublik funktioniert allerdings anders, und nur ein Tor könnte glauben, dass das unsere aufgeregten Politiker nicht wussten. Als Klaus Zumwinkel an einem Donnerstagmorgen im Januar 2009 vor dem Landgericht Bochum vorfährt, wird er von einer Gruppe Demonstranten empfangen. Sie haben vor dem Gericht eine Mahnwache eingerichtet und halten Transparente hoch. Darauf ist zu lesen »Je reicher, desto gleicher« und »Für Zumwinkel ist alles klar – ein Strafprozess wird zum Basar«. Dazu singen die Demonstranten das selbst geschriebene »Bochumer Zumwinkel-Lied vom Dealen für Freiheit und Gerechtigkeit«. »Schiebst du deine Millionen still am Steuersack vorbei, Richter werden dich verschonen, bisschen dealen, bleibst du frei«, lautet die erste von sieben Strophen. Nach nur zwei Verhandlungstagen steht dann fest: Der ehemalige Topmanager Klaus Zumwinkel kommt trotz millionenschwerer Steuerhinterziehung mit einer sehr milden Strafe davon. Zwei Jahre auf Bewährung und eine Geldstrafe von rund einer Million Euro lautet das Urteil der 12. Großen Wirtschaftsstrafkammer.

»Eine Million Strafe, das ist genauso viel, wie er Steuern hinterzogen hat, und die Wahrscheinlichkeit erwischt zu werden, liegt bei unter einem Prozent. Das heißt, jeder der Steuern hinterzieht, weiß, ich komme nicht ins Gefängnis und muss maximal doppelt zahlen, also mache ich die Steuerhinterziehung.« Jarass hat jetzt sogar seine Spinatsuppe kalt werden lassen. Das Thema regt den gebürtigen Niederbayern richtig auf. »Wenn der Zumwinkel in Haft gegangen wäre, dann hätte das einen riesigen abschreckenden Effekt gehabt.«

Prozessbeobachter vermuten: Das milde Urteil war auch Ergebnis von Absprachen. Als Muster zeichnet sich ab: milde Strafe für den, der gesteht und einen Deal mit der Staatsanwaltschaft macht. Knapp zwei Drittel aller Wirtschaftsstrafsachen werden heute durch Deals beendet.

Im Juli 2008 saß bereits ein Unternehmer aus Bad Homburg auf der Anklagebank des Bochumer Landgerichts. Es war der erste Prozess um die Steuersünder auf der bewussten DVD. Der Immobilienkaufmann soll 7,6 Millionen Euro Steuern hinterzogen haben. Er musste nicht viel Zeit auf sein Verfahren verschwenden: die Verhandlungsdauer betrug gerade einmal 23 Minuten. Sein Urteil war nicht überraschend: eine Gesamtfreiheitsstrafe von zwei Jahren zur Bewährung und eine Geldstrafe von 7,5 Millionen Euro. Steuersünder können in Deutschland mit einer milden Strafe rechnen. Wieder kein Knast für einen Millionenverbrecher.

Bereits im November 2002 musste sich der Präsident eines großen deutschen Sportbundes wegen Steuerhinterziehung in Millionenhöhe vor dem Bochumer Landgericht verantworten. Der Prozess ging geräuschlos und in Rekordzeit über die Bühne. Nach nur einer Stunde und zehn Minuten verkündete das Gericht das Urteil gegen den 60-jährigen Unternehmer: Wegen Steuerhinterziehung in 38 Fällen wurde der Sportfunktionär zu einer zweijährigen Freiheitsstrafe auf Bewährung sowie einer Geldstrafe von 1,25 Millionen Euro verurteilt. Dieser Fall galt als das größte und spektakulärste Verfahren im sogenannten Batliner-Komplex. Hunderte Anleger des Liechtensteiner Vermögensverwalters Herbert Batliner waren Ende der 1990er-Jahre mit ihren Schwarzgeldkonten durch Datensätze auf einer CD-Rom aufgeflogen, die der Staatsanwaltschaft Bochum anonym zugespielt worden war. Das milde Urteil war auch damals kein Einzelfall: Insgesamt wurden 119 Beschuldigte zu Steuernachzahlungen und Geldstrafen in Höhe von etwa 80 Millionen Euro verurteilt. Freiheitsstrafen waren auch damals die Ausnahme, lagen nie höher als zwei Jahre und wurden alle zur Bewährung ausgesetzt. Gelobt seien die Deals in Strafverfahren, mag sich da so manch einer von ihnen gedacht haben.

Jarass fragt sich noch heute, was die rot-grüne Bundesregierung geritten hat, im Jahr 2004 den Steuersündern ein für den ehrlichen Steuerzahler ärgerliches Angebot zu machen: Wer die Amnestie annimmt und sein Schwarzgeld zwischen Januar 2004 und März 2005 meldet, geht straffrei aus und muss auf das nun weißgewaschene Geld nicht einmal den üblichen Steuersatz zahlen. Wie wir wissen, hat kaum einer dieses großzügige Angebot angenommen, und wenn, dann nur, weil ihm die Steuerfahndung längst auf den Fersen war.

Das haben die Amerikaner anders gemacht; die haben vor einigen Jahren ebenfalls ein Amnestiegesetz erlassen: Wer die Steuerschuld gleich tilgte, kam mit einem Aufschlag von 40 Prozent davon; wer seine Steuerschuld erst am Jahresende beglich, musste doppelt zahlen. In den USA belohnt man Steuerflucht nicht mit Geschenken, sondern bekämpft sie durch harte Kontrollen. Amerikanische Vermögende gehen bei Steuerhinterziehung ein hohes

Risiko ein, denn die Finanzbehörden können jederzeit Kapitaltransfers bis ins Ausland überwachen. Und auf schweren Steuerbetrug, so wie ihn Zumwinkel durch komplizierte Konstruktionen in Liechtenstein beging, steht in den USA im Regelfall Gefängnis, ein mehrjähriges Zusammenleben auf engstem Raum mit Schwerkriminellen, Drogenhändlern und Aids-Kranken. Das schreckt wirkungsvoll ab und ist einer der Gründe, warum die USA mit einer viel kleineren Finanzverwaltung mehr Steuerehrlichkeit erreichen. Diese Praxis bringt dem amerikanischen Fiskus erhebliche Steuereinnahmen – Geld, auf das die Bundesregierungen von Rot-Grün bis zur Großen Koalition leichtfertig verzichten.

»Ich meine, das ist eine kriminelle Handlung, die der Zumwinkel begangen hat«, sagt Lorenz Jarass. »Es ist ein Unterschied, ob jemand bewusst oder unbewusst Einkommen nicht angibt oder ob jemand eine höchst komplizierte Stiftungsstruktur in Liechtenstein aufbaut, um Steuern zu hinterziehen. Dafür müsste er eigentlich im Gefängnis sitzen, statt am Gardasee die Abendsonne zu genießen, genauso, wie es der Bundesgerichtshof 2008 für Fälle bei schwerer Steuerhinterziehung gefordert hat.« Und fügt hinzu: »Das müsste per Gesetz so geregelt werden, das gäbe Rechtssicherheit für alle Beteiligten.«

Die Wirtschaftslobby schlägt wieder zu

Anfang März 2009 war Lorenz Jarass richtig gut aufgelegt. Denn das neue »Gesetz zur Bekämpfung schädlicher Steuerpraktiken und Steuerhinterziehung«, in das viele seiner Ideen eingeflossen seien, stand vor der Verabschiedung im Bundeskabinett. Da ausländische Steueroasen der Bundesrepublik die Herausgabe von

Bankdaten verweigern, kann das Finanzamt laut Gesetzentwurf bei Unternehmern, die Geschäftsbeziehungen mit einer bekannten Steueroase haben, die Herausgabe dieser Daten direkt einfordern. Kommt der Bürger dem nicht nach, schätzt das Finanzamt die Erträge, was ziemlich ungemütlich wäre. Außerdem können die Finanzbeamten zum Beispiel die Steuerfreiheit ausländischer Dividenden in diesem Fall streichen, ebenso die Betriebsausgaben und Werbungskostenpauschalen des Unternehmens im Zusammenhang mit diesem Geschäft. Und in einem Punkt wird es noch ungemütlicher: Das Finanzamt kann eine eidesstattliche Versicherung über die Richtigkeit der Steuererklärung einfordern. Das werden sich Steuerhinterzieher dann genau überlegen müssen, denn für die Abgabe einer falschen eidesstattlichen Versicherung drohen ihnen bis zu drei Jahren Knast oder eine saftige Geldstrafe.

Das Gesetz soll aber nur Geschäfte mit Ländern betreffen, die nicht mit den deutschen Steuerbehörden kooperieren. Nach welchen Maßstäben das herausgefunden wird, ist noch unklar. Denn auf der schwarzen Liste der OECD sind zurzeit nur Liechtenstein, Andorra und Monaco. Ob auch Schweizer oder Luxemburger Konten auf diese Weise offengelegt werden können, wird sich zeigen. Professor Jarass freut das Gesetz trotzdem. »Das bestätigt mich in meiner Arbeit, denn viele Forderungen habe ich seit Jahren gestellt.«

Am 11. März sollte das Gesetz im Bundeskabinett beschlossen werden. Doch einen Tag zuvor kam es anders. Auf Druck der CDU wurde der Gesetzentwurf von der Tagesordnung genommen. Dabei war die SPD der Union bereits entgegengekommen und hatte den Entwurf abgemildert. »Ich habe erhebliche Bedenken, ob das Steuerhinterziehungsbekämpfungsgesetz notwendig und verhältnismäßig ist«, kritisierte Unionsfraktionsvize Michael Meister. »Man darf nicht jeden Bürger, der mit einem als unkooperativ eingestuften Staat Geschäftsbeziehungen unterhält, besondere Pflichten auferlegen – mit erheblichen steuerlichen Nachteilen, wenn er diese nicht befolgt.«[121] Meister will nicht alle Unternehmer, die mit Steueroasen Geschäftskontakte halten, unter Generalverdacht stellen. Handeln dürfe das Finanzamt erst, wenn ein konkreter Anhaltspunkt für eine Steuerstraftat vorliege.

Lorenz Jarass kann sich bei solchen Äußerungen nur die Haare raufen. Er hat für die Blockadehaltung der CDU gegen ein einfaches und schlüssiges Gesetz eine simple Erklärung. Die Union gebe dem Druck der Wirtschaftsverbände nach. Und die hätten an Steueroasen offenkundig ihre Freude. Nicht primär, weil der eine oder andere Vertreter dort selbst Geld angelegt hat. Das Interesse der Wirtschaftslobby sei sehr politisch, glaubt Jarass: Solange es Steueroasen mit Nullsteuern gibt, kann die Wirtschaft den Politikern mit Abwanderung drohen, wenn die nicht gefälligst die Steuern für Unternehmen und hohe Einkommen weiter senken – und somit erfolgreich Druck ausüben, dass Deutschland selbst eine Steueroase bleibt.

Danksagung

Wir danken Michael Neher für seine professionelle Begleitung des Projekts, Professor Lorenz Jarass für seine klugen Ideen, den ehemaligen Steuerfahndern Rudolf Schmenger und Frank Wehrheim und den vielen Beamtinnen und Beamten, die aufgrund ihrer Stellung hier ungenannt bleiben müssen für die Zeit, die sie uns gewidmet haben. Einen Dank auch unserem geschätzten Kollegen Klaus Martens für seine große Hilfsbereitschaft. Danken möchten wir auch Wolfgang Weiss, Michael Schlecht und Klaus-Dieter Gössel für die kritische Durchsicht des Manuskripts.

Besonders danken wir Daniela Friedrich für ihre zündenden Ideen und Susanne Helbig für die angehaltene Zeit und liebevolle Inspiration.

Anmerkungen

[1] Name geändert.
[2] Name geändert.
[3] Name geändert.
[4] Name geändert.
[5] Name geändert.
[6] Name geändert.
[7] Firmenname geändert.
[8] Name geändert.
[9] Name geändert.
[10] Name geändert.
[11] Firmenname und Adresse geändert.
[12] Firmenname und Adresse geändert.
[13] Name geändert.
[14] Dienstanweisung liegt den Autoren vor.
[15] Bundesdrucksache 16/32000, Nr. 57.
[16] http://www.bz-berlin.de/archiv/in-marzahn-gibt-es-immer-mehr-millionaere-in-zehlendorf-immer-weniger-article124345.html.
[17] Bericht liegt den Autoren vor.
[18] Probleme beim Vollzug der Steuergesetze, Schriftenreihe des Bundesbeauftragten für Wirtschaftlichkeit in der Verwaltung, Band 13, 2006, S. 52.
[19] Dokument liegt den Autoren vor.
[20] Dokumente liegen den Autoren vor.
[21] Dienstanweisung liegt den Autoren vor.
[22] Anschreiben liegt den Autoren vor.
[23] Landesrechnungshof Mecklenburg-Vorpommern, Jahresbericht 2001, Rdnr. 138.
[24] Amtsverfügung liegt den Autoren vor.
[25] Probleme beim Vollzug der Steuergesetze, Schriftenreihe des Bundesbeauftragten für Wirtschaftlichkeit in der Verwaltung, Band 13, 2006.
[26] Global Competitiveness Report 2004, World Economic Forum, 2004.
[27] Dieter Kattenbeck: *Der aktuelle Steuerratgeber 2005/2006. So nutzen Sie alle Steuervorteile,* Regensburg 2005.

[28] Bundessteuerberaterkammer, Pressekonferenz am 26. September 2005.

[29] Rheinisch-Westfälisches Institut für Wirtschaftsforschung: Ermittlung von Tax Compliance Cost, Gutachten im Auftrag des Bundesministers der Finanzen, 2003.

[30] *Süddeutsche Zeitung* v. 27. Mai 2005.

[31] Dokumente liegen den Autoren vor.

[32] Rechnungshof von Berlin, Jahresbericht 2001, Rdnr. 457.

[33] Name geändert.

[34] Vgl. zum Folgenden: Probleme beim Vollzug der Steuergesetze, Schriftenreihe des Bundesbeauftragten für Wirtschaftlichkeit in der Verwaltung, Band 13, 2006.

[35] Dokument liegt den Autoren vor.

[36] Angaben der Deutschen Steuergewerkschaft.

[37] Dokument liegt den Autoren vor.

[38] »Steuervollzug in Deutschland ist ein Skandal«, Handout von ver.di für die Pressekonferenz am 22. Oktober 2007.

[39] Ebenda.

[40] vgl. www.handelsblatt.com/politik/deutschland/neue-keule-gegen-umsatzsteuerbetrug;1440938.

[41] Name geändert.

[42] Probleme beim Vollzug der Steuergesetze, Schriftenreihe des Bundesbeauftragten für Wirtschaftlichkeit in der Verwaltung, Band 13, 2006.

[43] Dokument liegt den Autoren vor.

[44] Statistiken liegen den Autoren vor.

[45] Seipel, Hubert: *Der Mann, der Flick jagte. Die Geschichte des Steuerfahnders Klaus Förster,* Hamburg 1985.

[46] *Frankfurter Allgemeine Zeitung* v. 10. Januar 2005.

[47] Ebenda.

[48] Name ist den Autoren bekannt.

[49] Mitteilung vom 5. März 1996.

[50] Brief vom 23. August 1995 liegt den Autoren vor.

[51] Finanzamt Frankfurt am Main V: Amtsverfügung 2001/18 v. 30. August 2001.

[52] Schreiben liegt den Autoren vor.

[53] Schreiben liegt den Autoren vor.

[54] Schreiben liegt den Autoren vor.

[55] *Der Spiegel,* Nr. 4 v. 21. Januar 2008, S.50.

[56] Brief liegt den Autoren vor.

[57] www.rp-online.de/public/article/politik/deutschland/533680/SPD-will-schaerfere-Strafen.html.

[58] Dokument liegt den Autoren vor.

[59] Name geändert.

[60] Siehe zum Folgenden: ARD-Magazin Monitor v. 24. Februar 2005.

[61] Erlass der Oberfinanzdirektion Karlsruhe v. 17. Mai 2004.

[62] Name geändert.

[63] BBW: Kapitalanlage Vermögender 2008.

[64] Name geändert.

[65] *Financial Times Deutschland* v. 26. Januar 2009.

[66] Name geändert.

[67] ARD-Politikmagazin Panorama v. 30. Oktober 2008.

[68] Diese und sämtliche weiteren Aussagen der Bankdirektoren laut Gesprächsprotokoll der Autoren von Panorama.

[69] NDR Schleswig-Holstein Magazin v. 20. Januar 2009.

[70] *Der Spiegel,* 3/2009, S. 70.

[71] ARD-Politikmagazin Report Mainz v. 28. April 2008.

[72] Aussagen sämtlicher Bankberater laut Gedächtnisprotokoll von Daniel Hechler.

[73] Name geändert.

[74] Quelle: http://www.bcg.de/bibliothek/aktuell/index.jsp.

[75] Name geändert.

[76] Siehe zum Folgenden: ARD-Magazin Monitor v. 18. November 2004.

[77] Name geändert.

[78] Der *Datenreport* – Sozialbericht für Deutschland ist ein Gemeinschaftsprojekt des Statistischen Bundesamtes (Destatis), des Wissenschaftszentrums Berlin für Sozialforschung (WZB) und der Gesellschaft sozialwissenschaftlicher Infrastruktureinrichtungen (GESIS).

[79] Papier liegt den Autoren vor.

[80] Papier liegt den Autoren vor.

[81] Vgl. zum Folgenden: *Armuts- und Reichtumsbericht* der Bundesregierung 2008.

[82] Vgl. zum Folgenden: ARD-Magazin Monitor v. 25. März 2004.

[83] Vgl. zum Folgenden: ARD-Magazin Monitor v. 22. Mai 2008.

[84] Zum Folgenden: RBB-Magazin Klartext v. 27. Juni 2007.

[85] Name geändert.

[86] Name geändert.

[87] Dokument liegt den Autoren vor.

[88] www.welt.de/wirtschaft/article1860366/Top_Manager_steigern_Gehaelter_deutlich.html.

[89] www.wiwiss.fu-berlin.de/institute/finanzen/corneo/dp/EinKonz.pdf.

[90] Name geändert.

[91] Name geändert.

[92] ver.di, Konzept Steuergerechtigkeit 2009

[93] Name geändert.

[94] http://wissen.spiegel.de/wissen/dokument/dokument.html?id=50424597&top=SPIEGEL.

[95] *manager magazin spezial,* Oktober 2007.

[96] Siehe zum Folgenden: ARD-Magazin Monitor v. 6. Juli 2006.

[97] Vermerk liegt den Autoren vor.

[98] Liegt den Autoren vor.

[99] http://www.mpifg.de/people/jb1/publikation_en.asp.

[100] wissen.spiegel.de/wissen/dokument/dokument.html?id=50424597&top=SPIEGEL.

[101] Um nicht jeden der vielen Namen und Orte in diesem Kapitel mit einer Fußnote versehen zu müssen, hier folgender Hinweis: Alle Fakten und Zahlen in diesem Kapitel sind wahr, nur Namen, Orte und einige Details haben wir geändert, um die Ermittlungen nicht zu behindern.

[102] ARD-Magazin Monitor v. 30. Juni 2005.

[103] ARD-Magazin Monitor v. 28. September 2006.

[104] ARD-Magazin Monitor v. 28. September 2006.

[105] Ebenda.

[106] Jarass, Lorenz, Obermair, Gustav: *Geheimnisse der Unternehmenssteuern,* Marburg 2004.

[107] Jarass, Lorenz, Obermair, Gustav: *Unternehmenssteuerreform 2008,* Münster 2006.

[108] European Commission 2008, Taxation trends in the European Union 2008.

[109] Wie sich die Unternehmensteuerreform 2008 tatsächlich auswirkt, dazu gab es zum Zeitpunkt der Drucklegung dieses Buches noch keine verlässlichen Zahlen.

[110] ARD-Magazin Monitor v. 28. September 2006.

[111] ARD-Magazin Monitor v. 28. September 2006.

[112] Dokument liegt den Autoren vor.

[113] ARD-Magazin Monitor v. 28. September 2006.

[114] ARD-Wirtschaftsmagazin Plusminus v. 5. Juni 2007.

[115] ARD-Magazin Monitor v. 19. Februar 2009.

[116] Jarass, Lorenz, Obermair, Gustav: *Wer soll das bezahlen? Wege zu einer fairen und sachgerechten Besteuerung,* Marburg 2002; *Geheimnisse der Unternehmenssteuern,* Marburg 2004; *Unternehmenssteuerreform 2008,* Münster 2006.

[117] Jarass, Lorenz, Obermair, Gustav: *Unternehmenssteuerreform* 2008, Münster 2006.

[118] Jarass, Lorenz, Obermair, Gustav: *Wer soll das bezahlen? Wege zu einer fairen und sachgerechten Besteuerung,* Marburg 2002.

[119] SWR Report Mainz v. 18. Februar 2008.

[120] SWR Report Mainz v. 18. Februar 2008.

[121] *Frankfurter Allgemeine Zeitung* v. 7. März 2009.